Die Autorin

Doreen Virtue arbeitet als Therapeutin und mediale Lebensberaterin in Kalifornien. Seit einigen Jahren setzt sie dabei auch ihre Verbindung zum Reich der Engel ein. Sie ist in den USA u. a. durch viele Fernsehauftritte bekannt und gibt regelmäßig Workshops, auch in Europa, in denen sie die von ihr entwickelte Engel-Therapie unterrichtet. Ihre zahlreichen Lebenshilfe-Bücher sind bereits in 14 Sprachen erschienen. Weitere Informationen zu ihrer Arbeit finden Sie unter: www.angeltherapy.com.

Von Doreen Virtue sind in unserem Hause erschienen:

Angel Dreams (Allegria) · *Himmlische Fülle* (Allegria) ·
Engel-Worte (Allegria) · *Chakra Clearing* (Allegria) ·
Engel-Notruf (Allegria) · *Feen Notruf* (Allegria)

Engel-Detox · *Erzengel Gabriel* · *NEIN sagen mit den Engeln der Erde* ·
Die Blumen der Engel · *Alles über Erzengel* · *Alles über Engel* · *Maria –
Königin der Engel* · *Die Engel-Therapie* · *Alles über Erzengel* · *Das hungrige
Herz* · *Erzengel Raphael* · *Erzengel Michael* · *Der Tempel der Engel* ·
Medizin der Engel · *Erzengel und wie man sie ruft* · *Botschaft der Engel* ·
Die Zahlen der Engel · *Die Heilkraft der Engel* · *Die Heilkraft der Feen* ·
Engel-Gespräche · *Neue Engel-Gespräche* · *Engel der Erde* · *Dein Leben
im Licht* · *Das Heilgeheimnis der Engel* · *Zeit-Therapie* · *Kristall-Therapie* ·
Engel-Hilfe für jeden Tag · *Die neuen Engel der Erde* · *Der Hunger nach Liebe*

Engel-Detox (CD) · *Die Blumen der Engel* (CD) · *Engel-Worte* (CD) ·
Maria – Königin der Engel (CD) · *Meditationen zur Engel-Therapie* (CD) ·
Rückführung mit den Engeln (CD) · *Erzengel Michael* (CD) ·
Erzengel Gabriel (CD) · *Das Geschenk der Engel* (CD) · *Medizin der
Engel* (CD) · *Die Engel von Atlantis* (CD) · *Die Engel der Liebe* (CD) ·
Engel der Erde (CD) · *Heilkraft der Engel* (CD) · *Himmlische Helfer* (CD) ·
Heilgeheimnis der Engel (CD)

Das Antworten der Engel-Orakel (Kartendeck) · *Schutzengel-Tarot*
(Kartendeck) · *Das Erzengel-Tarot* (Kartendeck) · *Das Engel-Tarot*
(Kartendeck) · *Das Blumen der Engel-Orakel* (Kartendeck) · *Maria –
Königin der Engel-Orakel* (Kartendeck) · *Das Traum-Orakel der Engel*
(Kartendeck) · *Das Engel der Liebe-Orakel* (Kartendeck) · *Das Lebensorakel
der Engel* (Kartendeck) · *Das Engel-Therapie-Orakel* (Kartendeck) ·
Das Engel-Orakel für jeden Tag (Kartendeck) · *Das Heil-Orakel der Feen*
(Kartendeck) · *Das Erzengel-Orakel* (Kartendeck) · *Das Erzengel
Michael-Orakel* (Kartendeck) · *Das Heil-Orakel der Engel* (Kartendeck) ·
Das Orakel der himmlischen Helfer (Kartendeck) · *Das Einhorn-Orakel*
(Kartendeck) · *Magisches Orakel der Feen* (Kartendeck)

Angel Reading (DVD)

Himmlische Hilfe für jeden Tag (Kalenderaufsteller) ·
Deine Engel für das ganze Jahr (Kalenderaufsteller)

Doreen Virtue

Erzengel und wie man sie ruft

Aus dem Amerikanischen
von Angelika Hansen

Ullstein

Besuchen Sie uns im Internet:
www.ullstein-taschenbuch.de

Allegria im Ullstein Taschenbuch

Aus dem Amerikanischen übersetzt von Angelika Hansen
Titel der Originalausgabe
ARCHANGELS AND ASCENDED MASTERS
Erschienen bei Hay House, Inc., Carlsbad, USA

Ullstein Taschenbuch ist ein Verlag der Ullstein Buchverlage GmbH
Neuausgabe im Ullstein Taschenbuch
1. Auflage Dezember 2008
7. Auflage 2016
© der deutschsprachigen Ausgabe 2006
by Ullstein Buchverlage GmbH, Berlin
© der Originalausgabe 2002 by Doreen Virtue
Umschlaggestaltung: FranklDesign, München
Titelabbildung: Marius Michael-George / www.MariusFineArt.com
Gesetzt aus der Sabon und Mona Lisa Recut
Satz: LVD GmbH, Berlin
Druck und Bindearbeiten: CPI books GmbH, Leck
Printed in Germany
ISBN 978-3-548-74436-0

Einführung

Vom Alten zum Neuen Zeitalter

Ein Aufgestiegener Meister ist ein großer Heiler, Lehrer oder Prophet, der einstmals auf Erden wandelte und sich jetzt in der geistigen Welt befindet, von wo aus er uns anleitet und führt. Aufgestiegene Meister sind sowohl männlichen als auch weiblichen Geschlechts und können aus allen Kulturen, Religionen und Zivilisationen stammen, seien sie nun vergangen oder gegenwärtig. Zu ihnen zählen legendäre Persönlichkeiten wie beispielsweise Jesus, Moses und Buddha. Aber auch Heilige, Göttinnen und Götter vergangener Kulturen sowie *Bodhisattvas* und *Devas* können dazugerechnet werden.

Ich habe viele Jahre lang bewusst mit bestimmten Erzengeln (mächtige Engel, die uns helfen und die die Aufsicht über die Schutzengel innehaben) und Aufgestiegenen Meistern gearbeitet, unter anderem mit Erzengel Michael, Jesus und der Jungfrau Maria. In vielen meiner Bücher habe ich über Aufgestiegene Meister und Erzengel geschrieben und in meinen Seminaren habe ich regelmäßig Informationen über diese Wesenheiten präsentiert.

Während meiner Readings helfe ich den Menschen oft zu erkennen, welche Wesenheiten als Geistführer bei ihnen sind. Es ist tatsächlich so, dass ich vielen der Wesenheiten, die in diesem Buch beschrieben sind, zum ersten Mal während eines Readings begegnet bin. Bei meinen Seminaren wende ich mich manchmal an bestimmte Teilnehmer und bitte sie, sich zu erheben, da ich sehen kann, dass sie von besonders vielen Aufgestiegenen Meistern umgeben sind. Jedes Mal stelle ich den Betreffenden dieselben Fragen und erhalte unweigerlich jedes Mal dieselben Antworten:

Frage: »Ist Ihnen bewusst, dass Sie viele Aufgestiegene Meister um sich haben?«

Antwort: »Ja.« (Oder: »Ich habe es gehofft.«)

Frage: »Haben Sie diese Wesenheiten gebeten, zu Ihnen zu kommen?«

Antwort: »Ja. Ich habe Gott gebeten, mir alle zu schicken, die mir helfen können.«

Obgleich ich einigen dieser hohen Wesenheiten bereits begegnet war oder von ihnen gehört hatte, wollte ich mehr über sie wissen, sowohl über die alten Gottheiten aus dem Fernen Osten als auch über die Aufgestiegenen Meister des Neuen Zeitalters. Ich hatte den Wunsch, sie aus erster Hand kennen zu lernen, eine persönliche Beziehung mit jedem Einzelnen von ihnen zu entwickeln sowie Informationen über ihren jeweiligen Werdegang und ihre einzigartigen Eigenschaften in Erfahrung zu bringen, anstatt mich mit Berichten aus zweiter Hand über ihre Persönlichkeiten, Eigenschaften und Funktionen zufrieden geben zu müssen.

Man könnte also sagen, dass ich dieses Buch als ein »Who's Who der geistigen Welt« geschrieben habe, weil ich mir – wie viele andere Menschen auch – Gedanken machte über die Identität, die Aufgaben und die Vertrauenswürdigkeit der göttlichen Wesenheiten, von denen ich gehört hatte und über die mir zuweilen widersprüchliche Berichte zu Ohren gekommen waren. Zum Beispiel hatte ich gehört, dass einige Wesenheiten freundlich sind, während andere als nicht besonders liebenswürdig betrachtet wurden. Außerdem bekam ich oft widersprüchliche Informationen über diverse Aufgestiegene Meister, die mit dem New Age assoziiert werden, sowie über Götter und Göttinnen alter Kulturen und östlicher Religionen. Und dann gab es da noch die vielen Heiligen und Erzengel!

Persönliche Entscheidungen

Ich persönlich habe noch nie viel davon gehalten, anderen zu sagen, mit welchen geistigen Wesen sie Umgang pflegen »sollten«, und ich tue das bis heute nicht. Auch wenn ich eng mit Jesus zusammenarbeite, verspüre ich nicht den Drang, ihn anderen Menschen aufzuoktroyieren. Meine Rolle besteht vielmehr darin, anderen zu helfen, ihr »Radio« auf die Station einzustellen, die sie gerne hören möchten. In meinen Büchern und Seminaren zeige ich den Menschen, wie sie ihre eigenen Kanäle der göttlichen Kommunikation öffnen können, damit sie die Botschafter der himmlischen Welten klarer sehen, hören, fühlen und um sie wissen können.

Entsprechend betrachte ich das vorliegende Buch als eine *Vorstellung* verschiedener Aufgestiegener Meister, mit denen ich Sie bekannt machen möchte. Ich empfehle Ihnen, Ihre eigenen Erfahrungen mit jedem dieser Geistwesen zu machen, um herauszufinden, ob Sie sich dadurch glücklicher, gesünder und zufriedener fühlen. Verhalten Sie sich wie ein Forscher: Versuchen Sie, mit diesen göttlichen Wesenheiten zu arbeiten, und stellen Sie fest, welche Ergebnisse Sie damit erzielen.

Aufgestiegene Meister anzurufen ist nicht das Gleiche, wie sie anzubeten – weit davon entfernt! Man könnte es eher mit dem Anruf bei einem Freund bei dem TV-Quiz *Wer wird Millionär* vergleichen. Falls Sie die Sendung nicht kennen: In dieser Quizshow können die Kandidaten einen von fünf vorher festgelegten Freunden anrufen, damit er oder sie ihnen hilft, die Antwort auf eine schwierige Frage herauszufinden. Wenn dem Kandidaten zum Beispiel eine Frage aus dem Bereich Algebra gestellt wird, könnte er telefonisch seinen Mathematikprofessor anrufen (während er gleichzeitig Gott um Hilfe bittet).

Bei dieser Show gibt es also – genau wie im richtigen Leben – *mehrere* Personen, die Sie kennen und die bereit sind, Ihnen zu helfen. Was mich betrifft, so finde ich, je mehr Freunde einem zur Verfügung stehen, desto besser!

Sie können also mit Jesus als Ihrem wichtigsten Führer arbeiten, aber dennoch eine segensreiche Beziehung zu anderen wunderbaren Wesenheiten entwickeln. Sie müssen sich weder einer bestimmten religiösen Gruppe anschließen noch ein makelloses Verhalten an den Tag legen, um die Führung und Unterstützung Aufgestiegener Meister zu erhalten. Sie müssen sie nur mit einem offenen und ehrlichen Herzen anrufen – worüber Sie später in diesem Buch noch mehr erfahren werden.

In früherer Zeit wurden viele der in diesem Buch vorgestellten göttlichen Wesenheiten auf die gleiche Weise verehrt und angebetet, wie wir heute unseren Schöpfer anbeten. Heutzutage beten wir diese Gottheiten nicht mehr an, doch wir bringen ihnen möglicherweise eine gewisse Wertschätzung entgegen. Sie repräsentieren die verschiedenen Gesichter, Aspekte, Möglichkeiten und Eigenschaften des Göttlichen. Und da Gott allgegenwärtig ist, lebt er letztendlich sowohl in den Gottheiten als auch in uns selbst.

Anders ausgedrückt, jede dieser verschiedenen Wesenheiten und jeder Einzelne von uns ist *eins* mit Gott.

Um Missverständnisse zu vermeiden, möchte ich allerdings betonen, dass dieses Buch keinen *Polytheismus* – den Glauben an viele Götter – propagiert. Wie bereits erwähnt, sind die in diesem Buch vorgestellten göttlichen Wesenheiten Aspekte oder Gesichter des *einen Gottes*. Ich möchte ausdrücklich betonen, dass ich Sie nicht dazu auffordere, diese Wesenheiten *anzubeten,* sondern sie als Geschenk zu betrachten, das unser Schöpfer uns gegeben hat, um uns auf unserem Weg zu mehr Liebe, Heilung und spiritueller Entfaltung zu helfen. Wenn wir die Hilfe und Führung dieser göttlichen Wesenheiten akzeptieren, drücken wir damit unsere Dankbarkeit Gott gegenüber aus.

Die drei großen Weltreligionen sind *monotheistisch,* ein Begriff, der aus den beiden griechischen Wörtern *monos* für »ein, einzig« und *theos* für »Gott« abgeleitet wird. Judentum, Christentum und Islam sind monotheistisch, weil ihre Anhänger glauben, dass es nur einen Gott gibt. Das Christentum unterteilt Gott in drei Aspekte: Vater, Sohn und Heiliger Geist; gleichzeitig betont es jedoch, dass es sich dabei um Aspekte des einen, allmächtigen Schöpfers handelt. In der gleichen Weise sind auch die Engel, Erzengel und Aufgestiegenen Meister eins mit Gott und fügen sich daher problemlos in ein monotheistisches System ein.

Monotheismus steht im Gegensatz zu:

- **Agnostizismus:** Der Mangel an Gewissheit bezüglich Gott, Gottheiten, Spiritualität oder Religion. Ein Agnostiker ist jemand, der sich nicht sicher ist, ob es einen Gott gibt.
- **Atheismus:** Das Verneinen der Existenz Gottes und der Spiritualität.
- **Deismus:** Der Glaube an eine natürliche Religion als Inbegriff und Maßstab aller Religionen, mit Betonung auf Moral und Ethik.
- **Henotheismus:** Die Anbetung eines einzigen Gottes, wobei man zugibt, dass andere Götter existieren (oder zumindest existieren könnten).
- **Pantheismus:** Der Glaube, dass alles Gott ist und dass Gott in allem und jedem ist.

- **Polytheismus:** Der Glaube an und die Anbetung von vielen Göttern anstatt eines einzigen Schöpfers.

Eine historische Schatztruhe

Während der Nachforschungen für das vorliegende Buch habe ich Dutzende von Büchern konsultiert, Enzyklopädien über Heilige, Götter, Göttinnen, göttliche Wesenheiten und Erzengel studiert und Experten dieses Bereichs befragt. Außerdem habe ich seitenweise gechannelte Informationen überprüft und dabei meine Erfahrungen als hellsichtige Psychotherapeutin benutzt, um hilfreiches und authentisches Material über Aufgestiegene Meister zu finden.

Einiges New-Age-Material, das ich dabei fand, schien authentisch, war aber so voller esoterischer Begriffe, dass ich befürchtete, es könnte für diejenigen unter meinen Lesern, denen solche Begriffe nicht vertraut sind, schlichtweg unverständlich sein. Wer außer einem erfahrenen New-Age-Anhänger weiß schon, was ein »Chohan des sechsten Strahls« ist? Dies war typisch für das Material, das ich während meiner Nachforschungen über Aufgestiegene Meister des New Age fand.

Ich wollte ein Buch mit leicht verständlichen Erklärungen über alle möglichen Aufgestiegenen Meister schreiben. Darüber hinaus wollte ich meinen Lesern eine einfache Möglichkeit bieten zu erkennen, welche göttlichen Wesenheiten sie bei bestimmten Themen am besten anrufen können, zum Beispiel in Bezug auf Heilung, materielle Fülle oder problematische Beziehungs- und Familienangelegenheiten.

Das Ganze erschien mir zunächst recht einfach, doch stellte sich die Aufgabe aufgrund der Vielzahl verschiedener Wesenheiten bald als entmutigend heraus. Zudem wurde mein Vorhaben durch meinen Wunsch erschwert, auch die Aufgestiegenen Meister vorzustellen, die von Madame Blavatsky, der Mitbegründerin der Theosophischen Gesellschaft, und ihren Nachfolgerinnen Alice Bailey und Elizabeth Clare Prophet bekannt gemacht worden waren. Madame Blavatsky begann in den späten 70er und frühen 80er Jahren des 19. Jahrhunderts, Wesen zu channeln, die sie »Brüder und Mahatmas« (große Seelen) nannte. Durch sie wurden Namen wie Kuthumi, Serapis Bey, El Morya und Saint-Germain in New-Age-Kreisen bekannt.

Während ihrer öffentlichen Auftritte tauchten körperlose Stimmen und gespenstische männliche Figuren auf, die handgeschriebene Botschaften materialisierten. Kritiker warfen Madame Blavatsky damals vor, dass die Briefe ihre eigene Handschrift und die ihrer Assistenten trugen und dass sie Leute dafür bezahlen würde, als Aufgestiegene Meister verkleidet auf der Bühne zu erscheinen.

Im Jahre 1915 lernte Alice Bailey, Tochter einer wohlhabenden britischen Adelsfamilie, Madame Blavatsky kennen und fing an, sich intensiv mit Theosophie zu beschäftigen. Alice Bailey begann gechannelte Botschaften von Kuthumi und einem tibetischen Meister namens Djwhal Khul zu empfangen. Sie schrieb diese gechannelten Botschaften in 24 Büchern nieder, die mit tiefgründigen spirituellen Konzepten gefüllt sind.

Von Beginn der 50er Jahre des 20. Jahrhunderts bis heute haben die Amerikanerin Elizabeth Clare Prophet und ihr verstorbener Ehemann Mark das Interesse an diesen Wesenheiten erneut geweckt und ein paar neue hinzugefügt.

Sowohl Blavatsky und Bailey als auch Elizabeth Clare Prophet benutzten eine exotisch anmutende Sprache, wie zum Beispiel »die dreifache Flamme des Lebens« und »Elohim vom dritten Strahl«, Begriffe, die nicht klar definiert sind. Meine Erfahrungen im Bereich der Psychologie, Philosophie und des Channelns haben mich jedoch gelehrt, einen offenen Geist zu bewahren. Schon seit Jahren waren mir die Namen Kuthumi, El Morya und Meister Hilarion bekannt; zudem hatte ich mir einige der aufgezeichneten Vorträge von Elizabeth Clare Prophet auf Kassette angehört. Und ich konnte mit eigenen Erfahrungen mit Serapis Bey und Saint-Germain aufwarten.

Doch ich fragte mich: *Wer waren diese Gestalten wirklich?* Als leidenschaftliche Forscherin war ich nicht damit zufrieden, mich ausschließlich auf die gechannelten Informationen anderer zu verlassen. Ich wollte mehr über die historischen Hintergründe dieser Meister wissen und von anderen Menschen hören, welche Erfahrungen sie mit ihnen gemacht hatten.

Während ich mit Nachforschungen über diese »neuen« Aufgestiegenen Meister beschäftigt war, fand ich zahlreiche Hinweise in verschiedenen Quellen – von denen viele die gechannelten Worte von Madame Blavatsky, Alice Bailey und Elizabeth Clare Prophet wörtlich wiedergaben. Mit anderen Worten: Es gibt nicht viele andere Informationsquellen über diese Meister. Ich erfuhr jedoch, dass ihre Identität offensichtlich auf Personen beruhte, die tatsächlich gelebt haben, und dass ihre Namen Pseudonyme waren, um ihre wahre Identität zu schützen. Darüber hinaus behaupteten Madame Blavatsky, Alice Bailey and Elizabeth Clare Prophet, dass die Aufgestiegenen Meister in vergangenen Inkarnationen oftmals berühmte Persönlichkeiten waren, wie zum Beispiel Pythagoras oder der heilige Franz von Assisi.

Ich sah mir also diese neuen Aufgestiegenen Meister näher an, doch in einigen Fällen lief ich bald gegen eine Wand. Es hat den Anschein, als gäbe es wenig bekannte Informationen über die Geschichte einiger der Aufgestiegenen Meister des New Age – abgesehen von dem, was Blavatsky, Bailey und Elizabeth Clare Prophet über sie schrieben.

Ich weiß jedoch aus eigener Erfahrung, dass Channeling eine multidimensionale Angelegenheit ist und dass selbst jemand, der sein eigenes Ego channelt, zuweilen authentische und hilfreiche Botschaften empfangen kann. Also versuchte ich, die Wesenheiten selbst zu kontaktieren. Falls sie antworteten, konnte dies möglicherweise Anlass für weitere Nachforschungen sein.

Als ich einige der New-Age-Wesenheiten kontaktierte und mit äußerst liebevollen Energien und verblüffenden Informationen willkommen geheißen wurde, war ich angenehm überrascht. Ich habe die verschiedenen »neuen« Meister des New Age daher der Vollständigkeit halber in dieses Buch aufgenommen. Bei Fällen, in denen die Herkunft nicht zweifelsfrei belegt werden kann, habe ich eine entsprechende Bemerkung angefügt.

Die Aufgestiegenen Meister des New Age unterscheiden sich darin jedoch kaum von den älteren Gottheiten. Viele antike Gottheiten basieren auf Legenden und Traditionen und nicht auf ehemals lebenden Menschen. Griechen und Römer haben zum Beispiel nie behauptet, dass ihre Götter und Göttinnen in Wahrheit Menschen waren, die irgendwann in eine andere Dimension wechselten. Ihrem Verständnis nach waren diese Gottheiten seit jeher Bewohner der geistigen Welt und haben sich immer dort aufgehalten.

Im Verlauf meiner Kontaktaufnahme mit jeder dieser Wesenheiten war ich immer wieder verblüfft über die Einzigartigkeit und Unverwechselbarkeit der Persönlichkeit und Energie jedes Einzelnen von ihnen. Mit ihnen zu sprechen war so, als würde ich mich mit verschiedenen mächtigen und weisen Männern und Frauen unterhalten.

Oft begann ich meine weiteren Erkundungen über eine göttliche Wesenheit erst, nachdem ich sie oder ihn kontaktiert hatte. Und jedes Mal war ich verblüfft zu sehen, wie sehr meine persönlichen Erfahrungen mit den schriftlichen Aufzeichnungen über die für jede einzelne Wesenheit typischen Eigenschaften und Charakteristika übereinstimmten. Als ich zum Beispiel Kontakt mit Artemis aufnahm, erschien vor meinem inneren Auge eine elfenhafte Frau. Später sah ich Zeichnungen der griechischen Göttin und sie entsprachen exakt der Erscheinung, die ich gesehen hatte.

Was mich ebenfalls sehr überraschte, waren die Ähnlichkeiten in den Geburtsgeschichten der männlichen Gottheiten. Wiederholt hatte ich Legenden und Geschichten gelesen, in denen von einem patriarchalischen Herrscher die Rede war, der aus Angst vor potentieller Konkurrenz den radikalen Befehl erteilte, alle männlichen Säuglinge in seinem Königreich zu töten. Die Mutter des Babys versteckte dann ihren Sohn und das Kind wuchs unter Umständen auf, die sein spirituelles Wissen förderten und ihm den Mut gaben, ein großer Held zu werden.

Außerdem las ich viele Berichte über männliche Gottheiten, die in eine reiche oder königliche Familie hineingeboren wurden und dann ihre Privilegien aufgaben, um einen spirituellen Weg zu beschreiten und geistige Führungsqualitäten zu erlangen. Im Laufe der Zeit erkannte ich, dass es sich bei diesen Geschichten um archetypische Legenden handelte, die vielleicht auf historischen Fakten beruhen, vielleicht aber auch nicht.

Vielleicht dienen diese Geschichten – und sogar die Gottheiten selbst – nur dazu, den Menschen die verschiedenen Aspekte Gottes näher zu bringen, wie zum Beispiel die göttliche Heilkraft in der Gestalt einer Heilgöttin. Oder vielleicht ist es auch so, dass sich unsere kollektiven Gebete und Gedanken, wenn wir sie längere Zeit auf eine Vorstellung konzentrieren – wie zum Beispiel auf einen Gott oder eine Göttin –, schließlich zu einem lebendigen spirituellen Organismus verdichten, der sich dann so verhält, wie wir es erwarten. Die Kraft unserer menschlichen Gedanken wird dann sozusagen in diese Gottheit investiert und kommt als Einlagesumme und Zinsen auf einem spirituellen Bankkonto zu uns zurück. Es ist also denkbar, dass wir Menschen uns an Gottheiten wenden, die bereits existieren. Doch andererseits besteht auch die Möglichkeit, dass unsere kollektiven Überzeugungen und Legenden diese Wesenheiten »erschaffen« und sie mit eigener Lebenskraft ausstatten.

Von Liebe umgeben

Meine Absicht in Bezug auf dieses Buch war klar: Ich wollte einige Aufgestiegene Meister auswählen, sie persönlich kennen lernen, zu jedem Einzelnen von ihnen Nachforschungen anstellen, Botschaften von ihnen channeln und dann meine Erfahrungen und Empfehlungen niederschreiben. Das Resultat halten Sie nun in den Händen.

Ich bitte um Vergebung, falls ich gerade denjenigen Aufgestiegenen Meister weggelassen haben sollte, der Ihnen persönlich am liebsten ist. Ich musste meine Liste so knapp wie möglich halten, um meine Leser nicht mit der schieren Menge an Wesenheiten zu überwältigen. Gleichzeitig versuchte ich dabei ein möglichst breites Spektrum von göttlichen Wesenheiten abzudecken, so dass das Buch hoffentlich für jeden Leser etwas bereithält.

Bei meinen Nachforschungen und Recherchen und während ich dieses Buch schrieb, hatte ich die wunderbare Gelegenheit, die Gesellschaft dieser erstaunlichen, liebevollen und mächtigen göttlichen Wesen zu genießen. Oftmals habe ich bis spät in die Nacht hinein an diesem Buch gearbeitet. Dann galt mein letzter Gedanke, bevor ich einschlief, der Göttin oder dem *Bodhisattva,* über die ich gerade geschrieben hatte. Während der Nacht fühlte ich mich dann immer von liebevoller Energie umgeben, da ich im Traum oft von den entsprechenden göttlichen Wesen kontaktiert wurde. Dann erwachte ich am Morgen erfrischt und ausgeruht, ganz und gar von göttlicher Liebe erfüllt!

Die meisten der in diesem Buch aufgezeichneten Botschaften kamen in freier Natur zu mir, in wunderbarer Umgebung. Während ich einige dieser Botschaften channelte, war ich zum Beispiel gegen die magischen Steine von Stonehenge und Avesbury in England gelehnt, ließ meinen Blick über die mystische Irische See gleiten, erklomm die zerklüftete vulkanische Küste von Kona in Hawaii, lief über die fruchtbaren Hügel von Neuseeland oder wanderte zwischen den riesigen Felsbrocken des Joshua Tree Nationalparks in Kalifornien.

Während eines Channelings geschah einmal etwas besonders Bemerkenswertes. Ich hatte entdeckt, dass die Aufgestiegenen Meister mir jeweils einzigartige Botschaften übermittelten und dass jeder von ihnen eine klar umrissene Persönlichkeit und seinen eigenen Stil hatte. Daher war ich über alle Maßen erstaunt, als zwei unterschiedliche Aufgestiegene Meister, Maitreya und Hotei, mir praktisch Wort für Wort die gleiche Botschaft übermittelten – beide sprachen über die Bedeutung von Freude und Lachen. Ich hatte diese beiden Wesenheiten im Abstand von mehreren Tagen separat gechannelt, doch ihre Botschaften schienen zusammenzugehören. Also bat ich sie, mir zu sagen, was hier vor sich ging.

Ein paar Stunden später fand ich mich in einem Geschäft wieder, in dem es allerlei buddhistische Dinge zu kaufen gab. Das erste Buch, das mir in die Hände fiel, öffnete sich fast automatisch auf einer Seite, auf der etwas über Hotei stand. Stellen Sie sich mein Erstaunen vor, als ich las, dass es sich bei Maitreya und Hotei um *dieselbe Wesenheit* handelt! Ich setzte meine Nachforschungen fort und fand heraus, dass es sich tatsächlich so verhielt. Kein Wunder, dass mir beide das Gleiche übermittelt hatten!

Das Schreiben dieses Buches führte dazu, dass ich einige Aufgestiegene Meister entdeckte, von denen mir nicht klar war, dass ich bereits mit ihnen zusammenarbeitete. Außerdem entwickelte ich enge Beziehungen zu einigen Wesenheiten, die mir bis dato unbekannt gewesen waren. Wenn Sie dieses Buch lesen, werden Sie feststellen, dass diese Kontakte freudvoll und wunderbar waren. Ich bete darum, dass auch Sie diese Wesenheiten als die liebevollen Freunde erleben, die sie sind, und dass Sie der Hilfe teilhaftig werden, die sie uns anbieten!

Auf den Seiten dieses Buches beschreibe ich nur diejenigen Aufgestiegenen Meister, die ich als vollkommen vertrauenswürdig betrachte. Diese Wesen arbeiten eng mit unseren Schutzengeln und mit allen Lichtarbeitern auf der Erde zusammen, um die Menschheit in Richtung Frieden zu lenken. Sie stellen sich für dieses Anliegen zur Verfügung, obgleich sie die Möglichkeit hätten, sich stattdessen in der geistigen Welt auszuruhen.

Diese göttlichen Wesen können uns außerdem in allen Situationen unterstützen, mit denen wir uns in Zukunft aufgrund der natürlichen und gesellschaftlichen Veränderungen möglicherweise konfrontiert sehen werden. Sie können uns helfen, Naturkatastrophen abzuwenden, Kriege oder ihre Ausbreitung zu verhindern, für ausreichend Nahrung und Wasser zu sorgen und unseren Körper zu heilen. Was immer auch geschehen mag, die Erzengel und Aufgestiegenen Meister werden bei uns sein. Niemand kann sie uns nehmen! Das ist ein Grund mehr, warum Lichtarbeiter gut beraten sind, sich mit den verschiedenen göttlichen Wesenheiten vertraut zu machen und sich der speziellen Geschenke bewusst zu werden, die sie uns anbieten. In der Zukunft wie auch heute schon können sich diese Gottheiten als wertvolle Verbündete erweisen.

Die »neuen Meister«

Es gibt ein paar sehr kraftvolle Wesenheiten, die erst vor kurzem ihren physischen Körper verlassen haben und den Planeten Erde nun von der geistigen Welt aus unterstützen. Einige von ihnen sind weithin bekannt, während es sich bei anderen um obskure Persönlichkeiten handelt, deren Namen Ihnen wohl nicht geläufig sein dürften. Ich bin während meiner Readings schon mit vielen dieser »neuen Meister« in Verbindung getreten – wie zum Beispiel Martin Luther King und Mutter Teresa.

Ich habe diese Wesenheiten in dem vorliegenden Buch jedoch nicht aufgeführt, da es sich bei ihnen mehr um »berühmte Geistführer« handelt als um erfahrene Aufgestiegene Meister. Fest steht jedoch, dass wir diese Wesen ebenfalls um Hilfe anrufen können und dass sie uns auch ihre Unterstützung zukommen lassen, ohne dass wir es bewusst wahrnehmen. Man kann aber davon ausgehen, dass sich diese Wesenheiten in einigen Jahrzehnten auf die höheren Frequenzen ihrer aufgestiegenen »Kollegen« begeben werden.

Als ich zum Beispiel bei den Steinen von Stonehenge saß und Botschaften keltischer Gottheiten empfing, begann plötzlich die verstorbene Prinzessin Diana zu mir zu sprechen. Ich hatte sie weder gerufen noch um ihre Erscheinung gebeten; sie kam von selbst zu mir. Gleich zu Beginn sagte sie, sie wüsste, dass sie nicht als besonders gute Mutter gelten würde, dass ihre Kinder ihr jedoch immer besonders wichtig waren.

Dann sagte sie klar und deutlich: *»Heute sind die Kinder der Welt meine größte Sorge. Alle Kinder dieser Erde befinden sich an einem entscheidenden Punkt und benötigen dringend Führung. Ihr Wohlergehen liegt mir am Herzen, so wie auch dir und vielen anderen Menschen. Es gibt eine Spaltung in der Seele dieser Kinder, während sie versuchen, ihren Weg zu finden. Die brodelnde Flut innerer Unzufriedenheit bei vielen von ihnen findet ihren Ausdruck in brutalen Ausbrüchen von Gewalt.*

Genauso wie mein Tod als überaus gewalttätig empfunden wurde, sehe ich viele Ausbrüche von Gewalt bei Jugendlichen auf die Welt zukommen, die uns alle zutiefst schockieren werden … es sei denn, es findet eine rechtzeitige Intervention statt.

Eine Basisbewegung der Mütter ist die einzige Möglichkeit, uns aus diesem Sumpf herauszuholen – einem Sumpf, der unsere Kinder, ihre Eltern und ihre Erzieher zu verschlingen droht. Dieser Sumpf wird ständig tiefer und wir haben keine Zeit mehr zu verlieren.

Viele von uns hier in der geistigen Welt haben ein Kommittee gegründet, um freiwillige Helfer zu sammeln, die an dieser traurigen Lage etwas verändern möchten. Ich bitte alle Menschen, die Sorge verspüren und wissen möchten, wie sie diese Kampagne unterstützen können, mit mir in Kontakt zu treten.«

Es ist interessant, dass viele Menschen in den USA durchaus bereit sind, Prinzessin Diana als geistige Helferin zu sehen, während diese Auffassung in Großbritannien, wo sie zu Lebzeiten oft diffamiert wurde, nicht so ohne weiteres geteilt wird. Dessen ungeachtet fand ich ihre Botschaft sehr beeindruckend, weshalb ich sie hier wiedergegeben habe.

Aus dem Herzen heraus bitten
Die in diesem Buch beschriebenen Wesenheiten sind sehr real. Wenn Sie bisher noch nie mit Geistführern gearbeitet haben oder

skeptisch sind, ob sie überhaupt existieren, werden Sie bald feststellen, dass bereits das *Lesen* dieses Buches eine Anrufung dieser wunderbaren göttlichen Wesenheiten darstellt. Sie alle werden sofort mit Freuden zu jedem eilen, der sie anruft, ohne Ausnahme.

Ich hatte viele kraftvolle Erlebnisse mit diesen Wesenheiten, während ich dieses Buch schrieb. Am Ende, nachdem der größte Teil des Buches bereits fertig war, musste ich noch für ungefähr die Hälfte der göttlichen Wesenheiten Anrufungen entwickeln, was dazu führte, dass ich zwei Tage lang ununterbrochen damit beschäftigt war. Die Letzte schrieb ich am Morgen vor einem Flug von Chicago nach Phoenix. Beide Flughäfen sind riesig und immer überfüllt. Den ganzen Tag lang stellten mein Mann und ich jedoch immer wieder begeistert fest, wie reibungslos alles klappte. Das Flughafenpersonal war außergewöhnlich freundlich, im Flugzeug wurde mir das beste vegetarische Essen serviert, das ich je auf einem Flug bekommen hatte, in unserem Hotel in Phoenix gab man uns ohne Aufpreis ein besseres Zimmer und ständig öffneten sich unerwartet Türen für uns. Steven und ich bemerkten voll Freude, wie wunderbar wir uns beide fühlten, sowohl physisch als auch emotional.

»Was ist das heute für ein herrlicher Tag«, sagten wir uns immer wieder gegenseitig. »Alles läuft einfach wunderbar!« Dann wurde uns klar, warum: Ich hatte vor dem Flug so viele Gottheiten beschworen, dass uns die Crème de la Crème der himmlischen Helfer führte und zur Seite stand!

Einen Rat möchte ich Ihnen jedoch nahe legen: Sorgen Sie dafür, dass Sie diese Wesenheiten nur dann um Hilfe bitten, wenn das, was Sie tun möchten, mit göttlicher Liebe verbunden ist. Wenn Sie sie auffordern, Ihnen eine Bitte zu erfüllen, die mit Rache oder Zorn zu tun hat, wird die negative Energie verstärkt auf Sie zurückfallen. Wenn Sie auf einen anderen Menschen wütend sind, ist es besser, die göttlichen Wesenheiten darum zu bitten, für eine friedliche Lösung zu sorgen, als sie aufzufordern, Ihnen bei irgendwelchen Rachemaßnahmen zu helfen. Schließlich ist das wahre Ziel immer Frieden und die Aufgestiegenen Meister sind mit Freuden bereit, Ihnen bei der Realisierung dieses Ziels zu helfen. Tatsächlich helfen Aufgestiegene Meister jedem, der darum bittet – unabhängig vom spirituellen und religiösen Hintergrund oder den Lebensumständen des Betreffenden –, denn sie sind hier, um Gottes Plan weltweiten Friedens zu verwirklichen und jedem Einzelnen von uns zu helfen, dass unsere diesbezüglichen Bemühungen Früchte tragen. Haben Sie keine Angst, die kostbare Zeit dieser Wesenheiten mit der Bitte um scheinbare Kleinigkeiten zu verschwenden. Wenn diese kleinen Dinge Ihnen Frieden schenken, dann fühlen sich diese Wesen überaus geehrt, Ihnen dabei helfen zu dürfen.

Außerdem sind sie in der Lage, mehr als einem Menschen gleichzeitig beizustehen. Die Aufgestiegenen Meister können einer unendlichen Zahl von Personen gleichzeitig helfen und jeder wird eine einzigartige persönliche Erfahrung mit diesen Wesen haben.

Aufbau und Einteilung dieses Buches

Dieses Buch enthält bei weitem keine vollständige Aufstellung aller existierenden göttlichen Wesenheiten. Vielmehr habe ich, wie bereits erwähnt, meine Auswahl Aufgestiegener Meister auf jene begrenzt, mit denen ich persönlich positive Erfahrungen gemacht habe. Außerdem habe ich das Hintergrundmaterial zu diesen Wesenheiten so knapp wie möglich zusammengefasst. So erklärt das vorliegende Buch beispielsweise nicht die gesamte mythologische Geschichte des Sonnengottes Apollo, sondern enthält einfach nur ausreichend Informationen, um Ihnen zu vermitteln, wie er ein Teil Ihres spirituellen »Teams« werden kann. Sollten Sie weiterführende Informationen zu einer bestimmten Wesenheit wünschen, können Sie in einem der ausführlichen Lexika nachschlagen, die es zu diesem Thema gibt – und von denen Sie einige in der Bibliographie am Ende des Buches finden.

In **Teil I** finden Sie eine alphabetische Auflistung von Wesenheiten mit ihren gebräuchlichsten Namen und ihrem Ursprungsland bzw. der damit verbundenen Religion. Zu jeder Wesenheit folgt dann eine kurze Zusammenfassung ihrer Geschichte sowie ein aktueller Bericht oder ein Channeling (die Worte der Wesenheiten sind kursiv gedruckt, um sie vom Rest des Textes abzuheben). Anschließend sind unter »Hilft bei …« die spezifischen Lebensbereiche aufgelistet, bei denen die Wesenheit Hilfe anbietet.

Im Anschluss daran habe ich eine »Anrufung« geschrieben, die Ihnen helfen kann, die betreffende Wesenheit zu kontaktieren. Dabei handelt es sich nur um Vorschläge, die kein absolutes Muss sind. Im Grunde betrachte ich sie auch mehr als »Einladungen« denn als »Anrufungen«. Wenn Sie bisher noch nie mit Anrufungen gearbeitet haben, kann dieses Buch Ihnen eine wunderbare Starthilfe geben. Doch so wie Sie beim Kochen die Rezepte nach den ersten Erfahrungen schon bald nach Ihrem eigenen Geschmack variieren, sollten Sie sich auch hier nicht scheuen, diese Wesenheiten mit Ihren eigenen Worten anzurufen. Schließlich spielen für die Aufgestiegenen Meister die Worte, die Sie verwenden, keine große Rolle. Wichtig ist vielmehr die Tatsache, dass Sie sie überhaupt anrufen und dass Sie Ihr Herz im Wunsch nach spiritueller Hilfe öffnen.

In **Teil II** finden Sie Gebete, die Sie benutzen können, wenn Sie mit mehreren Gottheiten arbeiten möchten, und die auf bestimmte Probleme oder Situationen ausgerichtet sind. Genau wie bei den Anrufungen im ersten Teil handelt es sich dabei lediglich um Vorschläge und nicht um strenge Anweisungen. Verwenden Sie einfach die Worte, die Ihnen im jeweiligen Augenblick aus dem Herzen heraus in den Sinn kommen. Dann können Sie bei der Anrufung göttlicher Wesenheiten nichts falsch machen. Sie alle sind voller Liebe und Vergebung und Sie müssen keine Angst haben, dass besondere Beredsamkeit erforderlich sein könnte, um ihre Hilfe zu erhalten!

Teil III enthält eine Auflistung möglicher Wünsche und Themen aus allen Lebensbereichen und dazu jeweils alle Aufgestiegenen Meister und Erzengel, die auf den entsprechenden Bereich spezialisiert sind. Solch eine Liste hätte ich persönlich schon immer gern gehabt und sie ist einer der Gründe, warum ich angeleitet wurde, dieses Buch zu schreiben. Sie werden feststellen, dass es sich dabei um einen praktischen Führer handelt, den Sie immer in der Nähe haben sollten, um zu wissen, wen Sie in Zeiten der Not am besten konsultieren können.

Der **Anhang** enthält ein hilfreiches Glossar sowie die Bibliographie mit Literaturhinweisen für weitere Informationen zu diesem Thema.

Außerdem kann dieses Buch auch als Orakel dienen. Stellen Sie einfach irgendeine Frage und schlagen Sie das Buch aufs Geratewohl auf. Die Seite, die Sie dabei aufschlagen, enthält die Antwort auf Ihre Frage.

Ich hoffe, dass das Buch, das Sie nun in Händen halten, dazu dienen wird, Ihnen zahlreiche göttliche Wesenheiten bekannt zu machen, die zu Ihren vertrauten, liebevollen Gefährten werden können. Möge dies der Beginn vieler wunderbarer Beziehungen zu den Erzengeln und Aufgestiegenen Meistern sein!

Erster Teil

Erzengel
und
Aufgestiegene Meister

Abundantia

(Römische/teutonische Tradition)

Auch als *Abundia*, *Habone* und *Fulla* bekannt.

Abundantia ist eine wunderschöne Göttin des Erfolgs, des Wohlstands, der Fülle und des Glücks; sie gilt auch als Beschützerin des Gesparten, der Investitionen und des Reichtums. Ihr Bild zierte in der Antike römische Goldmünzen.

In der römischen Mythologie schenkte Abundantia den Menschen Geld und Getreide, während sie schliefen, indem sie ihre Gaben aus dem Füllhorn ausschüttete, das sie immer bei sich trug. In der nordischen Mythologie war sie Fulla, die erste Begleiterin von Frigg (der nordischen Göttin des Himmels und der Wolken). Fulla war für Friggs Besitztümer verantwortlich und agierte zudem als ihre Vermittlerin, indem sie Sterblichen, die die Göttin um Hilfe angerufen hatten, Gefallen erwies.

Immer wenn ich Abundantia wahrnehme, ergießen sich auf magische Weise Goldmünzen aus ihr, ohne dass ich einen speziellen Behälter erkennen könnte. Die Münzen scheinen einfach aus ihr herauszuströmen und ihr sogar wie eine glänzende Spur zu folgen, begleitet von einem musikalisch klimpernden Geräusch, ähnlich wie bei Bauchtänzerinnen, die mit ihren münzenbestickten Kostümen klimpern.

Abundantia ist eine Vision von großer Schönheit und engelsgleicher Reinheit, sehr geduldig und äußerst liebevoll. *»Ich bin eine Wegweiserin zu der allmächtigen Quelle von allem, was ist«*, sagt sie. *»Mein größtes Vergnügen besteht darin, eure Bemühungen zu belohnen, und die Dankbarkeit und Freude, wenn jemand durch meine Intervention gerettet wurde, versetzen mich in einen Zustand ekstatischer Wonne. Ich bin hier, um euch zu dienen und zu helfen, ununterbrochenen finanziellen Segen zu erlangen und die verborgenen Schätze zu entdecken, von denen ihr noch nichts wisst.«*

Abundantia gleicht einer freundlichen Gastgeberin, die immer wieder fragt, ob Sie noch irgendetwas benötigen, und Ihnen dann liebevoll alle Wünsche erfüllt. Sie sagt: »*Ich erscheine auch gern in deinen Träumen, um jede Frage zu beantworten, die du vielleicht in Bezug auf Finanzen, Investitionen und Ähnliches haben magst. Vergiss nie, dass finanzielle Mittel spirituelle Projekte fördern und dir ein großes Maß an Freiheit schenken können. Doch Geld kann auch eine Falle sein, wenn du zulässt, dass Sorgen und Ängste dich beherrschen. Das ist der Moment, in dem ich in Aktion trete, um diese niederen Gedanken zu verscheuchen und dich auf den Weg des Wohlstands zu führen.*«

Abundantia hilft bei:
- allumfassender Fülle
- finanziellen Investitionen
- Wohlstand
- Schutz von Wertgegenständen

ANRUFUNG

Als Beweis Ihres Glaubens an die Bereitschaft der himmlischen Kräfte, Ihnen zu helfen, nehmen Sie eine oder mehrere Münzen in die Hand, mit der Sie nicht schreiben (Ihre empfangende Hand), und sprechen:

»Wunderbare Abundantia, ich wünsche mir, so zu sein wie du – ohne Sorgen und erfüllt vom Glauben daran, dass alle meine Bedürfnisse bereits erfüllt sind. Hilf mir, alle finanziellen Sorgen durch ein Gefühl von Freude und Dankbarkeit zu ersetzen. Hilf mir, meine Arme weit zu öffnen, damit der Himmel mir problemlos helfen kann. Danke für deine Führung, deine Geschenke und den Schutz, den du mir angedeihen lässt. Ich bin zutiefst dankbar und erfüllt von einem Gefühl der Freude. Ich lasse los und entspanne mich in dem sicheren Wissen, dass vollkommen für mich gesorgt wird, jetzt und in Zukunft.«

Aengus

(Irland)

~∞~

Auch bekannt als *Angus, Oengus, Angus McOg* und
Angus vom Tal der Feen.

Aengus ist ein keltischer Liebesgott. Sein Name bedeutet »junger
Sohn«. Aengus spielt auf einer magischen goldenen Harfe, die alle
verzaubert, die seine lieblichen Melodien hören. So wie Amor bringt
er Seelengefährten zusammen. Wann immer eine Liebesbeziehung
durch Streitigkeiten oder Einmischung von außen gefährdet ist, webt
Aengus mit seiner goldenen Harfenmusik ein Netz um die Liebenden und bringt sie wieder zusammen. Es heißt, dass sich jeder Kuss,
den er in die Luft wirft, in einen Vogel verwandelt, der seine Botschaft den Liebenden bringt, die um seine Hilfe gebeten haben. Aengus lebt im Tal der Feen und ist ein Halbbruder der Göttin Brigit.
   Aengus' Hilfe bei Liebesbeziehungen ist legendär und begann
in dem Augenblick, als er seiner eigenen Seelengefährtin, Caer,
zum ersten Mal begegnete. Aengus erblickte Caer in einem Traum
und sofort war sein Herz von tiefster Liebe zu ihr erfüllt. Nach
dem Erwachen begab sich Aengus auf die Suche nach seiner Geliebten, obwohl er noch nicht wusste, wer oder wo sie war. Doch
schließlich fand der entschlossene Aengus seine Traumgeliebte,
die als Schwanenjungfrau mit silbernen Ketten an einen anderen
weißen Schwan gefesselt war. Aengus verwandelte sich ebenfalls
in einen Schwan, um sie zu entführen, worauf die beiden für immer in Liebe vereint waren.
   Die beiden Seelengefährten sangen und spielten ihre zauber-
hafte romantische Musik für Liebespaare in ganz Irland. Aengus
rettete außerdem zwei junge Liebende namens Diarmuid und
Grainne. Sobald die beiden in Sicherheit waren, trat er ihrem Feind
gegenüber, bis dieser sich einverstanden erklärte, die beiden Liebenden nicht länger zu verfolgen.
   Es war sehr passend, dass ich Aengus zum ersten Mal begegnete,

nachdem ich ihn von einer Bank mit Blick über die weite Irische See aus angerufen hatte. Ein gut aussehender, königlich wirkender Mann zwischen 25 und 35 Jahren erschien mir vor meinem inneren Auge. *»Lass deinen Diener dein Meister sein«*, sagte er mit warmer Stimme zu mir. Was sollte das bedeuten? Er schien diesen Rat im Zusammenhang mit romantischer Liebe zu geben, so als sei es ein Schlüssel, um eine wunderbare Beziehung aufzubauen und zu erhalten. Doch mir war nicht ganz klar, was er damit meinte. Also lehnte ich mich zurück und meditierte über seine Worte.

Daraufhin ergänzte Aengus: *»Werde nie zum Sklaven irgendeiner Person, Substanz oder Situation. Sei jedoch ein bereitwilliger Diener. Gib großzügig aus einem liebevollen Herzen heraus. Auf diese Weise wirst du dich niemals in Zorn und Bitterkeit verstricken, die sich wie eine dicke Schicht auf das liebevolle Herz legen und alles Entzücken ersticken. Gib deinem Liebsten alles, was du hast, ohne an eine Belohnung oder die Folgen zu denken, aus reiner Freude am Geben ... denn sie trägt ihre eigene Belohnung in sich.«*

Aengus hilft bei:
- romantischer Musik
- Leidenschaft und Romantik wecken und erhalten
- Beziehungen zwischen Seelengefährten finden, schaffen und bewahren

ANRUFUNG

Tragen oder halten Sie etwas Rotes oder Rosafarbenes, um romantische Liebe zu symbolisieren, legen Sie sanfte Musik auf (vorzugsweise mit Harfe) und rufen Sie Aengus an:

»Königlicher Aengus, ich bitte um deine Hilfe in meinem Liebesleben *(beschreiben Sie Ihre genauen Wünsche)*. Ich bitte dich um deine Intervention, auf dass Harmonie, Leidenschaft und Romantik in meinem Herzen und in meinem Leben einziehen können. Ich trage so viel Liebe in mir, die ich mit einem anderen Menschen teilen möchte. Sollte ich in irgendeiner Weise die große Liebe blockieren, die ich mir erträume, dann hilf mir bitte, diese Blockade jetzt loszulassen. Vielen Dank, Aengus.«

Aeracura

(Irland)

～⁓∾⁓～

Aeracura ist eine keltische Erdmutter und Erdgöttin, die einen Korb voller Früchte oder ein Füllhorn bei sich trägt.

Als ich sie anrief, während ich am Ufer der Irischen See saß, fühlte ich mich umgehend von unbeschwerter und spielerischer Liebe erfüllt. Ich erblickte eine wunderschöne, elfengleiche Frau mit zarter Haut und wallendem braunen Haar, gekleidet in ein cremefarbenes, leuchtendes Gewand, das sich den Formen ihres Körpers anschmiegte. Ihre Augen waren voller Liebe, doch hatten sie den schelmischen Glanz eines Wesens, das oft und gerne lacht und sich auf unschuldigste Weise an harmlosen Späßen ergötzt. Sie ließ mich wissen, dass Verspieltheit und ein sorgloser Geist die Quelle aller Manifestation sind. Sie betonte diesen Punkt und ich konnte es deutlich in meinem Körper und in meinem Herzchakra fühlen: Der Schlüssel zu schnellem und wirksamem Manifestieren ist Freude an dem Vorgang selbst.

Sie sagte: »*Ich bringe einen Korb voll schönster Dinge all jenen, die aufnahmefähig sind und bereit zu empfangen. Stell dir Kinder vor, die ihre Spielsachen teilen – Spielen macht mehr Spaß, wenn du mit Freunden teilst! Ruf mich an, wenn du in einer Notlage schnell Geld brauchst, und ich werde dir zu Hilfe eilen. Besonders gerne helfe ich Künstlern und Außenseitern. Wenn du mit mir sprichst, sei nicht schüchtern und lass mich alles wissen, was du dir wünschst. Lass uns spielen! Ich liebe dich!*«

Aeracura hilft bei:
- Künstlern und Erfindern, indem sie ihnen Anleitung gibt und sie unterstützt
- finanziellen Notlagen
- Manifestieren von Dingen

ANRUFUNG

Gehen Sie nach draußen, um Aeracura anzurufen. Ziehen Sie Schuhe und Strümpfe aus und nehmen Sie barfuß Kontakt zu Mutter Erde auf. Sagen Sie zu ihr:

»Geliebte Aeracura, bitte komm zu mir und erfülle mein Herz mit deiner göttlichen Liebe. Reinige mein Herz und meinen Geist von allen Ängsten und Sorgen. Ich bitte dich darum, mir einen Korb voll üppiger Gaben zu bringen und mir zu helfen, diese Gaben in Liebe und Dankbarkeit zu empfangen. Hilf mir, meine eigene Kreativität zu entdecken und meinen inneren Künstler zu entwickeln, damit ich meiner Liebe auf eine Weise Ausdruck verleihen kann, die der Welt Segen schenkt. Hilf mir, Unterstützung für meine künstlerischen und kreativen Projekte anzunehmen.«

Aine

(Irland)

～⚬≫⚬～

Auch bekannt als *Aine von Knockaine,* da ihr Geist angeblich in Knockaine in Irland lebt.

Aine ist eine irische Mondgöttin der Liebe, der Fruchtbarkeit und des Schutzes. Ihr Name bedeutet »strahlend«. Sie gehört zum Reich der Feen und wird häufig als Feenkönigin betrachtet (das entspricht einem Erzengel im Reich der Elementarwesen). Es gibt viele widersprüchliche Geschichten über Aines Ursprung und Geschichte als Göttin.

Früher wurde sie in der Nacht der Sommersonnenwende mit Ritualen geehrt, wobei die Menschen Fackeln über die Felder trugen, um Aine um ihren Segen für eine üppige Ernte zu bitten. Sie beschützt Frauen, vor allem jene, die die Heiligkeit des Planeten respektieren und Mutter Erde verehren und helfen wollen, ihre Not zu lindern. Sie ist eine überzeugte Umweltschützerin und setzt sich leidenschaftlich für den Schutz der Tiere ein. Sie kann Flüche und negative Energien beseitigen.

Aine ist eine schlanke Göttin mit einem ausgesprochenen Art-Deko-Look, sie trägt ein langes, silbriges Gewand und einen Pagenschnitt. Als ich mit ihr sprach, stand sie neben einer Mondsichel, umgeben von Musikinstrumenten wie Harfe und Klavier. Mit Hilfe der Energien von Licht und Klang bewacht und unterstützt sie die Erde sowie andere Planeten in diesem und in anderen Sonnensystemen.

Aines Aufgabe besteht weniger in der Hilfe bei individuellen Anliegen, doch können wir uns in ihren Mantel aus silbernem Licht einhüllen, wann immer wir Kraft brauchen und den Mut finden wollen, uns Gehör zu verschaffen – besonders in Bezug auf Umweltthemen (z. B. wenn es um die Qualität der Luft oder des Wassers geht sowie um den Schutz von Pflanzen und Tieren). Aine kann Ihnen helfen, in Liebesbeziehungen wie auch in allen sonstigen Lebensbereichen verspielter und leidenschaftlicher zu werden. Aine ist bei Vollmond und Mondfinsternissen besonders gut zu erreichen.

Sie sagt: »*Ich strahle reine göttliche Liebesenergie aus, wie ein Leitstrahl, der vom Mond herniederleuchtet, um alle negativen Absichten, Taten, Worte, Gedanken und Handlungen abzuwenden.*«

Aine hilft bei:

- Themen des Umweltschutzes
- Intensivierung von Vertrauen und Leidenschaft
- Fruchtbarkeit und Empfängnis
- Heilung von Tieren, Menschen und Beziehungen
- Vollmond-Meditationen und -Zeremonien
- Verspieltheit und Lebensgenuss
- Schutz für Frauen

ANRUFUNG

Gehen Sie an einem Vollmondabend hinaus in die Natur, in die Nähe von Pflanzen oder zu einem Gewässer, und sprechen Sie laut oder innerlich:

»Geliebte Aine, ich rufe dich jetzt an. Bitte hilf mir, stärker zu werden, kraftvoller und vertrauensvoller. Ich bitte dich, entzünde die Leidenschaft meiner Seele und hilf mir, mich zu entspannen, damit ich Spaß haben und verspielt sein kann, während ich meine Aufgaben und Verantwortlichkeiten erfülle. Führe mich und zeige mir, wie ich der Erde und unserer Umwelt helfen kann, und lass mich von liebevollen Menschen umgeben sein.«

Aphrodite

(Griechenland)

Auch bekannt als *Cytherea, Cypris, Aphrodite Pandemos, Aphrodite Urania, Venus*

Aphrodite ist die Göttin der Liebe, der Schönheit und der Leidenschaft und ist mit dem Planeten Venus verbunden.

Ihr Name bedeutet »Die aus dem Wasser Geborene« oder »Die Schaumgeborene«, da es heißt, sie sei empfangen worden, als ihr Vater, der Himmelsgott Uranus, den Ozean schwängerte. Ihre vielfachen Liebesaffären mit Göttern wie beispielweise Adonis und Aries sind legendär, was auch der Grund dafür ist, dass Aphrodite eng mit leidenschaftlicher Sexualität assoziiert wird.

Sie ist sowohl als Aphrodite Urania bekannt, die die Liebe zwischen Seelengefährten mit gegenseitiger Hingabe und Spiritualität repräsentiert, als auch als Aphrodite Pandemos, die Repräsentantin rein körperlicher Lust. Eines ihrer vielen Kinder ist Eros, ein Gott der romantischen Liebe, der Pfeile in die Herzen derjenigen schießt, die dazu bestimmt sind, in Liebe zueinander zu entbrennen.

Ich sprach mit Aphrodite an einem Abend auf Hawaii, als der Planet Venus strahlend am Himmel zu sehen war. Ich spürte ihre Nähe, noch bevor ich sie sah. Dann erblickte ich eine Frau mit herzförmigem Gesicht, die zu mir sagte:

»Ich bin hier, um langfristige Beziehungen zu stärken, die auf Leidenschaft und Verständnis aufgebaut sind. Eines ohne das andere ist nutzlos, denn Leidenschaft ist unerlässlich für das Ineinanderweben von Leben und Körper, und Verständnis braucht es für fruchtbare Gespräche und Diskussionen. Doch dazwischen gibt es viele Überschneidungen, denn ein Partner, der deine Bedürfnisse und Wünsche versteht, ist in der Tat ein wunderbarer Geliebter. Und ein Geliebter, der eine tiefe Leidenschaft für dich hegt, wird motiviert sein, gelegentliche Verletzungen und Wunden

zu heilen, und wird lange genug von dir bezaubert sein, um dich
verstehen zu lernen.

Eine sich immer weiter vertiefende, ewig lebendige Beziehung
ist dadurch charakterisiert, dass sie in gegenseitiger Hingabe stets
nach noch mehr Leidenschaft und noch mehr Verständnis strebt.«

Aphrodite hilft bei:
- Beziehungen, Bindungen und Ehen
- Weiblichkeit, Anmut, Schönheit und Attraktivität
- Sexualität, Leidenschaft und Verlangen
- romantischer Liebe

ANRUFUNG

Versetzen Sie sich in eine empfängliche Stimmung, vielleicht indem Sie romantische Musik hören, einen Liebesfilm ansehen, sich
verführerisch kleiden oder eine Rose in den Händen halten. Dann
konzentrieren Sie sich auf Ihr Herz und sprechen:

»Holde Aphrodite, ich bin jetzt bereit, mich tief und allumfassend von einem Partner lieben zu lassen. Bitte hilf mir, alle noch
vorhandenen Blockaden loszulassen, die diese Erfahrung ver-
zögern könnten. Hilf mir, mein inneres Licht erstrahlen zu lassen und jetzt die große Liebe in mein Leben zu ziehen. Bitte hilf
mir, diese Liebe von Herzen zu genießen und zu wissen, dass ich
sie verdient habe.«

Apollo

(Griechenland)

Apollo ist ein Sonnengott und zuständig für die Themenbereiche Prophezeiung, Licht, Musik und Heilung.

Apollo zählte zu den ursprünglichen zwölf olympischen Göttern und Göttinnen. Er ist ein Sohn des Zeus und Zwillingsbruder der Göttin Artemis. Apollo hatte viele Geliebte und Dutzende von Kindern. Es gibt eine Fülle von Legenden über ihn und sein Leben. Einer seiner bekanntesten Söhne ist Asklepios, der legendäre Gott des Heilens und der Medizin.

Apollo bot stets bereitwillig den Menschen seine Hilfe an und auch heute noch interveniert er, wo immer er gebraucht wird. Er war lange Zeit im antiken Delphi präsent, wo er das berühmte Orakel inspirierte. Heute hilft er Hellsehern und Medien, ihre Fähigkeiten optimal zu entwickeln. In New-Age-Kreisen gilt Apollo als einer der Elohim (hebräisch für »göttliche Wesen«), der der Erde und ihren Bewohnern göttliche Weisheit und spirituelle Erkenntnis schenkt. Apollo heilt physische und emotionale Wunden und weckt übersinnliche Fähigkeiten. Er schenkt Mitgefühl und Verständnis, wenn es Menschen schwer fällt zu vergeben.

Apollo ist ein junger Mann von schlanker, muskulöser Gestalt, der golden schimmert und jugendliche Schönheit ausstrahlt. Er motiviert uns, gut auf unseren Körper, unsere Gesundheit und unsere Fitness zu achten.

Er sagt: »*Ich bin der Sonnengott – rufe mich an, wenn du Licht brauchst, in welcher Form auch immer: göttliches, heilendes Licht oder einfach nur Sonnenschein. Ich existiere auf allen Ebenen und bin daher in der Lage, auf jedes Anliegen zu reagieren. Ich schenke eurem Planeten Licht, selbst an den trübsten Tagen.*«

Apollo hilft bei:

- Fitnesstraining und gesunder Ernährung (stärkt die Willenskraft)
- Stress und Anspannung
- Reparatur mechanischer Störungen
- Erweckung und Förderung außersinnlicher, hellseherischer und prophetischer Fähigkeiten
- schlechtem Wetter, indem er Wolken vertreibt, damit die Sonne scheinen kann – sowohl buchstäblich als auch metaphorisch

ANRUFUNG

Tragen oder halten Sie etwas Goldenes oder Gelbes (wie die Sonne, die mit Apollo assoziiert ist) und legen Sie temperamentvolle Musik auf. Apollo kann jederzeit kontaktiert werden, wenn Sie Hilfe benötigen, wahrscheinlich werden Sie jedoch am Mittag die beste Verbindung zu ihm herstellen können, wenn die Sonne im Zenit steht. Sagen Sie zu Apollo:

»Strahlender Apollo, bitte komm zu mir. Lass Licht auf mich herniederströmen, auf dass ich klar sehen kann. Hilf mir, meine Situation besser zu verstehen, damit ich und alle, die daran beteiligt sind, geheilt werden können. Hilf mir, Mitgefühl für mich selbst und andere zu empfinden und allen Zorn oder die Unfähigkeit zur Vergebung jetzt loszulassen. Bitte hilf mir, alle Schwere in meinem Körper, meinem Geist und meinem Herzen loszulassen, auf dass ich so hoch fliegen kann wie du.«

Artemis

(Griechenland)

Auch bekannt als *Artemis Calliste, Delia, Luna, Phoebe.*

Artemis, eine griechische Göttin des Neumonds, mit Parallelen zur römischen Göttin Diana, ist die Tochter von Zeus und Leto. Ihr Bruder ist Apollo.

Als »Jägerin der Seelen« trägt Artemis Pfeil und Bogen bei sich und verbringt den größten Teil ihrer Zeit mit den Waldnymphen in der freien Natur. Sie beschützt jeden, der sie anruft, und verteidigt vor allem unverheiratete junge Frauen, Kinder und Tiere. Ihr Schutz ist jedoch immer gewaltlos, da sie Weisheit als ihre einzige Waffe benutzt. Sie gilt als Göttin der Natur, der Fruchtbarkeit und des Mondes.

Artemis verliert ihre Ziele nie aus den Augen, weshalb es ihr immer gelingt, ihre Absichten zu verwirklichen. Sie lehrt uns, wie wichtig es ist, Zeit in der Natur zu verbringen und unserer Intuition zu folgen, wenn wir als natürlichere und authentischere Menschen leben möchten.

Ich rief Artemis unmittelbar nach dem Neumond an.

»Macht kann lähmend wirken«, antwortete die elfenhafte Frau mit kurzem Haar, großen Augen und Ohren, die oben spitz zuliefen. Sie schien voll damit beschäftigt zu sein, irgendetwas zu jagen, doch ich wusste, dass es sich dabei weder um ein Tier noch um einen Menschen handelte. Artemis erklärte mir, dass sie metaphorisches Gold jagt: *»Ich spüre Weisheit und Erfahrungen auf, die ich später die Kinder in Form von Märchen lehren kann. Zurzeit bin ich vor allem damit beschäftigt, der jungen Generation zu mehr Weisheit zu verhelfen. Die Kinder sind sich heutzutage ihrer Grenzen nicht sicher. Sie wissen, dass ihre Kräfte die ihrer Eltern übersteigen, daher halten sie sich zurück und zögern, diese Kräfte einzusetzen, um ihre erwachsenen Beschützer und Versorger damit nicht zu überwältigen.*

Die jungen Menschen heute fühlen sich unsicher, außer sie spüren, dass ihre Eltern stärker sind als sie. Das ist der Grund, warum ich mit den Eltern zusammenarbeite. Ich ermutige sie, sich nicht auf Willenskämpfe mit ihren Kindern einzulassen, sondern ihre Macht zum Wohle ihrer Kinder voll anzunehmen und sie in Liebe einzusetzen.«

Artemis hilft bei:
- Umweltschutz, Tierwelt, Natur
- Camping und Wandern
- Fruchtbarkeit, Empfängnis und Adoption
- Kindern, vor allen Dingen Mädchen
- Macht, vor allem weibliche
- Schutz

ANRUFUNG

Gehen Sie nach draußen, um Artemis anzurufen – am besten ist es, wenn Sie dabei barfuß auf der Erde, auf Sand oder auf Gras stehen.

»Artemis, ich bitte dich um deine Begleitung und Führung, damit ich meine natürliche Intuition und weibliche Kraft befreien kann, die in jedem Menschen wohnt. Ich öffne mich für deine Freundschaft und Führung. Hilf mir, mich wieder mit der Natur und meinem natürlichen Selbst zu verbinden. Hilf mir, meine wahren Gefühle zu ehren und für das einzustehen, was ich tief in meinem Herzen als wahr erkenne. Hilf mir, stark und weise zu sein in allem, was ich bin und tue. Ich danke dir.«

Ashtar

(New Age)

Auch bekannt als *Ashtar Sheran, Commander Ashtar*.

Ashtar ist ein menschlich aussehender Vermittler, der durch seine Zusammenarbeit mit Außerirdischen und Erdbewohnern zu einem friedlichen Universum beiträgt.

Ashtar ist ein Mitglied der Großen Weißen Bruderschaft (siehe Glossar) und arbeitet eng mit Jesus, Erzengel Michael und Saint-Germain zusammen. Außerdem leitet er eine Gruppe von Menschen und Außerirdischen, die als »Ashtar-Command« bezeichnet werden. Eine seiner wichtigsten Aufgaben ist es, über die Intergalaktische Föderation den Frieden zwischen den Bewohnern verschiedener Planeten sicherzustellen.

Seine Mission auf der Erde besteht darin, uns einerseits vor negativen Besuchern und Energien von anderen Planeten zu beschützen und andererseits einen Atomkrieg zu verhindern, da dieser negative Auswirkungen auf zahlreiche Galaxien hätte. Er möchte den Menschen helfen, ihr höchstes Potential zu verwirklichen und sich vollkommen mit göttlicher Liebe zu verbinden. Ashtar führt die Menschen weg vom dreidimensionalen Denken, das auf Begrenzungen und das Messen der Zeit fokussiert ist. Und er gibt persönliche Ratschläge, wie man sich während der bevorstehenden Veränderungen auf der Erde sicher und ruhig fühlen kann.

Nachdem ich mehrere Male versucht hatte, Kontakt mit Ashtar aufzunehmen, erfuhr ich, dass er am besten in sternklaren Nächten zu erreichen ist oder während man sich in einem Flugzeug in großer Höhe befindet. Also beschloss ich, diese beiden Faktoren zu kombinieren und mit ihm zu kommunizieren, während ich nachts in einer Höhe von 10 000 Metern über dem Ozean flog.

»Ich bin hier«, sagte Ashtar zu mir, nachdem unsere Verbindung zustande gekommen war. *»Du hast mich bereits als ein Gefühl*

warmer Liebe wahrgenommen, noch bevor du mich hören konntest. Ich komme aus einer anderen Dimension, die deinem Verstand, der im dreidimensionalen, zeitbezogenen Denken existiert, nicht so leicht begreiflich ist. Doch deine Seele kommt regelmäßig während ihrer nächtlichen Reisen zu uns, um zu lernen.

Ich werde nicht in eure Mission eingreifen, doch ich bin hier, solltet ihr mich brauchen. Ich verspreche, euch vor allen Übergriffen von außen zu schützen und für eure Sicherheit zu sorgen.«

Ich habe Ashtars Präsenz bereits bei vielen meiner Klienten wahrgenommen, vor allen Dingen bei jenen, die ich die »Sternenmenschen« nenne (Menschen, die eine Verbindung zu anderen Galaxien haben). Ashtar ist der bleichgesichtige Mann mit weißem Haar auf der Karte »Unterstützung« in meinem Kartendeck *Das Heil-Orakel der Engel.*

Ashtar hilft bei:
- Friedlichen Interaktionen mit Außerirdischen
- Veränderungen auf der Erde
- Profundem Denken
- Schutz
- Loslassen von Angst
- Spirituellem Wissen

ANRUFUNG

Ashtar ist am leichtesten in klaren Nächten zu erreichen, wenn die Sterne am Himmel leuchten. Halten Sie Ihre Intention aufrecht, ihn geistig zu kontaktieren, und er wird zu Ihnen kommen. Falls Sie Ängste bezüglich Außerirdischer haben, wird Ashtars Gegenwart sehr subtil sein, da er ein liebevolles Wesen ist, das in keiner Weise irgendwelche Ängste hervorrufen möchte.

Athene

(Griechenland)

~~~~

Auch bekannt als *Pallas Athene*.

Athenes Wurzeln sind uralt und multikulturell; am besten ist sie jedoch als die griechische Göttin der Weisheit, der Kunst und des Handwerks bekannt.

Pallas Athene ist die Tochter von Zeus. Ihr war auf der Akropolis in Athen der Parthenontempel geweiht. Legenden berichten von Athenes Mut und intuitiver Weisheit in Schlachten. Künstlerische Darstellungen zeigen Athene in der Regel mit Brustpanzer, Schild und Schwert, oft begleitet von einer Eule. Dieser Vogel wird seit langem mit ihr assoziiert, vielleicht aufgrund der vielfach zitierten Weisheit dieses Vogels.

Wenn sie die zusätzliche Bezeichnung »Pallas« trägt, ist Athene eine Kriegsgöttin, die als Schutzgöttin fungiert und Frauen dazu inspiriert, ihre innere Stärke zu zeigen und mutig ihre Meinung zu vertreten. Sie regt Menschen dazu an, Streitigkeiten mit intuitiver Weisheit statt mit Zorn oder Gewalt zu lösen. In New-Age-Kreisen wird Pallas Athene als Aufgestiegene Meisterin des fünften Strahls bezeichnet, des Strahls, der mit Wahrheit und Integrität assoziiert ist.

Als ich Athene anrief, erblickte ich eine wunderschöne Frau, die in einem Streitwagen stand, Metallmanschetten an den Handgelenken und auf dem Kopf einen Helm trug. Ihre Energie war sehr intensiv und sie keuchte, so als hätte sie gerade eine besonders schwierige Aufgabe erledigt.

»Keine Arbeit ist mir zu schwierig«, sagte sie geradeheraus. *»Ich bin eine strenge Zuchtmeisterin, die dafür sorgt, dass alle vor mir liegenden Aufgaben vollständig erledigt werden. Oft delegiere ich bestimmte Arbeiten an Sternenwesen.«*

Athene zeigte auf die Sterne am Himmel und bezeichnete sie als liebevolle Wesen, die die Seelen unschuldiger, sanfter Kinder beherbergen, die sich völlig der Aufgabe widmen, Athene zu helfen. *»Das ganze Universum lebt und atmet«*, erwiderte sie auf meine unausgesprochene Frage bezüglich der Sterne. *»Es vibriert vor Leben und es gibt keinen Platz, an dem kein Leben ist – es ist ein durchgehendes Muster sich ständig bewegender Energie, das ohne Anfang und Ende ist. Und so erledige ich die vor mir liegenden Aufgaben, indem ich die Energie mit der festen, liebevollen Hand einer entschlossenen Mutter kommandiere. Du kannst das ebenfalls tun.«*

Athene hilft bei:
- Schlichten von Streitigkeiten
- Kunst und Künstlern
- Handwerk und Handwerkern
- Erlangung von Gerechtigkeit
- Physischem und geistigem Schutz
- Vermeidung und Beendigung von Krieg
- Schriftstellerischen Tätigkeiten

ANRUFUNG

Eine Möglichkeit, Athene herbeizurufen, ist die folgende Anrufung:

»Athene, ich brauche deine Hilfe und bitte um deine machtvolle Präsenz. Geliebte Schwester, ich bitte dich um deine Intervention in meinem Leben. Bitte erfülle jeden Aspekt meines Wesens mit anmutiger Kraft: meine Gedanken, meine Handlungen, meine Beziehungen und alle Situationen, in die ich involviert bin. Bitte hilf mir, diese Kraft auf friedliche und liebevolle Weise einzusetzen. Ich danke dir!«

Babaji

(Himalaja)

Auch bekannt als *Mahavatar Babaji, Shri Babaji*.

Babaji wurde im Westen bekannt durch Paramahansa Yoganandas Buch *Autobiographie eines Yogi*. Er gilt als der »unsterbliche Avatar«, da er die physischen Begrenzungen hinsichtlich der Dauer eines Menschenlebens überwand. Es heißt, dass er nicht gestorben, sondern mit seinem physischen Körper in die himmlischen Sphären aufgestiegen ist. Es gibt viele Berichte darüber, dass er spirituellen Suchern physisch erschienen ist. Doch in der Regel erscheint er jenen, die ihn anrufen, auf der geistigen Ebene und die Betreffenden »hören« Babaji mittels Gedanken, Gefühlen oder Visionen.

Babajis Aufgabe ist es, die Menschheit näher zu Gott zu bringen und sie darin zu unterstützen, den göttlichen Willen zu befolgen. Er ermutigt Menschen, ihrem eigenen spirituellen Weg zu folgen, und erklärt, dass alle Religionen zu Gott führen. Er war es, der Yogananda den Auftrag erteilte, Kriya-Yoga in den Westen zu bringen. Kriya-Yoga ist als Instrument zur Erlangung von Erleuchtung bekannt und es ist gut möglich, dass diese Form des Yoga der Funke war, der die gegenwärtige Popularität von Yoga weltweit entfacht hat.

Babaji hilft bei:
• Überwindung oder Reduzierung von Süchten und Verlangen
• Atemarbeit
• Klarer Kommunikation mit Gott
• Manifestation
• Loslösung vom Materialismus
• Vereinfachung des Lebens
• Spirituellem Wachstum
• Yoga-Praxis

ANRUFUNG

Sprechen Sie wiederholt den Namen Babaji aus und spüren Sie dabei die Energie seines Namens in Ihrem Herzen. In seiner Autobiographie schreibt Yogananda, dass Babaji Sie direkt segnen wird, wenn Sie seinen Namen mit Ehrerbietung aussprechen. Babaji teilte mir mit, dass wir ihn am besten kontaktieren können, während wir mit Atemarbeit oder Yoga beschäftigt sind. Weiter sagte er, dass er eins ist mit dem Atem des Lebens und dass wir unweigerlich Kontakt mit ihm herstellen, wenn wir bewusst tief ein- und ausatmen.

Brigit

(Irland, Spanien, Frankreich und Wales)

~~~❧~~~

Auch bekannt als *Brid, Brighid, St. Brigid, Brigantia, Bride, Brigid.*

Brigit ist eine Kriegsgöttin, die in ihrem Wesen ein vollkommenes Gleichgewicht zwischen Weiblichkeit und uneingeschränkter Macht gefunden hat. Ihr Name bedeutet »Der strahlende Pfeil« oder auch »Die Mächtige«, was eine perfekte Beschreibung ihrer Qualitäten ist.

Ursprünglich war Brigit eine hoch geachtete keltische Göttin, die im alten Irland großes Ansehen genoss. In Kildare wurde zu ihren Ehren ein Schrein errichtet, in dem eine ewige Flamme brannte, die von Frauen gehütet wurde. Im fünften Jahrhundert wurde Brigit von der katholischen Kirche »adoptiert« und verwandelte sich in die »heilige Brigid«.

Brigit ist das weibliche Gegenstück zum Erzengel Michael. Sie verteidigt jene, die sie anrufen, gegen jede Bedrohung, beschützt sie und schenkt ihnen Klarheit. Wie Michael ist auch Brigit eine Vermittlerin göttlicher Führung und prophetischer Informationen. Sie ist eine Halbschwester von Aengus, dem keltischen Liebesgott – beide haben dieselbe Mutter. Brigit ist auch als dreifache Göttin des Feuers bekannt, die ihre Flammen nutzt, um uns innerlich zu reinigen, Fruchtbarkeit und Kreativität zu fördern und Heilung zu schenken. »Dreifache Göttin« bedeutet, dass Brigit drei verschiedene Persönlichkeitsaspekte besitzt, von denen jeder seine eigenen Aufgaben und speziellen Fähigkeiten hat.

Brigit ist eine Sonnengöttin, die mit dem Feuer assoziiert ist. Wenn sie in Ihrer Nähe weilt, wird Ihnen vielleicht plötzlich sehr warm, und Sie beginnen zu schwitzen. Brigit zu Ehren wird an jedem 1. Februar »Imbolc« begangen, ein Ritual, in dem die Rückkehr des Lichts und die bevorstehende Ankunft des Frühlings gefeiert wird.

Ich rief Brigit an, während ich an einem heißen Sommernachmittag am Strand der Irischen See saß. Sie erschien mir als eine feurige Rothaarige mit wunderschönen langen, lockigen Haaren. Ihre Intensität überraschte mich zunächst, doch war sie von liebevoller Vertrauenswürdigkeit gemildert, wie die Sonne, die intensiv vom Himmel strahlt, doch ohne den geringsten Hauch von Zorn, Angst oder Zwang. Sie erschien mir wie eine Kombination aus der Jungfrau Maria mit ihrer barmherzigen mütterlichen Liebe und dem Erzengel Michael mit seiner uneingeschränkten Hingabe an seine Aufgabe des Führens und Schützens. Sie ist eine »Supermutter«, die zugänglich und liebevoll ist, doch die Ihren gleichzeitig mit solchem Feuereifer beschützt, dass ihrer Wachsamkeit nichts entgeht.

Sie sagt: »*Ich bin die Verkörperung feuriger Hingabe an die Menschen guten Willens. Einst lebte auch ich auf der Erde und mein Herz wurde gebrochen durch sorglose und gedankenlose Handlungen gegen mich, meine Mitmenschen und die Erde. Meine restliche Lebenszeit widmete ich dem Versuch, die menschliche Natur zu verstehen. Heute weiß ich um die ›Natur der menschlichen Bestie‹. Ich sehe, dass die Anfälligkeit und Schwäche des menschlichen Herzens auf Unsicherheit, Sorgen und Ängste zurückzuführen ist. Daher lade ich dich ein, mir deine Sorgen zu überlassen, auf dass ich sie forttragen kann.*

Die Menschheit ist heute voller Trauer über den Verlust ihrer Unschuld und die vielen Rivalitäten, die die Menschen einander aufgezwungen haben. Das sind künstliche Begrenzungen und die Wesenheiten, mit denen ich arbeite, möchten diese willkürlichen Grenzen aufheben, um Einigkeit und Frieden zu ermöglichen. Hingabe an die letztendliche Einheit der Menschen und Besinnung auf den einen Schöpfer sind heute von essentieller Bedeutung. Im Inneren jedes Menschen wohnt ein Erlöser. Lerne, deinen inneren Erlöser anzurufen, um alle Sorgen und Ängste zu vertreiben. Beobachte, wie diese innere Gottheit ruhig und diskret interveniert.

Bei dieser Arbeit ziehen wir alle an einem Strang – wir, die wir die Mission von einer übergeordneten Ebene aus beaufsichtigen, und all jene auf der Erde, die den sehnsüchtigen Wunsch hegen, dem Guten zum Sieg zu verhelfen. Diese Zusammenarbeit beruht auf dem Wissen um unsere letztliche Einheit. Es ist nicht schwierig, die Mechanismen dieser Arbeit zu verstehen, die eurem höheren Wohl dient. Ich nenne sie die Arbeit der ›inneren Erlösung‹ – anstatt dich darauf zu beschränken, die äußeren Umstände und das Leben anderer Menschen zu verbessern, solltest du nach innen gehen und deine eigene innere Mission, dein inneres Territorium, deine inneren Gottheiten erforschen.«

Brigit hilft bei:
• Gewinnung von Mut (besonders bei Frauen)
• Erkennen der eigenen Lebensaufgabe
• Schutz
• Wärme – in Beziehungen, im eigenen Körper und in der Umgebung

ANRUFUNG

Sie können Brigit jederzeit kontaktieren; besonders wirksam ist es jedoch, eine Kerze anzuzünden und in die Flamme zu schauen, während Sie sagen:

»Große Brigit, ich weiß, dass du mich in dem Augenblick hörst, in dem ich an dich denke. Ich bitte dich um dein Erscheinen und um deine Hilfe. Bitte verleihe mir deinen Mut und deine Kraft, so dass ich die Ebene meiner höchsten Fähigkeiten erreichen kann. Bitte erwärme mein Herz und meinen Geist mit deiner Leuchtkraft und verbanne alle Gedanken, Gefühle oder Verhaltensweisen, die der Verwirklichung meines göttlichen Potentials im Wege stehen. Hilf mir, den Mut aufzubringen, mein Bestes zu sein und zu geben und alle Angst vor meiner eigenen Macht zu verlieren.«

Buddha

(Asien)

~~~~~~~

Auch bekannt als *Siddharta Buddha, Gautama Buddha.*

Der Name Buddha bedeutet »Der Erleuchtete« oder »Der Erwachte«. Geboren zur Zeit des Vollmonds an einem 8. Mai (es besteht keine Einigkeit bezüglich des genauen Geburtsjahres, doch wird davon ausgegangen, dass es im fünften Jahrhundert vor Christus war), wuchs Prinz Gautama Siddharta als Kind reicher Eltern, dem jeder Wunsch erfüllt wurde, hinter Palastmauern auf. Als er heranwuchs und eines Tages den Bereich des elterlichen Palastes verließ, sah er zum ersten Mal hungernde, kranke und alte Menschen – von deren Existenz er zuvor nichts gewusst hatte. Wild entschlossen, an der Beseitigung des Leids, dessen Zeuge er geworden war, mitzuwirken, verzichtete der Prinz ab sofort auf seinen königlichen Titel und Reichtum und verließ den Palast.

Jedoch brachte das asketische Leben Siddharta nicht die volle Erleuchtung, nach der er sich sehnte. Also setzte er sich unter einen Bodhi-Baum und schwor, sich nicht mehr von seinem Platz zu erheben, bevor er nicht die vollkommene Erleuchtung erlangt hatte. Es war am Abend eines Vollmonds. Er saß wie immer unter dem Bodhi-Baum und atmete tief ein und aus, um körperliches Verlangen und angsteinflößende Gedanken zu vertreiben. Nachdem er diese niederen Energien überwunden hatte, begann er, sich an vergangene Leben zu erinnern. Dies half ihm, die Endlosigkeit des Lebens zu erkennen, und sein Herz wurde erfüllt von dem Verständnis, wie Unglück, Schmerz, Leid und Tod überwunden werden können. Als er sich erhob, war er der Buddha.

Buddhas Lehren über die Befreiung vom Leid durch inneren Frieden wurden zur Grundlage des Buddhismus. Da er beide Extreme des Lebens erfahren hatte – als reicher Prinz und als entsagender Asket –, kam Buddha zu dem Schluss, dass der »Mittlere

Weg« bzw. Mäßigung in allen Dingen der Schlüssel zu einem glücklichen Leben ist.

Sie werden unter Umständen feststellen, dass Buddha leichter zu fühlen als zu hören ist. Wenn Sie ihn anrufen, werden Sie wahrscheinlich eine Welle warmer Liebe in Ihrem Herzen fühlen. Das ist sozusagen seine Visitenkarte, ein Zeichen, dass Sie tatsächlich mit seiner liebevollen Präsenz in Kontakt sind.

Buddha hilft bei:
- Harmonie und Mäßigung in allen Dingen
- Freude
- Frieden – sowohl im eigenen Inneren als auch in der Welt
- Spirituellem Wachstum und Verständnis

ANRUFUNG

Setzen Sie sich still hin und richten Sie Ihren Fokus auf Ihren Atem. Bemerken Sie, wie er langsamer wird, während Sie auf ihn lauschen. Fühlen und hören Sie, wie Ihr Herz im Einklang mit Ihrem Atem ruhig schlägt. Stellen Sie sich vor, dass es tief in Ihrem Inneren eine magische Tür gibt, ein wunderbares Tor voll mächtiger Symbole und leuchtender Kristalle.

Nun bitten Sie von ganzem Herzen, dass Buddha Ihnen erscheinen möge. Dann stellen Sie sich vor, wie sich die Tür öffnet und Sie ihn in Ihrem eigenen Inneren sehen. Atmen Sie weiter tief ein und aus, während Sie Ihre Verbindung zu Buddha über den Atem spüren.

Lassen Sie Ihr Herz von der Zärtlichkeit, der sanften Kraft und der Sicherheit, die er ausstrahlt, erfüllen. Stellen Sie ihm jede Frage, die Ihnen auf dem Herzen liegt; fühlen Sie die Antwort in Ihrem Inneren und in Ihrem Körper oder hören Sie die Antwort, die in Ihrer Seele auftaucht. Beachten Sie, dass alle Worte Buddhas den höchsten Respekt für Sie und jedes Lebewesen, das an der Situation beteiligt ist, ausdrücken. Danken Sie Buddha, nachdem Ihre Begegnung mit ihm zum Ende gekommen ist.

Cordelia

(England, Wales, Irland)

Auch bekannt als *Creiddylad, Creudylad.*

Cordelia ist eine entzückende Göttin der Frühlings- und Sommerblumen sowie der Blumenfeen. Shakespeare stellte Cordelia als Tochter von König Lear dar. Eigentlich ist sie jedoch die Tochter des Meeresgottes Lir, das heißt, sie wurde als Meeresgöttin geboren.

Cordelia wird am 1. Mai mit der Feier von Beltane geehrt, einem überlieferten Ritual, das den Beginn des Sommers markiert, wenn das Wetter warm genug ist, dass das Vieh aus den Ställen auf die Weiden getrieben werden kann.

Cordelia erschien mir, während ich in Stonehenge an einem riesigen, uralten Steine lehnte. Sie gab mir folgende Botschaft: *»Fröhlichkeit verbunden mit alter keltischer Weisheit – ich verwebe die himmlische Weisheit astraler Energien mit dem Elfenstaub der weisen Naturgeister der Erde. Ich bin ein lebendiger Widerspruch: die Verbindung von Erde und Himmel, von Sonnenauf- und Sonnenuntergang, von Kälte und Hitze. Kompromisslose Extreme sind eine starke Kombination. Fühle sie tief in deinen Knochen, die mit dem Mutterboden (den ihr die Erdmutter nennt) verbunden sind. Deine Knochen wurden aus ihm geboren und kehren in einem unaufhörlichen Kreislauf zu ihm zurück.*

Spüre die köstliche Freiheit, die dir geschenkt wird, wenn du dich von weltlichen Ängsten befreist und mitten zwischen der Erde und ihren Sternen wandelst, ohne Sorgen, erfüllt von Freude, Heiterkeit und Verspieltheit, während ich dir zeige, wie du all deine irdischen Bedürfnisse erfüllen kannst.«

Cordelia hilft bei:
- Allen Arten von Feiern
- Mut

- Gärtnern und Blumen
- Freude
- Einschneidenden Veränderungen im Leben
- Stress

ANRUFUNG

Rufen Sie Cordelia an, wann immer Sie sich gestresst oder in Räumen gefangen fühlen. Sie können der Büroroutine »entfliehen«, indem Sie einfach die Augen schließen und sich vorstellen, wie Sie an einem herrlichen Frühlingsnachmittag mit ihr inmitten einer Blumenwiese stehen. Sagen Sie innerlich zu ihr:

»Wunderschöne Cordelia, ich bin als Freund(in) zu dir gekommen, weil ich eine Auszeit brauche von meinen Pflichten und Verantwortlichkeiten. Bitte nimm meine Hand und bring mir frische Luft, Freiheit und den köstlichen Duft von Blumen. Trage mich für einen Moment der Erholung von hier fort. Erfrische meine Seele und erfülle mein Herz mit Freude, Lachen und Verspieltheit. Hilf mir, diese hohe Energie in meinem Herzen und meinem Geist für den Rest des Tages aufrechtzuerhalten. Hilf mir, meine Aufgaben mit Freude zu erfüllen. Ich danke dir!«

Coventina

(Großbritannien)

Coventina ist eine keltische Göttin, die die Wassergeister und Nymphen beaufsichtigt. Sie ist eine Göttin des Regens, der Flüsse, Seen, Ströme, Teiche, Ozeane und aller im Wasser lebenden Kreaturen. Sie schenkt all jenen Heilung, die sie anrufen, während sie im Wasser schwimmen. Coventina liebt alle Wasserpflanzen, aber vor allem Seerosen und Rohrkolben, und sie unterstützt das Wachstum der Vegetation in der Nähe von Stränden, Flussufern, Seen und Inseln.

Aufgrund ihrer Beziehung zum Wasser kann sich Coventina auch leicht in übersinnliche Bereiche begeben und Inspiration, außersinnliche Fähigkeiten, Träume und Prophezeiungen schenken. Darüber hinaus wird sie mit innerer und äußerer Reinigung in Verbindung gebracht und Sie können sie mit der Bitte um eine spirituelle Taufe anrufen, um sich von Ängsten und Sorgen zu befreien. Zudem hilft sie, sich von ungesunden und süchtig machenden Substanzen fern zu halten.

In alten Zeiten warfen die Menschen Münzen in einen Brunnen, der Coventina geweiht war, um ihren Beistand zu erbitten (vermutlich ist dies der Ursprung des »Wunschbrunnens«). Wegen der reichen Fülle an Münzen repräsentiert Coventina Fülle in jeder Form. In Legenden wird sie außerdem mit fliegenden Fischen in Verbindung gebracht und sie kann auch für eine sichere und angstfreie Reise im Flugzeug angerufen werden.

Da Coventina in erster Linie als britische Gottheit gilt (obgleich sie den Menschen weltweit hilft), war es passend, dass ich mit ihr sprach, während ich mich in dem alten Steinkreis von Stonehenge in Südengland befand. Sie sagte zu mir: »*Ich werde jedem helfen, dem die ökologische Situation der Erde am Herzen liegt, vor allem in Bezug auf die Sauberkeit und Erhaltung des Wassers sowie seiner Bewohner, und allen, die sich mit den Problemen der Entsor-*

*gung von Schmutzwasser beschäftigen. Ich habe mich außerdem
dem Wohlergehen der Wale und Delphine verpflichtet.«*

Coventina hilft bei:
- Fülle
- Delphinen und Walen
- Umweltschutz
- Heilen mit Wasser
- Außersinnlichen Fähigkeiten und Weissagungen
- Reinigung und Sauberkeit
- Schwimmen
- Wasserreinheit und Wasserversorgung

ANRUFUNG

Coventina arbeitet mit uns in unseren Träumen, wenn wir sie vor
dem Schlafengehen anrufen. Sie wird dabei von der Energie von
Delphinen und Walen begleitet. Zusammen werden sie Ihnen hoch
energetische Botschaften übermitteln, an die Sie sich am nächsten Morgen vielleicht nicht erinnern können, die jedoch Einlass
in Ihr Unterbewusstsein gefunden haben und Ihnen von dort aus
Antworten und Führung schenken. Bevor Sie also am Abend zu
Bett gehen, sprechen Sie:

>»Coventina, ich bitte darum, dass du mit deinen Delphin- und
>Walgefährten heute Nacht in meine Träume kommst und mich
>über die dreidimensionale Ebene hinaus in den Bereich gelei-
>test, wo Weisheit und die Antworten auf meine Fragen woh-
>nen. (*Stellen Sie ihr alle Fragen, die Sie im Traum beantwortet
>haben möchten.*) Ich danke dir für deine Hilfe und deine kraft-
>volle Unterstützung.«

Damara

(England)

❧

Der Name Damara bedeutet »sanft«. Sie ist eine liebevolle, sanft-mütige Göttin von Heim und Herd, die hilft, Harmonie und Frieden in der Familie und im häuslichen Bereich herzustellen. Außerdem unterstützt sie uns dabei, die finanziellen Mittel für notwendige Familienausgaben zu manifestieren.

Sie sagt: »*Es macht mir Freude, zu heilen, zu führen und dich die Wärme von Liebe, Leidenschaft und allumfassender Fürsorge spüren zu lassen, ungetrübt von allen Ängsten und Sorgen. Außerdem kümmere ich mich darum, dass die Verletzungen von Kindern – von Kratzern und blauen Flecken bis hin zu verletzten Gefühlen – heilen können. Ganz besonders gern stehe ich Familien mit Kleinkindern zur Seite. Ich helfe Müttern, die richtigen Entscheidungen bezüglich des Wohlergehens ihrer Familien zu treffen. Und falls eine Frau darüber nachdenkt, sich scheiden zu lassen oder den Vater ihrer Kinder zu verlassen, kann sie Kontakt mit mir aufnehmen, und ich werde sie beraten und ihr beistehen.*«

Damara hilft bei:
- Finanzieller Fülle – besonders bei Haushaltsangelegenheiten
- Anleitung und Heilung von Kindern
- Häuslichem Frieden
- Manifestation – vor allem für die Bedürfnisse von Familie und Haushalt

ANRUFUNG

Rufen Sie Damara an, wann immer Sie Hilfe bei familiären Angelegenheiten brauchen, einschließlich der Beziehung zu Ihrem Ehe- oder Lebenspartner, zu Mitbewohnern, Eltern oder Kindern – mit anderen Worten immer dann, wenn Sie Hilfe in der Beziehung zu Menschen brauchen, mit denen Sie zusammenleben. Hier ist ein Beispiel, wie Sie die Göttin kontaktieren können. Schließen Sie die Augen und denken Sie:

»Damara, ich bitte dringend um deine Hilfe! Ich bitte dich, Kontakt mit *(Name der Person in Ihrem Haushalt, in Bezug auf die Sie Hilfe benötigen)* aufzunehmen und ihm/ihr meinen Wunsch nach Frieden und Harmonie nahe zu bringen. Bitte lass *(Name des Betreffenden)* wissen, dass ich ein liebevoller Mensch bin und nur die besten Absichten hege. Bitte hilf *(Name)*, alle Vorurteile über mich loszulassen, und hilf mir, dasselbe in Bezug auf den anderen zu tun. Damara, ich bitte dich, unser Zuhause mit so viel Liebesenergie zu erfüllen, dass nichts anderes mehr daneben existieren kann. Wann immer jemand dieses Heim betritt, möge er geheilt sein. Ich danke dir für deine Hilfe, Damara.«

Dana

(Irland)

~~~~~~~

Auch bekannt als *Danu, Danann*.

Danas Name wurzelt in dem altirischen Wort *Dan,* das » Wissen « bedeutet. Sie ist eine mächtige keltische Schöpfungsgöttin, die als weiblicher Aspekt des Himmlischen Schöpfers gilt. Historiker sind der Ansicht, dass sie die älteste aller keltischen Gottheiten ist und bereits von den präkeltischen Tuatha de Danaan (Volk der Dana) verehrt wurde, einem Volksstamm, der aus dem Mittelmeerraum nach Irland gekommen war. Die Legende besagt, dass nach der Eroberung und Besetzung Irlands durch die Kelten die Tuatha de Danaan zu den Kobolden wurden, die heute noch überall in Irland zu Hause sind.

Als ich Dana anrief, während ich auf einem Felsvorsprung über der Irischen See saß, erblickte ich zunächst einen prächtigen Mantel, wie ihn vielleicht ein König tragen würde – majestätisch und juwelenübersät. Dann bemerkte ich eine Königskrone. Und schließlich sah ich sie – allerdings nicht so, wie ich sie mir vorgestellt hatte (mein geistiges Bild von ihr war das einer exzentrischen Tante gewesen). Stattdessen erblickte ich eine kluge junge Frau, die Weisheit und Intelligenz ausstrahlte.

Dana platzierte die Krone auf meinem Kopf und legte mir den Mantel um die Schultern. Ich wollte dies abwehren, doch sie gebot mir Einhalt: »*Ihr alle seid von königlichem Geblüt*«, erklärte Dana und meinte damit die gesamte Menschheit, »*und ihr müsst mir die Ehre erweisen, mir zu gestatten, euch allen zu dienen.*«

Mir war klar, dass Dana damit nicht sagen wollte, dass sie bereitwillig jedes Kunststück für uns vollbringen würde, doch sie versicherte mir, dass ihre Energie »*auf magische Weise mit jedem Akt von Manifestation verbunden*« ist. Sie sagte weiter: »*Vergiss nicht, dass ich lediglich ein Aspekt Gottes bin und dass euer Meister Jesus euch gelehrt hat, dass ihr alle Götter seid.*«

Dana zeigte mir Energiewellen, die wie Stricke ineinander verwoben waren, und erklärte mir, dass jeder von uns ein Teil solcher Wellen ist und dass ihre Welle das Fundament bildet, die stützende Energielinie, auf der wir uns ausruhen können. »*Lasst die Natur ihren Lauf nehmen, während ihr Wunder vollbringt*«, fügte sie hinzu. Noch einmal betonte sie, dass wir alle Könige, Königinnen, Götter und Göttinnen sind … Gottheiten von Rechts wegen: »*Ihr seid im Entstehen begriffene Gottheiten, die damit beschäftigt sind, die eigenen Fähigkeiten auszutesten, mit Begleitern wie mir an eurer Seite.*«

Dana hilft bei:
- Fülle
- Alchemie und göttlicher Magie
- Heilung von Tieren
- Kindern, Fruchtbarkeit und Mutterschaft
- Begegnung und Zusammenarbeit mit dem Königreich der Elementarwesen (vor allen Dingen Kobolde)
- Problemen mit der Selbstachtung, dem Selbstwertgefühl und dem Annehmen guter Dinge

ANRUFUNG

Tragen, halten oder betrachten Sie etwas, das Ihnen ein Gefühl von Fülle vermittelt – oder noch besser, das Ihnen das Gefühl gibt, von königlichem Geblüt zu sein. Zum Beispiel indem Sie in ein Schmuckgeschäft gehen und einen wunderschönen Ring anprobieren oder indem Sie das Foto eines feudalen Landguts betrachten. Visualisieren Sie sich selbst im Besitz unbegrenzter Mittel und spüren Sie das Gefühl vollkommener finanzieller Sicherheit. Es genügt schon, wenn Sie dieses Gefühl nur für einen kurzen Augenblick empfinden oder sich vorstellen können. Dann sagen Sie innerlich zu Dana:

»Danke, Dana, dass du mir deine magischen Fähigkeiten verleihst, die ich jetzt im Dienste von Freude, Vergnügen und Hilfe bei meiner göttlichen Mission benutzen werde. Ich danke dir für deine Großzügigkeit, indem du mir zeigst, wie ich diese Mittel annehmen und genießen kann. Danke, dass du mir hilfst, ohne Schuldgefühle zu empfangen und zu wissen, dass ich diese Aufmerksamkeit und Hilfe verdiene und dass sie mir letztlich erlauben wird, dem Planeten zu helfen.«

Devi

(Indien)

～✦～

Auch bekannt als *Ambika, Ghagavati, Devee, Ida, Shakti, Universelle Mutter.*

Devi ist eine hinduistische oder vedische Göttin, die auch als die »Universelle Mutter« oder »Große Mutter« bekannt ist. Sie verkörpert die weibliche Energie Gottes: vollkommen, schöpferisch und unterstützend. Sie ist damit eine der wichtigsten und mächtigsten indischen Göttinnen. Die Bezeichnung *Devi* wird manchmal auch als Gattungsbegriff für Göttinnen im Allgemeinen verwendet, denn alle Göttinnen werden als Aspekte Devis betrachtet, der weiblichen Energie des einen Schöpfers.

Als ich Devi anrief, während ich in Hawaii auf einer Klippe über dem Pazifik saß, spürte ich eine mütterliche Präsenz, die mich mit einer süßen Substanz fütterte. Sie sagte zu mir: »*Lass mich deinen Gaumen reinigen und erfreuen, damit du meine wunderbare Botschaft uneingeschränkt schmecken, hören und verstehen kannst. Reinigung ist ein wichtiger Schritt, der es dir ermöglichen wird, noch mehr Liebe zu empfangen.*

Lass alle Gedanken an weltlichen Besitz fallen, während du meinen Worten lauschst. Die Welt braucht dich, um die Trauer zu heilen, die das innerste Wesen so vieler Menschen durchdringt. Ich dränge dich sanft zu tätigem Mitgefühl und dazu, dass du Schritte unternimmst, um den großen Schmerz und die Trauer der Welt zu heilen.

Mein Herz ist voller Liebe und Dankbarkeit für jene, die sich um notleidende Menschen kümmern und ihnen beistehen. Du wirst niemals an einem Verlust zerbrechen, wenn dein Herz darauf eingestimmt ist, anderen zu helfen, denn die Sorge um das Wohl anderer Menschen befreit dich von Selbstmitleid.

Ich bin hier, um gemeinsam mit dir für die Menschen zu sorgen und ihre hungrigen Herzen und Körper zu nähren. Ich möchte vor allem die Kinder davor bewahren, dass ihr Herz zu Eis erstarrt. Die Hölle auf Erden entsteht dadurch, dass die Herzen der Menschen erfrieren, dass sie kalt und leblos werden und aufhören, das Lied ihrer Seele zu singen. Heute sind viele Menschen zusehends unruhig und sie sehnen sich danach, in eine neue Atmosphäre von Liebe geleitet zu werden.«

Devi hilft bei:
- Loslassen von Süchten aller Art und Entgiftung
- Finden von Sinnhaftigkeit im Leben und im Beruf
- Reinigung von Körper und Geist
- Allen Aspekten von Beziehungen

ANRUFUNG

Devi lässt sich am besten kontaktieren, während man alleine in der Natur sitzt, entweder auf einem bequemen Stuhl oder direkt auf dem Erdboden. Legen Sie die Arme liebevoll um sich selbst und stellen Sie sich vor, dass Devi sich zu Ihnen gesellt und Sie in die Arme nimmt. Spüren Sie ihre Liebe in Ihrem Herzen und in Ihrem Körper und nehmen Sie diese Liebe mit ruhigen, langen Atemzügen immer tiefer in sich auf. Bitten Sie Devi innerlich, alle Giftstoffe, Schatten oder verhärteten Gefühle in Ihrem Körper, Ihrem Herzen und Ihrer Seele zu beseitigen. Spüren Sie die Strahlen liebevoller Energie, die durch Ihren Körper fließen, und machen Sie sich bewusst, dass die Göttin Sie auf gründliche und gleichzeitig sanfte Weise reinigt. Vielleicht werden Sie hier und da ein Zucken bemerken, während Devi negative Energien beseitigt. Wenn Ihr Körper wieder ruhig geworden ist, bleiben Sie so lange mental in Kommunikation mit Devi, wie es Ihnen angenehm ist. Bitten Sie sie, Ihnen zu helfen, sich zu erheben, und fühlen Sie die neue, frische Energie in Ihrem Körper. Danken Sie Devi für alles und nehmen Sie sich vor, öfter mit ihr zusammen zu sein.

Diana

(Römische Tradition)

Auch bekannt als *Diana von Ephesus*.

Diana ist eine Mondgöttin mit ähnlichen Attributen wie die griechische Göttin Artemis und schenkt Unterstützung in den Bereichen Fruchtbarkeit und Fülle. Sie ist die Tochter des Göttervaters Jupiter und gilt auch als »Göttin der Geburt«, da ihre Mutter sie ohne Schmerzen zur Welt brachte. Sie wird in der Regel mit Pfeil und Bogen dargestellt, die ihr Vater ihr schenkte, als sie noch ein junges Mädchen war, und die weibliche Kraft und Macht symbolisieren.

Diana wird auch mit Baden und Reinigung in Verbindung gebracht. Im Tempel der Diana in Ephesus in der Türkei (einer der größten Tempel der antiken Welt) führten ihre Priesterinnen rituelle Haarwaschungen durch.

Diana liebt es, ihre Zeit mit Elementarwesen wie Wald- und Baumnymphen zu verbringen. Ganz besonders gern unterstützt sie Frauen und sie ist jederzeit bereit, Lesbierinnen bei Beziehungsthemen oder Problemen der gesellschaftlichen Anerkennung zu helfen.

Eines späten Abends bei zunehmendem Mond sagte Diana zu mir: »*Ich helfe euch, euch über alle weltlichen Sorgen zu erheben, so wie der Mond über der Erde schwebt. Sei wie der Mond und lasse dein Licht heiter auf andere scheinen, bevor du dich regelmäßig zurückziehst, um wieder neue Kraft zu gewinnen.*

Der Mond hat weder Angst zu scheinen, noch fürchtet er sich davor, Aufmerksamkeit zu erregen, sich lächerlich zu machen oder abgelehnt zu werden. Solche Ängste stoßen Erdenbewohner in Verzweiflung und Depression, da die Seele weiß, dass sie zu so viel mehr fähig ist! Die Seele mag es nicht, wenn sie gezügelt oder zurückgehalten wird – ganz und gar nicht! Befreie dich also vollständig von allen Beschränkungen, damit ich auf deine nach außen manifestierte Heiligkeit herniederscheinen kann.«

Diana hilft bei:
- Tieren: Aufzucht, Trächtigkeit und Geburt
- Schmerzloser Geburt
- Kontaktaufnahme mit Elementarwesen
- Lesbischen Themen
- Zwillingen

ANRUFUNG

Die Verbindung mit Diana ist besonders intensiv in mondhellen Nächten. Sie können sie jedoch jederzeit kontaktieren, wenn Sie ihre Hilfe benötigen.

»Diana, bitte hilf mir, so strahlend zu leuchten wie du. Gib mir die Kraft, alle Angst vor Spott oder Ablehnung loszulassen, auf dass ich mein wahres Selbst vollständig leben und ausdrücken kann. Geleite mich zu einer höheren Ebene, von der aus ich der Menschheit dienen kann, als leuchtendes Beispiel eines Menschen, der auf die Stimme der inneren Weisheit, Liebe und Führung hört. Hilf mir, mich durch und durch vom Licht erfüllen zu lassen. Danke.«

El Morya

El Morya ist ein neuer aufgestiegener Meister, der in den achtziger Jahren des 19. Jahrhunderts von Madame Blavatsky, der Gründerin der Theosophischen Gesellschaft, zum ersten Mal gechannelt und in den sechziger Jahren des 20. Jahrhunderts von Mark und Elizabeth Clare Prophet sowie anderen Autoren der »I AM Teachings« von Dr. Joshua David Stone neu bekannt gemacht wurde.

El Morya scheint auf einer historischen Gestalt namens Ranbir Singh zu basieren. Dieser war der Sohn von Raja Gulab Singh, dem Herrscher von Kaschmir in den vierziger Jahren des 19. Jahrhunderts. Als die Engländer 1845 Kaschmir zu besetzen drohten, zahlte Raja Singh ein Lösegeld, damit die Imperialisten sein Land verschonten. Als der Raja 1858 starb, wurde sein Sohn Ranbir zum Maharadscha von Kaschmir.

Unter Ranbirs Herrschaft kam es zur Vereinigung der Staaten von Nagar und Hunza und seine humane und faire Zivil- und Strafgesetzgebung wurde hoch gelobt. Ranbir war bei seinen Untertanen sehr beliebt. Er starb 1885, zur gleichen Zeit, als Madame Blavatsky ihre gechannelten Bücher über die aufgestiegenen Meister schrieb. Sie behauptet, mit El Morya eine gewisse Zeit in Indien verbracht zu haben, und es ist möglich, dass sie ihm ein Pseudonym gab, um diese Freundschaft zu schützen.

Madame Blavatskys Theosophische Gesellschaft definiert die Bezeichnung *Morya* als »Name eines Rajput-Stammes, der so genannt wurde, da er beinahe vollzählig aus Nachkommen des berühmten Morya-Herrschers von Morya-Nagara bestand. Die Dynastie der Morya begann mit bestimmten Kshatriyas (Angehörigen der Krieger-Kaste) der Sakya-Linie, die eng mit Gautama Buddha verwandt waren und die Stadt Morya-Nagara im Himalaja begründeten«. Madame Blavatsky und später Elizabeth Clare

Prophet sprachen von El Morya als einem »Rajput-Prinzen« und einem »tibetischen Mahatma«, beides treffende Beschreibungen für Ranbir.

Als ich El Morya anrief, kam er umgehend auf höchst außergewöhnliche Weise zu mir. Der Mann, den ich erblickte, sah genauso aus wie die Zeichnungen, die Madame Blavatsky von El Morya angefertigt hatte – diese Tatsache erkannte ich allerdings erst später, da ich mir ihre Zeichnungen bewusst erst nach meinem Zusammentreffen mit El Morya ansah.

»Lass deine Sorgen, Bedenken und Ängste los und komm zu mir«, wurde mir gesagt. Ein Mann mit brauner Hautfarbe und kräftiger Statur stand mit ausgestreckten Armen vor mir und schaute mich mit einem strahlenden und liebevollen Lächeln an: *»Lass mich dich umarmen und eine Energieübertragung vornehmen, durch die Unglauben durch Glauben und Vertrauen ersetzt wird.«* Ich schmolz in seine Umarmung eines junggebliebenen Großvaters hinein, fühlte, wie mein Atem immer tiefer wurde, und empfand ein kribbelndes Gefühl in Händen, Handgelenken, Waden und Füßen.

El Morya erklärte, dass er meine inneren Blockaden beseitigte, Verteidigungswälle, die ich im Lauf der Zeit zu meinem Schutz errichtet hatte. *»Es ist besser, stattdessen diese zu benutzen«*, fuhr er fort und hielt zwei wunderschön verzierte Schutzschilde hoch. *»Dies ist ein Herzbeschützer und der andere dient als Schutz für den unteren Teil deines Rückens – zwei besonders verletzliche Bereiche bei Lichtarbeitern wie dir. Durch eine Art geistiger Operation werde ich diese Schutzschilde permanent in der Tiefe deines Wesens installieren und dich so vor allem Schaden bewahren. Diese Schutzschilde werden dafür sorgen, dass alle Probleme wie Butter in der Sonne schmelzen, bevor sie dir das Leben schwer machen können.«* Er erklärte, dass diese Schutzschilde ein Puffer seien, um Impulsivität zu bremsen, die auf negativen emotionalen Entscheidungen beruht und nicht von Weisheit durchdrungen ist.

»Ich bin froh, dass du mich angerufen hast, und ich lade alle, die diese Worte lesen, ein, das Gleiche zu tun. Ich werde auf euren Wunsch hin Schutzschilde installieren, die individuell auf euer jeweiliges Energiefeld abgestimmt sind. Die Schilde können jeder-

*zeit entfernt werden, sollte jemand dies wünschen. Ich bin jedoch
sicher, dass ihr euch danach viel besser und geerdeter fühlen und
ein wohltuendes Gefühl der Beruhigung empfinden werdet.*«

El Morya hilft bei:
- Entscheidungsfindung
- Glauben, Vertrauen
- Erdung und Zentrierung
- Schutz – vor allem energetisch und geistig

ANRUFUNG

»Gelieber El Morya, der dem Göttlichen Licht dient, bitte komm
jetzt zu mir. Begleite mich zu dem Ort selbstlosen Dienens, wo
die göttlichen Aufgaben zugeteilt werden. Beschütze mich sowohl vor den negativen Gedanken meines eigenen Verstandes
als auch vor negativen Energien im Allgemeinen. Hilf mir, zentriert zu bleiben in meiner freiwilligen Verpflichtung, mit positiven Absichten und positiver Energie zu lernen, zu wachsen,
zu heilen und zu lehren. Ich danke dir.«

Erzengel Ariel

(Kabbala)

❦

Auch bekannt als *Arael, Ariael*

Ariel bedeutet »Löwe oder Löwin Gottes« und dementsprechend wird dieser (weibliche) Erzengel oft mit Löwen assoziiert. Wenn Ariel in der Nähe ist, werden Sie vielleicht plötzlich Bilder oder Visionen von Löwen in Ihrer Umgebung wahrnehmen. Manche Gemälde stellen Ariel sogar mit einem Löwenkopf anstatt eines menschlichen Kopfes dar. Dieser Erzengel ist zudem mit dem Wind assoziiert; sollte Ariel sich in Ihrer Nähe befinden, werden Sie vielleicht als Zeichen ihrer Gegenwart Wind spüren oder hören.

Erzengel Ariel wird häufig in Büchern des jüdischen Mystizismus und der kabbalistischen Magie erwähnt, wie zum Beispiel in den Werken *Testamentum Solomonis, Der Schlüssel Solomon* und *Das Buch Ezra*. Ariel arbeitet eng mit König Salomon zusammen, wenn es um Manifestation, die Freisetzung gebundener Geister und göttliche Magie geht.

Außerdem überwacht Ariel die Nymphen – Naturengel, die mit dem Wasser verbunden sind. Diese Wesenheiten sind den Feen ähnlich und ihre Aufgabe besteht darin, in der Nähe von Meeren, Seen, Flüssen, Strömen, Bächen und Teichen für eine gesunde Umwelt zu sorgen. Erzengel Ariel wird vielleicht Kontakt mit Ihnen aufnehmen, damit Sie bei der Reinigung und dem Schutz bestimmter Gewässer und ihrer Bewohner helfen. Wenn Sie Ariel bei ihren Bemühungen unterstützen, kann es gut sein, dass Sie mit verbesserten magischen Fähigkeiten belohnt werden.

Ariel ist sehr mit der Heilung und dem Schutz der Natur beschäftigt – einschließlich wilder Tiere, Fische und Vögel. Falls Sie einen verletzten Vogel oder ein anderes Wildtier finden sollten, das Heilung braucht, rufen Sie Ariel um Hilfe an. Sie arbeitet mit Erzengel Raphael zusammmen, um Tiere in Not zu heilen.

Erzengel Ariel sagt: »*Ich mache mir große Sorgen um die Umweltsysteme der Erde, die sich immer schon in einem empfindlichen Gleichgewicht befanden und heute dringend Unterstützung benötigen. Ich habe viele verschiedene Aufgaben an alle zu vergeben, die bereit sind, bei diesem Unternehmen mitzuhelfen. Ich verspreche, euch nur solche Aufgaben zu geben, die euren Interessen und Zeitplänen entsprechen. Ihr werdet dafür belohnt mit einer Freude des Herzens, die bis in die Umwelt hineinreicht, die ihr mit euren hingebungsvollen Bemühungen schützt. Ich danke euch für eure Bereitschaft, zur Rettung des Planeten beizutragen!*«

Erzengel Ariel hilft bei:
- göttlicher Magie
- Umweltangelegenheiten, vor allem in Bezug auf Gewässer aller Art
- Manifestation
- Heilung und Schutz von wilden Tieren, Fischen und Vögeln

ANRUFUNG

Rufen Sie Erzengel Ariel an, wann und wo immer Sie möchten. Sie werden ihre Gegenwart jedoch am ehesten fühlen, hören oder sehen können, wenn Sie diese Anrufung in der freien Natur durchführen (besonders in der Nähe eines Gewässers):

»Erzengel Ariel, ich bitte dich, komm zu mir! Ich habe den Wunsch, bei der Heilung unseres Planeten mitzuhelfen, und ich bitte dich, mir eine göttliche Aufgabe für diese wichtige Mission zuzuteilen. Ich bitte darum, dass du den Weg frei machst und mich bei diesem Anliegen unterstützt. Ich danke dir für die Freude, die diese Mission mir und der Welt bringen wird.«

Erzengel Azrael

(Jüdische und islamische Tradition)

Auch bekannt als *Azrail, Azriel, Ashriel, Azaril,*
Engel des Todes

Azrael bedeutet »Der, dem Gott hilft«. Azraels Rolle besteht in
erster Linie darin, Menschen zum Zeitpunkt ihres Todes beim
Übergang in die jenseitige Welt zu helfen. Azrael tröstet die Sterbenden vor ihrem Tod, sorgt dafür, dass sie während des Sterbens
nicht leiden, und hilft ihnen, sich auf der anderen Seite zurechtzufinden. Außerdem umgibt er die trauernden Familienmitglieder mit heilender Energie und göttlichem Licht, um es ihnen leichter zu machen, den Tod des geliebten Menschen zu überwinden
und ihr Leben weiterzuführen. Azrael gibt den zurückbleibenden
Freunden und Familienmitgliedern Kraft und unterstützt sie sowohl in materieller als auch in spiritueller und emotionaler Hinsicht. Azrael unterstützt auch Therapeuten, die mit Trauernden
arbeiten, um sie davor zu schützen, den Schmerz ihrer Klienten
zu absorbieren, und um ihre Arbeit wirksamer zu machen.

Wenn Sie jemanden durch den Tod verloren haben, rufen Sie Azrael um Hilfe an. Azrael kann einem geliebten Menschen, der im
Sterben liegt, Trost bringen und ihm zum Zeitpunkt seines Über-
gangs in die jenseitige Welt beistehen. Sie können Azrael auch bitten, einem bereits verstorbenen Menschen zu helfen und sich mit
ihm oder ihr auf der himmlischen Ebene zu treffen.

Der Erzengel Azrael ist ruhig und zurückhaltend. Er hat großen Respekt für den Trauerprozess und er drängt sich jenen, die
diesen Prozess durchlaufen, nicht auf. Vielmehr steht er den Betreffenden als tröstender Quell ruhiger Kraft zur Verfügung. Er
sagt: »*In schlaflosen Nächten sorgenvollen Trauerns, wenn du
dich im Bett wälzt und keinen Frieden findest, kann ich deinen
ruhelosen Geist besänftigen und dir helfen zu schlafen. Ein aus-
geruhter Geist und Körper sind stärker und eher in der Lage, den*

Trauerprozess zu durchstehen. Zögere daher nicht, mich in Zeiten der Not mit der Bitte um meine Hilfe oder Fürsprache anzurufen. Ich werde andere Engel an deine Seite und an die Seite deiner Lieben rufen und wir werden alles in der Macht Gottes Stehende tun, um dich mit unserer Liebe zu unterstützen.«

Erzengel Azrael hilft bei:
- Trost für die Sterbenden und die trauernden Hinterbliebenen
- Übertritt der Seele eines soeben Verstorbenen in die jenseitige Welt
- materieller, spiritueller und emotionaler Beistand für die trauernden Hinterbliebenen

ANRUFUNG

Es braucht keine besondere Kleidung oder besonderes Verhalten, um Azrael anzurufen – nur den ehrlichen Wunsch, in einer Situation Hilfe zu erhalten, die mit Trauer oder Tod zu tun hat. Denken Sie einfach nur den entsprechenden Gedanken und schon ist Azrael da. Eine Anrufung könnte folgendermaßen lauten:

»Erzengel Azrael, bitte tröste mich und hilf mir, geheilt zu werden. Befreie mein Herz von aller Schwere und öffne meine Augen, damit ich die Segnungen erkennen kann, die diese Situation bereithält. Hilf mir, meine Tränen versiegen zu lassen und den Kontakt zu meinen Lieben im Himmel herzustellen. Ich bitte dich, diese Verbindung mit lebendiger Energie zu erfüllen, auf dass ich klar mit (*nennen Sie den Namen des verstorbenen Menschen*) kommunizieren kann. Ich weiß, dass der geliebte Mensch mir nahe ist und dass du uns beide beschützt. (*Sollte es irgendeine Situation geben, die mit Ihrer Trauer zu tun hat und bei der Sie Hilfe benötigen, erzählen Sie Azrael jetzt davon*). Danke, Azrael.«

Erzengel Chamuel

(Jüdische und christliche Tradition)

֍

Auch bekannt als *Camael, Camiel, Camiul, Camniel, Cancel,
Jahoel, Kemuel, Khamael, Seraphiel, Shemuel*

Chamuel bedeutet »Er, der Gott sieht« oder »Er, der Gott sucht«.
Chamuel gilt in der Regel als einer der sieben ursprünglichen Erz-
engel und Anführer der Hierarchie derjenigen Engel, die als die
»Mächte« bezeichnet werden. Die Mächte sind Engel, die die
Welt vor furchterregenden und niederen Energien schützen. Ihre
Rolle ist die von »Aufpassern«, die jeden abweisen, der den Ver-
such unternimmt, die Welt auf negative Weise an sich zu reißen.
Wenn Ihnen bestimmte Ereignisse oder die globale Entwicklung
Angst machen, sollten Sie Chamuel um Trost, Schutz und Inter-
vention anrufen.

Darüber hinaus beschützt Chamuel auch unsere persönliche
Welt. Er hilft uns in wichtigen Lebensbereichen, wie beispielsweise in Liebesbeziehungen und Freundschaften, bei der Berufs-
wahl, beim Auffinden verlorener Gegenstände und bei der Verwirklichung unserer Lebensaufgabe. Chamuel arbeitet gemeinsam
mit uns am Aufbau dauerhafter, sinnerfüllter und gesunder Beziehungen.

Der Erzengel Chamuel ist sanft, liebevoll und mitfühlend. Sie
werden wissen, dass er bei Ihnen ist, wenn Sie Schmetterlinge im
Bauch fühlen oder ein angenehmes Gefühl Ihren Körper durch-
rieselt.

Er sagt: »*Erlaube mir, dich auf den Wegen deines Lebens zu begleiten und deine Reise angenehm und erfolgreich zu machen. Es
ist mir die größte Freude, dir Frieden zu bringen und jeden Schmerz
in deiner Seele zu beseitigen.*«

Erzengel Chamuel hilft bei:
- Entscheidungen bezüglich der beruflichen Laufbahn und der Lebensaufgabe
- Finden verlorener Gegenstände
- Aufbau und Entwicklung von Beziehungen
- Finden von Seelengefährten
- Manifestation des Friedens in der Welt

ANRUFUNG

Rufen Sie Chamuel an, um alles wiederzufinden, was verloren gegangen zu sein scheint. Er hört Ihre Gedanken, daher können Sie ihn mental rufen, selbst wenn Sie sich in einem Zustand der Panik befinden:

>»Erzengel Chamuel, es scheint, als hätte ich (*Bezeichnung des Objektes*) verloren. Ich weiß, dass nichts wirklich verloren gehen kann, dass Gott überall ist und daher sehen kann, wo sich alles befindet. Bitte führe mich, damit ich finden kann, wonach ich suche. Danke, Chamuel.«

Erzengel Gabriel

(Jüdisch-christliche Tradition, Islam)

Auch bekannt *als Abruel, Jibril, Jiburili, Serafili*

Gabriel bedeutet »Gott ist meine Stärke«. Gabriel (ein weiblicher Erzengel) ist der berühmte Engel, der Elisabeth und Maria die bevorstehende Geburt ihrer Söhne Johannes und Jesus verkündete. Der Erzengel Gabriel diktierte zudem Mohammed den Koran, das heilige Buch des Islam. Daher gilt Gabriel als Engel der Verkündigung. Diese Rolle übt er bis auf den heutigen Tag aus und unterstützt sowohl Eltern als auch menschliche Botschafter.

In seiner ersten Rolle führt Gabriel zukünftige Eltern auf dem Weg zur Empfängnis eines Kindes oder zu einer Adoption. Gabriel gibt diesen Eltern Kraft und Mut und hilft schwangeren Müttern, in einem Zustand seligen Vertrauens die beste Atmosphäre für ihr Baby zu erschaffen.

In seiner zweiten Rolle gewährt der Erzengel allen Menschen Beistand, deren Lebensaufgabe mit Kunst oder Kommunikation zu tun hat. Rufen Sie Gabriel um Hilfe, Führung und Vermittlung an, falls Sie mit Schauspiel, Malerei, Schriftstellerei, Dichtkunst, Tanz, Journalismus, Musik oder mit der Weitergabe spiritueller Botschaften zu tun haben. Gabriel wird Ihnen neue Türen öffnen und helfen, Ihr Talent groß herauszubringen. Außerdem schenkt der Erzengel Künstlern und allen im Bereich der Kommunikation Tätigen Inspiration und Motivation und hilft ihnen, Angst und Zögern zu überwinden.

Gabriel ist seit langem als ein besonders mächtiger und starker Erzengel bekannt. Wer ihn anruft, wird sich bald zu Handlungen gedrängt fühlen, die positive Resultate nach sich ziehen. Gabriel ist definitiv ein Erzengel der Tat!

Er sagt: »*Ich unterstütze diejenigen, die es auf sich nehmen, auf gesellschaftliche Bedürfnisse und Notwendigkeiten aufmerksam zu machen. Dieser Prozess der Fürsprache durch Kunst und Lite-*

ratur ist uralt und trotz aller technischen Errungenschaften hat sich im Laufe der Zeit wenig daran geändert. Erlaubt mir, denjenigen unter euch Türen zu öffnen, die den Ruf ihres Herzens vernehmen und sich aufgefordert fühlen, auf der Bühne zu stehen, zu schreiben oder auf andere Weise kreativ zu sein, um ihre hilfreichen Botschaften an die Menschen weiterzugeben.«

Erzengel Gabriel hilft bei:

- Adoption eines Kindes
- Empfängnis und Fruchtbarkeit
- künstlerischen Projekten aller Art
- Journalismus und Schreiben
- Arbeit bei Fernsehen und Radio

ANRUFUNG

Bevor Sie mit irgendeinem künstlerischen oder kommunikativen Projekt beginnen, bitten Sie Gabriel, Ihre Aktivitäten zu leiten und zu unterstützen, indem Sie laut oder innerlich sprechen:

»Erzengel Gabriel, ich bitte dich, steh mir bei, wenn ich *(beschreiben Sie das Projekt).* Bitte öffne meine kreativen Kanäle, auf dass ich wirklich inspiriert bin. Hilf mir, meinen Geist zu öffnen, damit ich einzigartige Ideen hervorbringen kann. Und hilf mir, meine Energie und Motivation aufrechtzuerhalten, um dieser Inspiration zu folgen. Danke, Gabriel.«

Erzengel Haniel

(Babylonische Tradition, Kabbala)

Auch bekannt als *Anael, Aniel, Hamiel, Onoel*

Haniel bedeutet »Ruhm Gottes« oder »Anmut Gottes«. Im alten Babylon gab es Priester-Astronomen, die bei ihren Weissagungen und ihrer spirituellen Heilungsarbeit Astrologie, Astronomie, Mondenergie und verschiedene göttliche Wesenheiten einsetzten. Einer der Erzengel, mit denen sie arbeiteten, war Haniel, ein weiblicher Erzengel, der mit dem Planeten Venus assoziiert ist.

Einige kabbalistische Texte sagen, dass es Haniel war, die Enoch in die Geistwelt begleitete. Enoch war einer von insgesamt zwei Menschen, die in Erzengel verwandelt wurden – in seinem Fall in den Erzengel Metatron. (Der andere war der Prophet Elias, der zum Erzengel Sandalphon wurde, wie Sie dort nachlesen können.)

Haniel hilft uns, die verlorenen Geheimnisse natürlicher Heilmittel wieder zu entdecken, besonders wenn es darum geht, die Mondenergie in Mixturen, Pulvern und Kristallen nutzbar zu machen. Außerdem hilft dieser Erzengel uns, mehr Anmut in unserem Leben zu genießen. Rufen Sie Haniel an, um mehr Schönheit, Harmonie und die Gesellschaft wunderbarer Freunde in Ihr Leben zu bringen. Sie wird Ihnen außerdem helfen, vor oder während eines wichtigen Ereignisses gelassen und zentriert zu bleiben, wie zum Beispiel bei einem öffentlichen Vortrag oder Auftritt, bei einem Rendezvous oder einem Vorstellungsgespräch.

Erzengel Haniel besitzt die Energie einer Mondgöttin: ätherisch, ruhig, voller Geduld und Mystik. Haniels Weisheit resultiert aus Äonen an Erfahrung in der Arbeit mit Menschen.

Sie sagt: »*Ja, ich habe Geduld mit der Menschheit, weil ich all das Gute sehen kann, das die Menschen erschaffen haben. Für jeden Augenblick der Intoleranz gibt es Hunderte liebevoller Taten, die immer wieder die Dunkelheit erhellen. Das Licht der Mensch-*

heit scheint heute strahlender denn je zuvor. Wenn du die Mensch-
heit aus meiner Perspektive sehen könntest, würdest du verste-
hen, warum ich für euch alle eine so tiefe Achtung und Liebe
empfinde. Es macht mich glücklich, in jedweder Situation zu hel-
fen, die die Menschheit über das Ego hinaus auf die Stufe erhebt,
von der sie gekommen ist: die Ebene göttlicher Anmut und Schön-
heit.«

Erzengel Haniel hilft bei:
• dem Wunsch, Anmut in unser Leben zu bringen
• Heilfähigkeiten
• Mondenergie
• Gelassenheit
• Außersinnlichen Fähigkeiten, vor allen Dingen Hellsichtigkeit

ANRUFUNG

Wenn Sie vor einem wichtigen Ereignis stehen, das einen erstklas-
sigen Auftritt oder besondere gesellschaftliche Umgangsformen
verlangt, bitten Sie Haniel, Sie zu begleiten. Sie können den Erzengel anrufen, indem Sie ihren Namen denken und Ihre Bedürfnisse beschreiben, oder durch ein formales Gebet, wie zum Beispiel folgendermaßen:

»Erzengel Haniel, Hüterin von Anmut, Gelassenheit und
Charme, bitte bring deine göttliche Energie liebevoller Weisheit
zu *(beschreiben Sie die Situation)*. Ich danke dir, dass du meine
Gedanken, Worte und Taten leitest und mir mit deinem Segen
beistehst, während ich jedem, der mich hört und sieht, Segen
bringe. Ich bitte darum, dass dein göttlicher Magnetismus nur
positive Energie zu mir zieht. Oh glorreiche Haniel, ich danke
dir.«

Erzengel Jeremiel

(Jüdische Tradition)

Auch bekannt als *Ramiel, Remiel.*

Jeremiel bedeutet »Gnade Gottes«. In alten jüdischen Schriften wird Jeremiel als einer der sieben Ur-Erzengel aufgeführt. Außerdem wird er mit Baruch in Verbindung gebracht, dem Verfasser zahlreicher jüdischer Schriften, der um 600 v. Chr. lebte und den er zu seinen prophetischen Visionen inspirierte. Eine der von Jeremiel katalysierten Visionen betraf das zukünftige Kommen des Messias. In einer anderen Vision nahm Jeremiel Baruch mit auf eine Reise durch die sieben verschiedenen Ebenen des Himmels.

Jeremiel ist jedoch nicht nur ein Erzengel der prophetischen Visionen, sondern er hilft auch den Seelen soeben verstorbener Menschen bei ihrem Lebensrückblick. Dies ist ein Dienst, den er auch den noch Lebenden anbietet. Falls Sie eine Inventur Ihres bisherigen Lebens machen möchten, um gegebenenfalls positive Veränderungen vorzunehmen, sollten Sie Jeremiel anrufen. Er wird Ihnen helfen, Ihr Leben unvoreingenommen zu betrachten und aus Ihren bisherigen Erfahrungen zu lernen, so dass Sie in Zukunft noch stärker sind und sich noch mehr in der Liebe zentriert fühlen.

Jeremiel sagt: »*Ein regelmäßiger Lebensrückblick zu Lebzeiten ist sehr hilfreich bei Entscheidungen hinsichtlich deiner nächsten Schritte und Ziele. Und wenn du dir dein bisheriges Leben im Laufe der Zeit immer wieder einmal anschaust, wird es dir sehr viel leichter fallen, wenn du in die jenseitige Welt hinübergehst. Du hast dir dann die wichtigsten Stationen deines Lebens bereits angeschaut und wirst nicht mehr so viel leiden oder Reue verspüren, wenn du zugeben musst, dass du es hättest besser machen können.*

Im Jenseits ist ein Lebensrückblick natürlich wesentlich umfassender, doch du kannst dir dein Leben auch anschauen, während du noch im Körper weilst. Nimm dir ein wenig ungestörte Zeit und bitte mich, in deine Gedanken oder nächtlichen Träume zu kommen. Ich werde dann Bilder der wichtigsten Ereignisse deines Lebens vor deinen Augen auftauchen lassen, die dir helfen werden, dich auch an kleinere Vorkommnisse zu erinnern. Oft sind es gerade die scheinbar unbedeutenden Interaktionen mit anderen Menschen, die zu den größten Erkenntnissen und Lebenslektionen führen. Dann kannst du deine Lebensphilosophie und deine Entscheidungen auf dem aufbauen, was du erkannt hast, und das wird allen Betroffenen zum Segen gereichen.«

Erzengel Jeremiel hilft bei:
- Hellsichtigkeit und prophetischen Visionen
- Lebensrückblick und Lebensveränderungen
- Hellsichtigen Träumen einschließlich ihrer Interpretation

ANRUFUNG

Falls Sie sich Sorgen wegen der Zukunft machen, bitten Sie Jeremiel um Einsichten und Informationen:

>»Erzengel Jeremiel, bitte hilf mir, Ängste, Sorgen und meine innere Anspannung bezüglich der Zukunft loszulassen … *(beschreiben Sie die Situation, die Ihnen besonders schwer auf der Seele lastet).* Ich bitte dich um prophetische Einsichten über die Zukunft. Bitte lass mir klare Führung über alles zuteil werden, was ich tun oder verändern kann, um die beste Zukunft für mich und alle Betroffenen in die Wege zu leiten. Danke.«

Erzengel Jophiel

(Jüdisch-christliche Tradition)

Auch bekannt als *Iofiel, Iophiel, Jofiel, Zophiel*.

Jophiel bedeutet »Schönheit Gottes«. Dieser weibliche Erzengel ist bekannt als »Patronin der Künstler«. Sie war bereits im Garten Eden zugegen und wachte später über Noahs Söhne.

Als Erzengel der Kunst und Schönheit hilft Jophiel uns sowohl metaphysisch als auch physisch. Zunächst einmal verhilft sie uns zu mehr Harmonie und Schönheit in unseren Gedanken. Dann unterstützt sie uns auch darin, die Schönheit in unserer Umgebung zu sehen und zu würdigen und dadurch mehr Schönheit in unser Leben zu bringen. In der physischen Welt hilft Jophiel bei künstlerischen Projekten und entzündet unseren schöpferischen Funken. Sie schenkt uns Ideen und die Kraft, künstlerische Vorhaben in die Tat umzusetzen. Außerdem hilft Jophiel uns, nicht nur in unserem Zuhause und bei der Arbeit, sondern auch in unseren Beziehungen Schönheit zu verwirklichen. Sie leitet uns sanft dazu an, langsamer und gelassener zu werden und uns Zeit für die schönen Dinge des Lebens zu nehmen.

Erzengel Jophiel besitzt eine angenehme, positive Energie und in ihrer Gegenwart fühlen wir uns vergnügt und sorglos. Sie ist freundlich und unterstützend, wie eine wunderbare Freundin. Sie sagt: »*Angst und Sorgen haben noch nie etwas Gutes bewirkt, warum solltest du dich also in Zeiten der Not mit diesen negativen Emotionen belasten? Sie werden dich weder stärken noch heilen – im Gegenteil. Es ist unendlich viel besser, wenn du deine Bemühungen in etwas Kreatives investierst und während dieser positiven Aktivität still meditierst. Sei schöpferisch! Auf diese Weise spiegelst du Gottes Kreativität wider. Das ist der Grund, warum du dich Gott am nächsten fühlst, wenn du dich dem Schreiben, Malen oder anderen künstlerischen Aktivitäten widmest.*«

Erzengel Jophiel hilft bei:
- Künstlerischen Projekten; steht Künstlern zur Seite
- Verschönerung des Heims
- Drosselung des hektischen Lebenstempos

ANRUFUNG

Sollten Sie sich in einer hässlichen Situation befinden, ist die Wahrscheinlichkeit groß, dass hässliche Gedanken dazu beigetragen haben, diese Situation zu schaffen. Rufen Sie Erzengel Jophiel an, um die Dinge besser zu machen:

>Erzengel Jophiel, bitte hilf mir bei *(Beschreibung der Situation)*. Danke, dass du mir hilfst, die göttliche Schönheit in meinem eigenen Inneren zu sehen und im Inneren jeder Person, die an dieser Situation beteiligt ist. Danke für deine Intervention bei der Schaffung eines wunderbaren Resultats. Im Namen von allem, was schön ist, danke ich dir, Jophiel.«

Erzengel Metatron

(Jüdische Tradition, Kabbala)

Auch bekannt als *Metatetron, Merraton, Metaraon, Mittron.*

Die Bedeutung des Namens Metatron ist unklar, da er nicht wie der aller anderen Erzengel mit »el« endet (so wie auch der von Sandalphon, Metatrons Zwillingsbruder). »El« steht für »El Elyah«, der hebräische Name für den allliebenden Gott Abrahams – im Gegensatz zu Jehova, dem eifersüchtigen, rachsüchtigen Gott Moses'. Die Namen der Erzengel beschreiben ihre Funktion und enden in der Regel mit »el«, was »Gottes« bedeutet, so wie die Bezeichnung »Engel« selbst für »Bote Gottes« steht.

Der Name Metatron hat wahrscheinlich mit dem ungewöhnlichen Ursprung dieses Erzengels zu tun, der einer von nur zwei Erzengeln ist, die ursprünglich sterbliche Menschen waren und auf Erden lebten (der andere ist Sandalphon, der ehemalige Prophet Elias). Es gibt diverse Spekulationen in verschiedenen Schriften und unter Experten dahingehend, dass der Name Metatron so viel bedeutet wie »Der, der auf dem Thron neben dem göttlichen Thron sitzt«, oder dass sein Name sich von *Yahweh* ableiten könnte, der jüdischen Bezeichnung für den unausgesprochenen heiligen Namen Gottes. Er wird auch als der »Engel der Gegenwart« bezeichnet.

Metatron ist der Jüngste unter den Erzengeln, da er erst nach den anderen Erzengeln erschaffen wurde. Der Prophet Enoch, von dem es (im Buch Genesis) heißt, er sei »mit Gott gegangen«, erhielt sich während seines irdischen Lebens seine gottgegebene Reinheit. Enoch war außerdem ein Gelehrter für himmlische Geheimnisse, der das *Buch Raziel* (auch als *Sefer Raziel* bekannt) empfing, eine Schrift über Gottes Schaffen, die von dem Erzengel Raziel niedergeschrieben und Adam, Noah, Enoch und Salomon übergeben wurde. Deshalb nahm Gott Enoch direkt in den siebten Himmel –

die höchste Ebene – auf. Enoch wurden Flügel verliehen und er verwandelte sich in den mächtigen Erzengel namens Metatron.

Da Enoch auf der Erde ein erfahrener und geachteter Schriftgelehrter war, gab man ihm im Himmel eine ähnliche Aufgabe: alles niederzuschreiben, was auf Erden geschieht, und es in der Akasha-Chronik festzuhalten (auch bekannt als das *Buch des Lebens*). Enoch ist verantwortlich dafür, dass dieses Material aufgezeichnet und organisiert wird.

Metatron ist ein feuriger, energetischer Engel, der unermüdlich damit beschäftigt ist, den Bewohnern der Erde beizustehen. Er fungiert als Vermittler zwischen Himmel und Erde, da er sowohl als Mensch wie auch als Engel umfangreiche Erfahrungen gesammelt hat. Daher ist er in der Lage, uns zu helfen, die Sichtweise des Himmels zu verstehen und zu lernen, wie wir mit der Ebene der Engel arbeiten können.

Metatron hegt zudem eine besondere Liebe für Kinder, vor allem für diejenigen unter ihnen, die spirituelle Fähigkeiten aufweisen. Sein besonderes Augenmerk gilt Kindern, die als »hyperaktiv« oder »verhaltensgestört« gelten. Er hilft Eltern, Erziehern, Wissenschaftlern, Ärzten und Therapeuten, natürliche Alternativen zu psychoaktiven Medikamenten zu finden.

Metatron hilft soeben verstorbenen Kindern, sich in der jenseitigen Welt zurechtzufinden, und er hilft lebenden Kindern, sich selbst mehr zu lieben und konzentrierter zu sein. Metatron lehrt die Kinder außerdem mehr spirituelle Bewusstheit und hilft ihnen, ihre spirituellen Fähigkeiten zu akzeptieren und zu entwickeln.

Die Energie dieses Erzengels ist stark und fokussiert wie ein Laserstrahl. Er ist extrem motivierend und wird Sie auffordern, Ihr Zögern zu überwinden und mutig voranzugehen. Außerdem hat er eine ausgeprägte philosophische Ader und kann Ihnen helfen, bestimmte Dinge zu verstehen, wie beispielsweise die Motive anderer Menschen und die Gründe für unterschiedliche Situationen.

Er sagt: »*Mein Leben als Mensch hat mir die Fähigkeit gegeben, menschliche Konzepte über Leben und Tod zu begreifen, die für diejenigen, die schon immer in der geistigen Welt existiert haben, abstrakt sind. Ich verstehe die tiefsitzende Angst vor dem Tod, auf der viele menschliche Gefühle beruhen. Da ich jedoch die*

Schwelle des Todes und damit die Trennung zwischen den Welten überwunden habe, möchte ich den Gedanken unterstreichen, den du schon so oft gehört hast: dass es in Wahrheit nichts gibt, vor dem du dich fürchten musst, wenn du in die jenseitige Welt hinübergehst. Die Zeit für deinen Übergang ist entsprechend dem »Terminkalender« deiner Seele festgelegt und der Tod kann erst in diesem bestimmten Augenblick eintreten und nicht einen Moment früher.

So etwas wie einen zu frühen oder ungeplanten Tod gibt es nicht und das Leid, das mit dem Tod in Verbindung gebracht wird, beruht in erster Linie auf der menschlichen Vorstellung. Selbst diejenigen, die eines gewaltsamen Todes sterben, bleiben dank der Intervention Gottes von unerträglichem Leiden verschont. Die Seele hat im Augenblick des Unvermeidlichen bereits den Körper verlassen, lange bevor Leiden eintreten kann, da sie bereits auf die Erkenntnis dessen fixiert ist, was nach der physischen Existenz folgt. Wir versichern euch, dass all dies dem Mitgefühl des Großen Schöpfers entspringt, der immer und ewig bei uns ist.«

Erzengel Metatron hilft bei:
- Problemen von und mit Kindern
- Aufmerksamkeitsdefizit-/Hyperaktivitätsstörung (ADS oder ADHS)
- Aufzeichnung und Organisation von Daten
- Spirituellem Verständnis

ANRUFUNG

Wenn bei einem Kind, das Ihnen nahe steht, ADS oder ADHS diagnostiziert und entsprechende Medikamente empfohlen oder verschrieben wurden, rufen Sie den Erzengel Metatron an, um festzustellen, ob alternative Behandlungsmethoden verfügbar sind:

»Erzengel Metatron, ich bitte dich um deine liebevolle Intervention, um *(Name des Kindes)* zu helfen, *(der oder die)* als ›gestört‹ diagnostiziert wurde. Bitte hilf uns zu wissen, worin Gottes Wille für dieses Kind besteht, und führe alle Erwachsenen, die an der Situation beteiligt sind, auf dass sie das tun, was für das Kind am besten ist. Bitte hilf uns, dass wir bei der Konfrontation mit Autoritäten stark bleiben und das tun, von dem wir wissen, dass es richtig ist. Bitte hilf uns Erwachsenen, die wir an den Entscheidungen hinsichtlich dieses Kindes beteiligt sind, harmonische Gespräche mit einem positiven Ausgang zu führen, selbst wenn es unterschiedliche Meinungen geben sollte. Metatron, bitte beschütze dieses Kind vor jeglichem Schaden, jetzt und in Zukunft. Danke.«

Erzengel Michael

(Jüdisch-christliche Tradition, Islam)

Auch bekannt als *Beshter, Mika'il, Sabbathiel, Heiliger Michael*

Michael bedeutet »Er, der ist wie Gott« oder »Er, der aussieht wie Gott«. Unter den Erzengeln hat Michael eine wichtige Führungsrolle inne, denn ihm obliegt die Verantwortung über die Hierarchie der Engel, die als die »Tugenden« bekannt sind.

Seine hauptsächliche Funktion für die Menschheit besteht darin, die Erde und ihre Bewohner von den Giftstoffen zu befreien, die durch Angst entstehen. Die Menschen, mit denen er zusammenarbeitet, werden als »Lichtarbeiter« bezeichnet. Michael unterstützt sie bei ihrer spirituellen Lehr- und Heilarbeit und inspiriert sie bei ihren Führungsaufgaben. Johanna von Orléans zum Beispiel erklärte den über sie zu Gericht sitzenden Inquisitoren, dass es Erzengel Michael gewesen war, der ihr den Impuls und den erforderlichen Mut gab, Frankreich im Hundertjährigen Krieg zu führen. Und 1950 wurde der Erzengel Michael in den USA zum Schirmherr der Polizei ernannt, weil er heroische Taten unterstützt und Tapferkeit verleiht.

Der Erzengel Michael ist besonders groß und strahlend und normalerweise trägt er ein Schwert bei sich, das er benutzt, um uns von den Verstrickungen der Angst zu befreien. Wenn er in der Nähe ist, kann es sein, dass Sie Funken oder Blitze von strahlend blauem oder purpurfarbenem Licht sehen. Michael besitzt eine feurige Energie und seine Gegenwart reicht aus, um Sie ins Schwitzen zu bringen. Eine meiner Schülerinnen hat mir einmal erzählt, sie dachte, sie hätte vorzeitige Hitzewallungen, bis sie erkannte, dass sie Michael angerufen hatte und dass es seine Präsenz war, die für diese Hitze verantwortlich war!

Michael hat außerdem ein unglaubliches Geschick darin, elektrische und mechanische Geräte zu reparieren, einschließlich Computer. Ich habe ihn schon des Öfteren angerufen, um mir bei gestörten Telefonen, Faxmaschinen und allen möglichen elektronischen Geräten zu helfen, und jedes Mal kam er zu meiner Rettung.

Michael führt und bringt diejenigen wieder auf den richtigen Weg, die sich verloren glauben oder das Gefühl haben, hinsichtlich ihrer Lebensaufgabe oder ihres Berufsweges nicht weiterzuwissen. Er kann die Unmotivierten oder Ängstlichen zum Handeln anregen und bei Bedarf klare Anweisungen für den nächsten Schritt geben.

Erzengel Michael hilft bei:
- Festhalten an den eigenen Überzeugungen
- Mut
- Entscheidung für die richtige Richtung
- Energie und Vitalität
- Allen Aspekten der eigenen Lebensaufgabe
- Motivation
- Schutz
- Reinigung und Klärung von Räumen, physisch wie spirituell
- Freisetzung gebundener Seelen
- Stärkung von Selbstachtung und Selbstwertgefühl

ANRUFUNG

Rufen Sie Michael zu Hilfe, wann immer Sie Angst haben oder sich verletzbar fühlen. Er wird umgehend an Ihre Seite kommen, Ihnen Mut geben und für Ihre Sicherheit sorgen, sowohl physisch als auch emotional. Sie werden seine Gegenwart spüren, als würde ein liebevoller Bodyguard Sie beschützen. Jeder, der vielleicht die Absicht hatte, Ihnen Schaden zuzufügen, wird davon ablassen.

Für seine Unterstützung bedarf es keiner formalen Anrufung und er kommt zu jedem, der ihn um seine Hilfe bittet. Sie könnten zum Beispiel einfach nur denken:

»Erzengel Michael, bitte komm zu mir. Ich brauche deine Hilfe!«

Dann beschreiben Sie mental die Situation, bei der Sie Hilfe benötigen. Wie erwähnt, werden Sie wissen, dass er an Ihrer Seite ist, wenn Sie seine charakteristische warme Energie spüren.

Erzengel Raguel

(Jüdisch-christliche Tradition)

Auch bekannt als *Akrasiel, Raguil, Rasuil, Rufael, Suryan.*

Raguel bedeutet »Freund Gottes«. Seine wichtigste Aufgabe im Himmel besteht darin, alle anderen Erzengel und Engel zu beaufsichtigen. Er sorgt dafür, dass alle entsprechend dem göttlichen Willen und der göttlichen Ordnung reibungslos, harmonisch und geregelt zusammenarbeiten. Diese Rolle hat dazu geführt, dass er oft als »Erzengel der Gerechtigkeit und Ordnung« bezeichnet wird. Raguel liebt es, sich für Schwächere und Benachteiligte einzusetzen, und er kann all jenen, die sich übergangen oder schlecht behandelt fühlen, helfen, mehr Kraft und Respekt zu gewinnen.

Erzengel Raguel ist enthusiastisch und freundlich und er kann Sie in Situationen, in denen Sie zusätzliche Kraft benötigen, energetisch aufladen. Denken Sie an ihn als einen hilfreichen Trainer, Therapeuten und Berater und Sie haben ein Bild von Raguels vielfältigen Talenten und dem Ausmaß seiner Hilfsbereitschaft. Raguel ist ein liebevoller Freund, der nie Ihren freien Willen in Frage stellen wird. Doch wann immer Sie ihn um Hilfe bitten, wird er im selben Augenblick zur Verfügung stehen.

Er sagt: »*Ich sehe so oft Menschen, die entmutigt aufgeben, ohne ihr Potential und ihre Möglichkeiten zu erkennen. Meine Bereitschaft zu helfen ist grenzenlos und es gibt wirklich nicht den geringsten Grund, irgendetwas alleine anzugehen, wenn so viel Freundschaft zur Verfügung steht. Ich arbeite oft unerkannt und über andere helfende Menschen, daher wirst du vielleicht nicht realisieren, dass ich dir bei deinem Ersuchen geholfen habe. Doch wisse, dass ich immer da bin!*«

Raguel hilft bei:
• Lösung von Konflikten
• Zusammenarbeit und Harmonie in Gruppen und Familien

- Verteidigung aller ungerecht Behandelten
- Unterstützung aller benachteiligten Menschen
- Vermittlung in Streitfällen
- Ordnung

ANRUFUNG

Raguel hat die wunderbare Gabe, Konflikte zu lösen. Wenn Sie eine Auseinandersetzung mit jemandem hatten und die Situation zu einem positiven Abschluss bringen möchten, bitten Sie Raguel um seine Intervention:

»Erzengel Raguel, ich danke dir für deine Intervention in meiner Beziehung mit *(Name der anderen Person)* und dafür, dass du uns beiden zu einem Zustand von Frieden und Harmonie verhilfst, uns dabei unterstützt, unsere Differenzen in Liebe beizulegen, und uns ein Gefühl der Vergebung schenkst. Ich weiß, dass ewiger Frieden Gottes Wille ist, und ich bin mir bewusst, dass wir als Kinder Gottes die Verkörperung jenes Friedens sind. Ich danke dir, dass du uns hilfst, diese Wahrheit zu leben, jetzt und immerdar.«

Erzengel Raphael

(Jüdisch-christliche Tradition)

Auch bekannt als *Labbiel*.

Der Name Raphael bedeutet »Gott heilt« oder »Gott hat geheilt«, basierend auf dem hebräischen Begriff *rapha,* dem Wort für »Arzt« oder »Heiler«.

Raphael ist ein mächtiger Heiler des physischen Körpers, sowohl bei Menschen wie auch bei Tieren. Wer Raphael anruft, wird rasch Heilung erfahren. Es heißt, dass Raphael Abrahams Schmerzen linderte, nachdem dieser als Erwachsener beschnitten worden war.

Raphael kann auch im Namen eines anderen Menschen angerufen werden. Er wird sich überall dort hinbegeben, wo er gebraucht wird; jedoch ist es ihm nicht möglich, in den freien Willen des Betreffenden einzugreifen. Wenn ein kranker Mensch spirituelle Behandlung ablehnt, kann sie ihm nicht aufgezwungen werden. Raphaels Gegenwart wird jedoch stets eine beruhigende Wirkung ausüben, was durch die Verminderung von Stress und Angst die natürliche Heilung fördert.

Im *Buch Tobit* wird beschrieben, wie Raphael mit Tobias, dem Sohn von Tobit, reist, ihn beschützt und während der Reise dafür sorgt, dass Tobias keinen Schaden erleidet. Das hat Raphael seinen Ruf als »Beschützer der Reisenden« eingebracht. Raphael ist ein wundervoller Gefährte, wenn es um sicheres Reisen geht, da er dafür Sorge trägt, dass alle Details in Bezug auf Transport, Gepäck und Übernachtung auf wunderbare Weise reibungslos geregelt werden. Außerdem hilft er jenen, die sich auf eine innere spirituelle Reise begeben, indem er ihnen bei ihrer Suche nach Wahrheit und Führung beisteht.

Raphael zeigte Tobias außerdem, wie er die von ihm gefangenen Fische medizinisch nutzen konnte, beispielsweise für Heilsalben. Das ist ein Beispiel, das zeigt, dass Raphael nicht nur für direkte spirituelle Heilungsarbeit zuständig ist, sondern menschliche Heiler auch lehrt, welche natürlichen Behandlungsmethoden und Medikamente bei ihren Patienten am besten anzuwenden sind. Heiler können Raphael daher vor oder während ihrer Behandlungssitzungen mental um Führung bitten. Außerdem hilft er Menschen, die sich zum Heiler berufen fühlen, bei ihrer Ausbildung (auch was die Zeit und das Geld für die Schule betrifft) und beim Aufbau ihrer Praxis, indem er genau die richtigen Klienten zu ihnen bringt.

Raphael ist ein Heiler und Führer für Wildtiere und Haustiere gleichermaßen. Besonders gute Erfahrungen habe ich immer gemacht, wenn ich Raphael darum bat, entlaufene Haustiere von mir selbst, Freunden oder Klienten zurückzubringen. Die Resultate zeigten sich beinahe umgehend, da Tiere für die sanfte, freundliche Fürsorge dieses liebevollen Erzengels anscheinend besonders offen sind.

Raphael heilte schließlich Tobits Blindheit und er half bei meinen Seminaren tausenden meiner Schüler, ihr »Drittes Auge« zu öffnen, das spirituelle Energiezentrum (Chakra), das Hellsichtigkeit vermittelt. Raphael ist sehr sanft, liebevoll, zärtlich und freundlich und Sie wissen, dass er in der Nähe ist, wenn Sie Funken oder Blitze smaragdgrünen Lichts sehen.

Die Erzengel Raphael und Michael arbeiten oft zusammen, um störende Geister und niedere Energien von Menschen und Orten zu entfernen. Im *Testamentum Salomonis* wird beschrieben, wie Raphael König Salomon einen magischen Ring übergab, in dem ein sechsstrahliger Stern aus zwei gekreuzten gleichseitigen Dreiecken eingraviert war. Salomon benutzte diesen Ring und sein Symbol, den Davidstern, um Dämonen zu bannen. Zu Raphaels Heilungsaufgaben zählen also auch die Freisetzung gebundener Seelen und die Klärung von Räumen.

Raphael hilft bei:
- Reduzierung und Beseitigung von Süchten und Verlangen aller Art
- Innerem und äußerem Sehen, Hellsichtigkeit
- Anleitung und Unterstützung von Heilern
- Heilung von Menschen und Tieren

- Wiederfinden entlaufener Haustiere
- Reinigung und Klärung von Räumen
- Freisetzung gebundener Seelen
- Reisen, indem er den Reisenden schützt und für Ordnung und Harmonie sorgt

ANRUFUNG

Wann immer Sie, eine andere Person oder ein Tier unter körperlichen Beschwerden leiden, rufen Sie den Erzengel Raphael mit der Bitte um himmlische Unterstützung an. Er wird im Körper der Person oder des Tieres direkt heilend eingreifen und außerdem Anleitung dafür geben, was getan werden kann, um eine Heilung herbeizuführen.

Um Raphael für sich selbst anzurufen, müssen Sie einfach nur denken:

»Erzengel Raphael, ich brauche Hilfe bei (*beschreiben Sie die Situation*). Bitte umgebe und erfülle meinen Körper mit deiner machtvollen Heilenergie göttlicher Liebe. Ich übergebe diese Situation jetzt Gott und weiß, dass ich durch dieses Loslassen offen dafür werde, meine gottgegebene Gesundheit auf allen Ebenen zu entdecken. Ich danke Gott und Raphael für meine Energie und mein Wohlbefinden!«

Um Raphael für jemand anderen anzurufen, können Sie ihn und andere Engel visualisieren, wie sie die Person oder das Tier mit ihrer heilenden Gegenwart und smaragdgrünem Licht einhüllen. Sie können Gott bitten, Raphael zu schicken, oder Sie können den Erzengel direkt bitten:

»Erzengel Raphael, bitte statte (*Name der Person oder des Tieres*) einen heilenden Besuch ab und führe bei allen an der Situation Beteiligten Gesundheit und Wohlbefinden herbei. Erfülle unsere Gedanken mit Glauben und Hoffnung und beseitige alle Zweifel und Ängste. Bitte ebne den Weg, auf dass sich göttliche Gesundheit jetzt und immerdar manifestieren kann. Danke.«

Erzengel Raziel

(Jüdische Tradition, Kabbala)

Auch bekannt als *Ratziel, Saraqael, Suriel.*

Der Name Raziel bedeutet »Gottes Geheimnis«, denn er arbeitet so eng mit dem Schöpfer zusammen, dass er alle Geheimnisse des Universums kennt und weiß, wie es funktioniert. Raziel hat all diese Geheimnisse in einem umfangreichen Buch von Symbolen und göttlicher Magie niedergeschrieben, dem *Sefer Raziel* oder *Buch Raziel.* Nachdem Adam und Eva aus dem Garten Eden vertrieben worden waren, gab Raziel Adam das Buch als Wegweiser zur göttlichen Gnade und zur Manifestation. Später erhielt der Prophet Enoch das Buch, bevor er in die himmlischen Sphären aufstieg und sich in den Erzengel Metatron verwandelte. Noah erhielt von Raphael ebenfalls eine Kopie dieses Buches und er benutzte die darin enthaltenen Informationen, um seine Arche zu bauen und den Überlebenden nach der Flut zu helfen.

Viele Historiker sind der Ansicht, dass dieses geheimnisvolle Buch (das heute im Buchhandel erhältlich ist) von einem jüdischen Gelehrten des Mittelalters stammt, vielleicht von Eleazar von Worms oder Isaak dem Blinden. In jedem Fall ist das Buch schwer zu entschlüsseln und es heißt, dass der Leser Raziel anrufen muss, damit er das Geschriebene begreifen kann.

Dieser Erzengel kann Ihnen helfen, schwierige esoterische Konzepte, die heilige Geometrie, die Quantenphysik oder andere komplexe Informationen zu verstehen. Außerdem kann er die höheren Ebenen außersinnlicher Wahrnehmung öffnen und Ihnen helfen, die göttliche Führung leichter wahrzunehmen. Einem göttlichen Magier vergleichbar, kann Raziel auch bei Manifestationen behilflich sein.

Raziel ist voller Liebe, sanftmütig und intelligent. Seine Gegenwart mag Ihnen zunächst sehr subtil erscheinen, doch wenn Sie ihn im Laufe der Zeit öfter anrufen, werden Sie sich seines positiven Einflusses in Ihrer spirituellen Praxis bewusst werden.

Raziel hilft bei:
- Alchemie
- Hellsichtigkeit
- Göttlicher Magie
- Esoterischen Informationen und Konzepten
- Manifestation
- Außersinnlichen Fähigkeiten

ANRUFUNG

Um Ihr spirituelles Verständnis esoterischer Konzepte zu vertiefen, sollten Sie Raziel anrufen. Da seine Botschaften sehr tiefgründig sind, ist es am besten, ihn in einem ruhigen Umfeld zu kontaktieren. Schließen Sie die Augen, atmen Sie tief durch, bringen Sie Ihren Verstand zur Ruhe und sagen Sie innerlich:

»Erzengel Raziel, bitte hilf mir, meinen Geist für die göttlichen Geheimnisse des Universums zu öffnen. Hilf mir, alle begrenzenden Glaubenssätze und Ängste loszulassen, auf dass ich auf der tiefsten und klarsten Ebene meiner Seele spirituelles Verständnis erlangen kann. Insbesondere bitte ich um deine Instruktionen bezüglich *(beschreiben Sie das Problem, zu dem Sie eine Lösung suchen; stellen Sie Ihre Fragen einzeln und lassen Sie viel Zeit dazwischen, damit Raziel die Möglichkeit hat, alle zu beantworten, und Sie die Chance, seine Antworten aufzunehmen und zu verdauen).* Danke, Raziel, dass du mich gelehrt hast.«

Erzengel Sandalphon

(Jüdische Tradition)

Auch bekannt als *Sandolphon, Sandolfon.*

Sandalphon ist einer von zwei Erzengeln, deren Name nicht auf
»el« endet (was im Hebräischen »Gott« bedeutet). Sandalphons
Name stammt aus dem Griechischen und bedeutet »Bruder«, ein
Hinweis auf seinen Zwillingsbruder, den Erzengel Metatron. Diese
beiden sind die einzigen Erzengel, die ursprünglich sterbliche
Menschen waren. Sandalphon war der Prophet Elia und Metatron war der Weise Enoch. Gott gab diesen beiden Männern ihre
unsterbliche Berufung zum Erzengel, um sie für ihre Arbeit auf
Erden zu belohnen und ihnen zu erlauben, ihren heiligen Dienst
von der himmlischen Ebene aus fortzuführen. Elias Aufstieg in
die himmlischen Sphären geschah in einem feurigen Wagen, der
von feurigen Rossen gezogen wurde – ein Ereignis, das im zweiten Kapitel des zweiten Buchs der Könige (2. Könige 2) beschrieben wird.

Sandalphons wichtigste Aufgabe besteht darin, menschliche
Gebete zu Gott zu tragen, auf dass sie erhört werden können. Es
heißt von ihm, dass er riesig ist und von der Erde bis zum Himmel
reicht. Alte kabbalistische Überlieferungen besagen, dass Sandalphon angehenden Eltern helfen kann, das Geschlecht ihres ungeborenen Kindes zu bestimmen, und viele glauben auch, dass er
etwas mit Musik zu tun hat.

Sandalphons Botschaften kommen oft als sanfte Einflüsterun-
gen – so leise, dass sie unbemerkt vorbeiwehen, wenn Sie nicht
darauf achten. Wenn Sie Sandalphon anrufen, sollten Sie also aufmerksam auf alle Worte und jede Art von Musik achten, die Sie in
Ihrem Inneren wahrnehmen, da es sich dabei höchstwahrscheinlich um die Antwort auf Ihre Gebete handelt.

Sandalphon hilft bei:
- Musik
- Weitergabe und Beantwortung von Gebeten
- Bestimmung des Geschlechts von Ungeborenen

ANRUFUNG

Wenn Sie ein Gebet haben, auf das Sie eine umgehende Antwort wünschen, rufen Sie den Erzengel Sandalphon an:

»Geliebter Erzengel Sandalphon, Überbringer und Beantworter aller Gebete, ich bitte dich um deine Hilfe. Bitte bringe meine Bitte *(wiederholen Sie hier das Gebet)* so schnell wie möglich zu Gott. Ich bitte dich, mir eine klare Botschaft zukommen zu lassen, die ich problemlos verstehen kann. Bitte halte mich über den Fortschritt meiner Bitte auf dem Laufenden und lass mich wissen, ob ich irgendetwas tun muss. Danke, Raziel. Amen.«

Erzengel Uriel

(Jüdisch-christliche Tradition)

Der Name Uriel bedeutet »Gott ist Licht«, »Gottes Licht« oder »Gottes Feuer«. Uriel erhellt Situationen und gibt prophetische Informationen und Warnungen. Uriel warnte Noah zum Beispiel vor der bevorstehenden Flut, er half dem Propheten Esra, die Vorhersagen über den kommenden Messias zu interpretieren, und er brachte der Menschheit die Kabbala. Darüber hinaus soll Uriel den Menschen das Wissen und die Praxis der Alchemie – die Fähigkeit, einfaches in kostbares Metall zu verwandeln sowie etwas aus dem Nichts zu erschaffen – übermittelt haben.

Uriel gilt als einer der weisesten Erzengel. Man könnte ihn mit einem weisen alten Mann vergleichen, der intellektuelle Einsichten, praktische Lösungen und kreative Impulse vermitteln kann. Und Sie müssen nicht einmal einen Berg erklimmen, um diesen Weisen zu erreichen, denn Uriel wird augenblicklich zu Ihnen kommen, wenn Sie ihn anrufen. Doch ist seine Energie nicht so deutlich erkennbar wie zum Beispiel die des Erzengels Michael. Sie werden unter Umständen nicht einmal bemerken, dass Uriel gekommen ist, um Ihre Gebete zu erhören, bis Ihnen plötzlich eine brillante neue Idee in den Sinn kommt.

Vielleicht aufgrund seiner Beziehung zu Noah und auch seiner Affinität zu Donner und Blitz gilt Uriel als ein Erzengel, der uns bei Erdbeben, Flutkatastrophen, Bränden, Wirbelstürmen, Tornados und sonstigen Naturkatastrophen beistehen kann. Rufen Sie ihn an, um solche Ereignisse abzuwenden oder um sich im Anschluss daran von den Folgen zu erholen und Heilung zu finden.

Uriel hilft bei:
- Alchemie
- Göttlicher Magie

- Naturkatastrophen
- Problemlösung
- Schriftstellerischer Tätigkeit
- Spirituellem Verständnis
- Studien und Prüfungen
- Wetter

ANRUFUNG

Da Uriel über so viele Talente verfügt und in so vielen verschiedenen Lebensbereichen helfen kann, ist es eine gute Idee, ihn regelmäßig anzurufen. Stellen Sie ihn sich als einen persönlichen Mentor vor, der Ihre Lebenslektionen beaufsichtigen kann. Eine der schönsten Arten, wie Uriel uns hilft, besteht darin, dass er uns zusätzliche Informationen gibt, damit wir wohlüberlegte Entscheidungen treffen können. In solchen Fällen können Sie ihn zum Beispiel auf folgende Weise anrufen:

»Erzengel Uriel, ich bitte dich um deine Weisheit bei *(beschreiben Sie die Situation, in der Sie Klarheit benötigen)*. Ich brauche so viele Informationen wie möglich, damit ich die Sachlage klar erkennen kann. Bitte hilf mir, eine wohlüberlegte Entscheidung zu treffen, indem du mir alle diese Situation betreffenden Perspektiven aufzeigst. Hilf mir, diese Informationen aufzunehmen und zu verstehen und so aufgeschlossen wie möglich zu sein. Danke, Uriel.«

Erzengel Zadakiel

(Jüdische Tradition)

⁓ঌ⌇঩⁓

Auch bekannt als *Satqiel, Tzadkiel, Zadkiel, Zidekiel.*

Zadakiel bedeutet »Gottes Rechtschaffenheit«. Er wird auch als der Erzengel der Barmherzigkeit und der Güte bezeichnet, was vielleicht auf sein Eingreifen zurückzuführen ist, als es darum ging, Abraham von der Tötung seines Sohnes Isaak als Opfergabe für Gott abzuhalten.

Zadakiel kann Ihnen helfen, Barmherzigkeit, Sympathie und Mitgefühl für sich selbst und andere zu entwickeln und jede Art von Verurteilung, Unmut und Groll loszulassen. Auf diese Weise ist er ein Engel der Heilung, der mit Erzengel Michael zusammenarbeitet, um negative Energien durch Vertrauen, Glauben und Mitgefühl zu ersetzen. Zadakiel hilft uns, das göttliche Licht in uns selbst und in anderen zu sehen, anstatt uns auf die äußere Erscheinung, die Persönlichkeit oder das Ego zu konzentrieren.

Wenn Sie Schwierigkeiten haben, sich selbst oder jemand anderem zu vergeben, bitten Sie Zadakiel um Hilfe. Er wird Ihren Körper, Ihren Geist und Ihr Herz reinigen. Vergebung bedeutet nicht, dass Sie das negative Verhalten eines anderen Menschen billigen oder gutheißen. Es bedeutet lediglich, dass Sie nicht mehr gewillt sind, die emotionalen Schlacken vergangener Erfahrungen weiter mit sich herumzuschleppen.

Der Erzengel Zadakiel ist auch bekannt für seine Unterstützung bei allem, was mit dem Gedächtnis zu tun hat. Wenn Sie sich an wichtige Informationen erinnern müssen oder auch einfach nur daran, wo Sie Ihre Autoschlüssel hingelegt haben, oder wenn Sie Ihr Erinnerungsvermögen allgemein verbessern wollen, dann sind Sie gut beraten, Zadakiel anzurufen.

Zadakiel hilft bei:

- Mitgefühl
- Vergebung sich selbst und anderen gegenüber
- Emotionale und physische Heilung
- Verbesserung des Erinnerungsvermögens
- Erinnerung an wichtige Informationen
- Finden verlorener Objekte
- Studien und Prüfungen

ANRUFUNG

Wann immer Sie sich irritiert oder aufgebracht fühlen, bitten Sie Zadakiel um seine Intervention:

>»Erzengel Zadakiel, bitte hilf mir, mein Herz zu heilen. Wenn ich an altem Groll festhalte, hilf mir, ihn vollkommen loszulassen. Wenn ich etwas übersehen habe, hilf mir, die Situation klar zu erkennen. Wenn ich mehr Mitgefühl brauche, erfülle mein Herz mit Barmherzigkeit. Wenn ich mir zu viele Sorgen mache oder Angst habe, senke Vertrauen und Ruhe in mein Herz. Ich übergebe diese Situation jetzt dir und Gott und vertraue darauf, dass deine göttliche Heilkraft sich in Gnade, Harmonie und Weisheit um jedes Detail kümmern wird. Danke.«

Forseti

(Altnordisch)

Auch bekannt als *Forete*.

Forseti, dessen Name »der Vorsitzende« bedeutet, ist der altnordische Gott der Gerechtigkeit, Fairness, Schlichtung und Versöhnung. Er schlichtet jeden Unfrieden und ist der ultimative Friedensstifter. Er ist ein himmlischer Mediator, der bei einem Streit immer die Positionen aller Parteien anhört und Lösungen findet, bei denen alle gewinnen, so dass es keinen Verlierer gibt. Er löst Streitigkeiten mit so viel Liebe, bis jeder der an dem Disput Beteiligten das Bedürfnis verspürt, sich mit seinem Gegenüber auszusöhnen.

Ich sprach mit ihm im abendlichen Dämmerlicht, während ich auf den gigantischen Steinen des Joshua Tree Nationalparks in Kalifornien saß. Er sagte zu mir: »*Ich bin hier, um dich auf jedem Abschnitt deines Weges zu führen. Die Räder der Gerechtigkeit scheinen sich langsam zu drehen, doch befinde ich mich immer hinter den Kulissen, wo ich unermüdlich für dein Wohlergehen tätig bin. Welche Probleme dir auch zwischen die Füße geworfen werden, ich bin hier, um sie sofort zu beseitigen. Denk an mich als den ultimativen Rechtsbeistand des juristischen Friedens und der Gerechtigkeit – ich koste keinen Cent, mache gerne Hausbesuche und reagiere unverzüglich auf deine Bitten.*«

Forseti hilft bei:
- Beilegung von Streitigkeiten
- Fairness
- Lösung gerichtlicher Angelegenheiten
- Frieden
- Schutz – vor allen Dingen im juristischen Bereich
- Problemen mit der Wahrheit

ANRUFUNG

Wenden Sie sich an Forseti, wenn Sie mit juristischen Problemen zu tun haben. Forseti wird sich dann unverzüglich daranmachen, zu Ihren Gunsten einzugreifen.

»Lieber Forseti, ich bitte dich um deine Intervention in dieser Situation und darum, dass du ein Bewusstsein von Freundlichkeit und Fairness förderst. Ich danke dir für die friedliche Beendigung dieses Konflikts, der jetzt vollständig und im gegenseitigen Einvernehmen gelöst wird.«

Ganesh

(Hinduistische Tradition; Indien)

Auch bekannt als *Ganesha*.

Ganesh ist ein elefantenköpfiger Gott, der im Leben jedes Menschen, der um seine Hilfe bittet, Hindernisse beseitigt. Außerdem ist er der Hindu-Gott des Wohlstands und der Weisheit, der auch bei schriftstellerischen und anderen künstlerischen Projekten hilft.

Es gibt verschiedenste Legenden, die erklären, warum Ganesh den Kopf eines Elefanten trägt. In den meisten Geschichten verlor Ganesh seinen Kopf (oft aufgrund des Zorns seines Vaters), woraufhin Ganeshs Mutter den ersten Kopf nahm, den sie finden konnte – zufällig war es der eines Baby-Elefanten –, und ihn auf den Hals ihres Sohnes setzte.

Im Hinduismus ist Ganesh die erste Gottheit, die im Gebet angerufen wird. Es wird empfohlen, Ganesh vor allen Projekten anzurufen und immer, bevor Sie irgendetwas unternehmen, von dem Sie sich Erfolg erhoffen.

Ganesh ist äußerst liebevoll, zärtlich, höflich und sanft, doch gleichzeitig sehr stark. Er ist mächtig genug, um Ihnen den Weg freizumachen, damit Sie nicht stolpern, doch gleichzeitig ist er erfüllt von Liebe und Sanftmut, so dass Sie keine Angst haben müssen, dass seine rohe Kraft sich gegen Sie wenden könnte. Er ist dem Erzengel Michael vergleichbar, da er die gleiche liebevolle und schützende Macht repräsentiert.

Ganesh wird auch als »Beseitiger von Hindernissen« bezeichnet, da er alles niederwalzt, was sich ihm in den Weg stellt. Stellen Sie sich einen zahmen Elefanten vor, der auf einem Pfad vor Ihnen hergeht und das Buschwerk niedertrampelt, so dass der Weg für Sie frei ist: Das ist Ganesh.

Vor einiger Zeit hatte ich des Öfteren Schwierigkeiten auf Flughäfen, wo die Sicherheitsbeamten mich anhielten, um mein Handgepäck zu durchsuchen. Da mein Partner und ich beinahe jedes Wochenende verreisen, wurden mir diese wiederholten Durchsuchungen bald zu viel. Ich wünschte mir, dass die Sicherheitsbeamten mich ignorierten und mich einfach durchließen, ohne mich anzuhalten. Also steckte ich eine kleine Ganesh-Statue in meine Bordtasche. Von diesem Augenblick an wurde mein Handgepäck kein einziges Mal mehr durchsucht.

Ganesh kommt unverzüglich zu allen, die ihn anrufen. Zum Beispiel telefonierte ich einmal mit meiner Freundin Johanna kurz nach dem Tod ihrer Mutter. Ich versuchte sie zu trösten, als ich plötzlich hellsichtig ein Bild von Ganesh neben ihr sah. Ich fragte sie: »Johanna, hast du Ganesh angerufen?«, und sie antwortete: »Ja! Ich trage eine Kette mit einem Medaillon von Ganesh um den Hals. Ich habe schon den ganzen Tag lang sein Bild mit den Fingern gerieben und ihn gebeten, zu mir zu kommen.«

Ganesh sagt: »*Für mich sind alle Hindernisse überwindbar. Tatsächlich ist es so, dass ich gar keine Hindernisse sehe, und genau darum geht es: Alle Barrieren auf deinem Weg hast du selbst geschaffen. Sie repräsentieren deine Entscheidung, Angst davor zu haben, einen Schritt nach vorne zu gehen. Du manifestierst deine Angst im Außen, indem du Gedanken in die Zukunft projizierst und dir Sorgen machst, dass dieses oder jenes passieren könnte. Deine Sorgen und Ängste vor der Zukunft haben Blockaden und Schreckgespenster erschaffen, die dir auf deinem weiteren Weg begegnen werden. Doch fürchte dich nicht – da sie deine eigenen Kreationen sind, kannst du sie auch wieder wegdenken.*

Bitte mich, dir zu helfen, und ich werde die Seifenblasen deiner dunklen Illusionen platzen lassen. Ruf mich selbst in den schwierigsten Situationen und Umständen an, damit ich dich heilen und führen kann. Alle Gedankenformen befinden sich auf der gleichen Ebene, und wie schrecklich sie auf den ersten Blick auch wirken mögen, so sind sie doch alle ohne weiteres überwindbar. Ich pflüge sie problemlos um mit meinem unerschütterlichen Glauben an das Gute und an die Liebe. Liebe ist die einzige Kraft, die wirklich existiert. Der Rest ist nichts als unwirkliche Illusionen. Lass sie los und wisse, dass Gott und die Liebe immer die Oberhand behalten werden.«

Ganesh hilft bei:
- Fülle
- Künstlerischen Projekten
- Frieden und Harmonie in der Familie
- Beseitigung und Vermeidung von Hindernissen
- Angelegenheiten, die mit Weisheit zu tun haben
- Schriftstellerischen Tätigkeiten

ANRUFUNG

Wenn Sie nicht wissen, wie Ganesh aussieht, suchen Sie ein Bild von ihm in einem entsprechenden Nachschlagewerk oder im Internet. Sobald Sie mit seinem Aussehen vertraut sind, ist es ein Leichtes, ihn anzurufen, indem Sie ihn vor Ihrem inneren Auge visualisieren und sagen:

»Geliebter Ganesh, ich danke dir, dass du heute meinen Weg ebnest, damit überall Harmonie und Frieden herrschen. Ich bin dir dankbar, dass du vor mir gehst und alle Hindernisse beseitigst, die mein Weiterkommen erschweren könnten. Hilf mir, heute den Segen in allem zu sehen, was mir begegnet. Danke.«

Guinevere

(England)

∽ຶຶຶຶ∾

Auch bekannt als *Gwenhwyfar*.

Guinevere, deren Name »die Weiße« bedeutet, ist eine Göttin der Liebesbeziehungen, der Fruchtbarkeit und der Mutterschaft. Außerdem arbeitet sie mit den Blumenfeen zusammen.

Sie ist die dreifache keltische Göttin hinter den Geschichten um König Artus, Camelot und die Tafelrunde. In der Abtei von Glastonbury in Südengland gibt es zwei Gräber mit Aufschriften, die andeuten, dass König Artus und Guinevere dort begraben liegen. Die Abtei ist ein magischer, heiliger Ort, wo unzählige weiße Tauben leben – einer meiner absoluten Lieblingsplätze weltweit. Es ist nicht schwer, sich vorzustellen, dass Artus und Guinevere an solch einem verzauberten Ort ihre ewige Ruhe gefunden haben.

Ich rief Guinevere in Avebury an, einem alten magischen Steinkreis im Süden Englands (ähnlich dem in Stonehenge, doch wesentlich größer). Ich fragte sie: »Wobei möchtest du uns am liebsten helfen?«

Guinevere erwiderte: »*Komplikationen in Liebesbeziehungen sind meine Spezialität, da ich mich voll Mitgefühl in jede Frau hineinversetzen kann, die sich bei der Suche nach einer Liebesbeziehung mit einem Mann ungeliebt oder nicht liebenswert fühlt und darunter leidet. Jede Frau, die das Gefühl hat, in der ›Männerwelt‹ nicht zurechtzukommen – so als würde sie sich auf unbekanntem Territorium bewegen –, sollte diese Welt mit mir als ständiger Begleiterin erforschen.*«

Guinevere hilft bei:
- Liebesbeziehungen
- Frauenthemen

ANRUFUNG

Zeichnen Sie ein Herz und betrachten Sie es, während Sie Guinevere um Hilfe bei Problemen mit Liebesbeziehungen anrufen:

> »Schwester Guinevere, du weißt um die Tiefe der Liebe in meinem Herzen und um meine Fähigkeit, einem anderen Menschen etwas zu geben. Du verstehst meine Wünsche. Ich gebe dir jetzt die Erlaubnis und bitte dich, als meine Vermittlerin in Liebesdingen zu intervenieren. Bitte bereite mich für eine wundervolle Beziehung vor und hilf mir, mein Herz und meine Seele tiefgreifender Liebe zu öffnen, die voll Spiritualität, Respekt, Vertrauen und Hingabe ist. Danke, dass du mir hilfst, mich meinem wahren Liebespartner zu öffnen.«

Dann küssen Sie die Zeichnung des Herzens und halten Sie sie an Ihre Brust. Stellen Sie sich vor, dass es sich dabei um Ihren geliebten Seelengefährten handelt, und senden Sie liebevolle Energie zu diesem Menschen (selbst wenn Sie noch nicht wissen, wer das sein könnte). Bitten Sie Guinevere, Ihnen zu helfen, den Glauben und das Vertrauen in eine Liebesbeziehung aufrechtzuerhalten.

Hathor

(Ägypten)

❧❧

Auch bekannt als *Athor, Athyr, Hat-Hor, Hat-Mehit, Hawthor, Tanetu,* Himmlische Kuh, Königin der Erde, Mutter des Lichts, das Auge Ras)

Hathor ist die altägyptische Göttin der Sonne, des Himmels, der Neugeborenen und der Toten. Die Feierlichkeiten zu ihren Ehren waren immer von Musik, Tanz und ausgelassener Fröhlichkeit geprägt, daher gilt Hathor auch als Patronin der Musik, des Tanzes und des Frohsinns.

Hathor ist eine Liebes- und Fruchtbarkeitsgöttin, die Seelengefährten hilft, zueinander zu finden; außerdem überwacht sie die Empfängnis, beschützt werdende Mütter, fungiert als Hebamme und hilft bei der Erziehung von Kindern. Als Göttin mit mannigfaltigen Aufgaben, die sowohl für das Wohlergehen von Neugeborenen verantwortlich ist als auch dafür, dass Verstorbene friedlich in die jenseitige Welt hinübergehen, teilte Hathor sich selbst in sieben Göttinnen auf, damit sie alle ihre Aufgaben erfüllen konnte. Daher wurde sie häufig auch als »die Hathors« bezeichnet.

Sie sagt: »*Wenn es um Gerechtigkeit geht, weiß das Herz bereits um die Wahrheit. Daher urteile ich nicht – ich leite die Menschen einfach still von innen heraus an, damit sie die Entscheidung ihres Herzens hören können.*

Ich bin nicht hier, um irgendjemanden zu konfrontieren oder ins Verhör zu nehmen – das ist nicht meine Aufgabe. Ich bin vielmehr eine Führerin auf dem wichtigsten Weg, den es gibt, auf dem der Mensch Entscheidungen trifft hinsichtlich der wichtigen Frage ›Wie will ich mein Leben leben?‹ Jeder kleinste Moment bietet uns reichlich Möglichkeiten, zu suchen und zu wachsen. Auch Ruhepausen sind ein Teil des Ganzen.

Doch Unentschiedenheit führt uns weg von uns selbst und auf

diese Weise letzten Endes weg von unserer Schöpferquelle. Un-
entschiedenheit basiert auf der Unfähigkeit, die Stimme des eige-
nen Herzens zu hören und ihr zu vertrauen. Daher habe ich die
Aufgabe übernommen, meine magische Energie jenen zu senden,
die durch Gebete, Sorgen oder auch nur mit einer flüchtigen Bot-
schaft meine Hilfe erbitten.

Diejenigen, die bereit dafür sind, können meine Strahlen auf-
nehmen, so dass sich die Waagschale der Unentschiedenheit zu-
gunsten der wirklichen Wünsche ihres Herzens neigt. Es liegt dann
jedoch an jedem Einzelnen, den Mut aufzubringen, die eigene
Wahrheit zu sehen und zu leben.«

Hathor hilft bei:
- Künstlerischen Projekten
- Schönheit, Attraktivität und Kosmetik
- Festivitäten, Musik, Partys und Tanz
- Kinder, Empfängnis, Schwangerschaft und Elternschaft
- Entscheidungsfindung
- Begegnung mit Seelengefährten

ANRUFUNG

Hathor liebt Musik und Tanz, daher sollten Sie Musik auflegen
und sich im Takt wiegen oder tanzen, während Sie Kontakt mit ihr
aufnehmen.

»Geliebte Hathor, ich übergebe jetzt dir, meinem höheren Selbst
und dem Schöpfer meine Entscheidung und werde nicht im
Weg stehen. Danke, dass du mir hilfst, die bestmögliche Entscheidung zu treffen, die dem höchsten Wohl aller Beteiligten
dient. Bitte hilf mir, die Entscheidung klar in meinem Geist und
meinem Herzen zu hören, und gib mir den Mut und die Kraft,
dieser Führung zu folgen.«

Heilige Therese

(Christentum/Katholizismus)

Auch bekannt als *Therese von Lisieux, Therese vom Kinde Jesu, Therese Martin, Kleine Therese, die Kleine Blume.*

Die Heilige Therese ist eine mächtige und liebevolle Wesenheit aus Frankreich, die bekannt ist für ihre wunderbaren Heilungen. Sie wurde 1873 als Thérèse Martin geboren und trat mit 15 Jahren als Novizin in ein Karmeliterinnen-Kloster ein. Sie starb im frühen Alter von 24 Jahren.

Als Therese im Jahre 1897 auf ihrem Sterbebett lag, sagte sie: »Nach meinem Tod werde ich einen Schauer von Rosen herniederregnen lassen.« Seit jener Zeit wird sie mit diesen herrlichen Blumen in Verbindung gebracht. Aus diesem Grund ist sie die Schutzheilige der Floristen und Blumenverkäufer; sie hilft jedoch auch in vielen anderen Fällen, vor allen Dingen im Bereich physischer Heilung. Viele Menschen haben über eine Heilung von den verschiedensten Krankheiten berichtet, nachdem sie zur Heiligen Therese gebetet oder ihre Relikte besucht hatten. Es heißt, dass sie während des Zweiten Weltkriegs zahlreichen Fliegern half. Daher gilt sie auch als Schutzpatronin der Piloten, der Flugbegleiter und des fliegenden Militärpersonals.

In ihrer Autobiographie *Geschichte einer Seele* schreibt Therese, dass Hingabe, Vertrauen und die Liebe zu Gott die Schlüssel zu einem glücklichen und gesegneten Leben sind. Sie sagte, dass im Leben »nicht große Taten, sondern große Liebe« das Wichtigste seien.

Ich begegnete der Heiligen Therese zum ersten Mal im Jahre 1994 während einer Meditation. Ich meditierte so gern, dass ich oft Stunden damit verbrachte, mit geschlossenen Augen still dazusitzen und die wunderbaren Gefühle von Frieden und göttlicher Liebe zu genießen. Eines Tages hörte ich die Stimme einer Frau, die zu mir sprach. Sie sagte: »*Kleine Blume*«, und fuhr dann fort:

»*Heilige Therese*«. Da ich so gut wie nichts über den katholischen Glauben und seine Heiligen weiß und daher keine Ahnung hatte, wer sie war, rief ich eine katholische Pfarrei in meiner Nähe an und bat den Priester um Informationen. Er erklärte mir geduldig die Geschichte der Heiligen Therese und erzählte mir von dem Zusammenhang mit der »Kleinen Blume«.

Der Priester war so freundlich und entgegenkommend, dass ich all meinen Mut zusammennahm und ihm von meinem Erlebnis während der Meditation berichtete. Er war sehr aufgeschlossen und glaubte meinen Worten. Er sagte, er hätte das Gefühl, dass die Heilige Therese aufgrund meiner Arbeit als spirituelle Beraterin und Heilerin an meiner Seite sei. Er erklärte, dass sie allen aufrichtigen Menschen hilft, unabhängig von ihrem Glauben oder ihrer Religionszugehörigkeit.

Seit jener Zeit habe ich Therese des Öfteren in der Gegenwart anderer Menschen gesehen, denen ich Readings gab. Manchmal ist sie bei Frauen, die Therese oder Theresa heißen. Es ist wunderbar zu wissen, dass sie mir nach wie vor als ständige zuverlässige Gefährtin und Führerin zur Seite steht.

Die Heilige Therese hilft bei:

* Gartenarbeit – vor allen Dingen im Zusammenhang mit Blumen
* Heilung aller erdenklichen Krankheiten oder Verletzungen
* Piloten und Flugbegleiter
* Spirituelle Beratung

ANRUFUNG

Katholiken sprechen normalerweise eine Novene, um den Segen der Heiligen Therese zu erbitten. Doch auch Nicht-Katholiken können die Hilfe dieser liebevollen Heiligen erbitten. Es heißt, dass Sie – wenn Sie das folgende Gebet 9 bis 24 Tage lang täglich sprechen – eine Rose sehen werden, als Zeichen dafür, dass Ihr Gebet erhört und Ihre Bitte gewährt worden ist:

»Oh holde Therese vom Kinde Jesu, bitte pflücke aus den himmlischen Gärten eine Rose für mich und schicke sie mir als eine Botschaft der Liebe.

Oh süße Blume Jesu, bitte Gott heute, mir die Wünsche zu erfüllen, die ich jetzt voller Vertrauen in Deine Hände lege *(nennen Sie Ihre Wünsche)*.

Heilige Therese, hilf mir, immer an Gottes große Liebe für mich zu glauben, so wie du es getan hast, auf dass auch ich jeden Tag deinen ›Kleinen Weg‹ gehen kann. Amen.«

Heiliger Franziskus

(Christentum/Katholizismus)

⚬⚭⚬

Auch bekannt als *Franz von Assisi*, *Il Poverello*.

Der heilige Franziskus wurde 1181 als Giovanni Bernardone, genannt Francesco, in Assisi in Italien geboren. Als junger Mann
diente er eine Zeit lang als Soldat, brachte sich in Schwierigkeiten und wurde inhaftiert. Im Gefängnis in Perugia hatte Franziskus eine Erscheinung, wobei er Jesus sagen hörte, er solle sein
weltliches Dasein hinter sich lassen. Dieses Erlebnis verwandelte
ihn von Grund auf und nach seiner Entlassung aus dem Gefängnis folgte er dem Pfad der Spiritualität und seelischen Hingabe.
Franziskus führte das Leben eines Asketen; er zog als Wander-
prediger umher, pflegte Kranke und predigte zu den Menschen
über Jesus und den inneren Frieden. Im Jahr 1210 begründete er
den Orden der Franziskaner.
Franziskus ist den meisten Menschen wahrscheinlich durch die
Geschichten über seine Begegnungen mit Tieren vertraut. Eine
Legende besagt, dass Franziskus während eines Spaziergangs einmal einen Schwarm Vögel sah. Als er innehielt und begann, ihnen
zu predigen, neigten die Vögel ihre Köpfe und benahmen sich wie
ein aufmerksames Publikum. Als er mit dem Predigen fertig war,
ging er zwischen den Vögeln hindurch und berührte sie mit seinem Gewand, und sie flogen nicht auf, sondern setzten sich sogar auf seine Arme und Schultern. Nach diesem Erlebnis begann
Franziskus, den Vögeln, Reptilien und anderen Tieren von Gottes
Liebe zu erzählen. Selbst wilde Tiere wurden in seiner Gegenwart
zahm. Vögel zum Beispiel hörten auf zu zwitschern und zu singen,
während er sprach, und ein wilder Hase sprang immer wieder auf
den Schoß des Heiligen, auch nachdem er ihn wiederholt auf den
Boden gesetzt hatte. Sogar ein wilder Wolf, der Menschen ange-
griffen und getötet hatte, wurde unter Franziskus' liebevoller Führung wieder friedfertig.

Franziskus verfasste zahlreiche Gebete und Meditationen, unter anderem den berühmten »Sonnengesang« sowie das »Friedensgebet«:

O Herr, mache mich zum Werkzeug deines Friedens;
Dass ich Liebe übe, wo man sich hasst,
Dass ich verzeihe, wo man sich beleidigt,
dass ich verbinde, da, wo Streit ist,
dass ich die Wahrheit sage, wo der Irrtum herrscht,
dass ich den Glauben bringe, wo der Zweifel drückt,
dass ich die Hoffnung wecke, wo Verzweiflung quält,
dass ich ein Licht anzünde, wo die Finsternis regiert,
dass ich Freude mache, wo der Kummer wohnt.

Herr, lass mich trachten,
nicht dass ich getröstet werde, sondern dass ich tröste;
nicht dass ich verstanden werde, sondern dass ich verstehe;
nicht dass ich geliebt werde, sondern dass ich liebe.

Denn wer da hingibt, der empfängt;
wer sich selbst vergisst, der findet;
wer verzeiht, dem wird verziehen;
und wer stirbt, erwacht zum ewigen Leben.

Franziskus ging am 4. Oktober 1226 in die geistige Welt hinüber und wurde bereits zwei Jahre später von Papst Gregor IX. heilig gesprochen.

Ich habe den heiligen Franziskus schon oft in der Gegenwart von Klienten beobachtet, die besonders tierlieb sind oder deren Lebensaufgabe damit zu tun hat, diesen wunderbaren Kreaturen zu helfen und sie zu heilen. Er ist bis heute ein leidenschaftlicher Fürsprecher der Tiere und hilft uns, von diesen weisen und sanftmütigen Wesen zu lernen, mit denen wir diesen Planeten teilen.

Der heilige Franziskus hilft bei:
* Kommunikation mit und Heilung von Tieren
* Finden einer sinnvollen Berufslaufbahn
* Umweltschutz

- Finden der eigenen Lebensaufgabe
- Persönlicher und globaler Frieden
- Spirituelle Hingabe
- Jugendliche, die kriminelle Neigungen überwinden wollen

ANRUFUNG

Da der heilige Franziskus so eng mit der Natur und den Tieren verbunden ist, werden Sie in einer natürlichen Umgebung oder in Begleitung Ihres Haustieres oder anderer Tiere die innigste Verbindung zu ihm spüren. Der heilige Franziskus kommt zu jedem, der ihn anruft, besonders wenn Sie bereit sind, Tieren oder der Umwelt zu helfen. Wenn Sie sich in der freien Natur befinden, benutzen Sie alle Ihre Sinne, um die Schönheit um Sie herum zu genießen: Atmen Sie die verschiedenen Düfte ein, lauschen Sie den Geräuschen, fühlen Sie, wie der Wind durch Ihre Haare streicht. Sollten Sie sich gemeinsam mit Ihrem Haustier in einem geschlossenen Raum aufhalten, benutzen Sie auch dort Ihre Sinne, um Einzelheiten zu bemerken. Es geht darum, langsamer und ruhiger zu werden und die Besonderheiten der Natur zu genießen.

Während Sie in diesem Genuss verweilen, bitten Sie mental den heiligen Franziskus, sich zu Ihnen zu gesellen (es ist gut möglich, dass er bereits da ist, bevor Sie ihn überhaupt angerufen haben). Sobald Sie seine Gegenwart spüren, nehmen Sie sich ein wenig Zeit, um freundlich mit ihm zu plaudern, so als würden Sie sich mit einem lieben Freund unterhalten.

Der heilige Franziskus fordert uns immer auf, uns Zeit zu nehmen und den Moment zu genießen, daher müssen Sie sich nicht beeilen, wenn Sie ihn um Hilfe oder um einen göttlichen Auftrag bitten. Genießen Sie einfach die mentale Konversation mit ihm und lassen Sie zu, dass das Gespräch ganz automatisch zu dem Punkt fließt, wo Sie um seine Hilfe bitten. Sobald sich dieses freundschaftliche Band vertieft, werden Sie beginnen, sich gegenseitig zu unterstützen – Sie von der irdischen Ebene und er von seinem himmlischen Zuhause aus.

Heiliger Johannes von Gott

(Christentum/Katholizismus)

Auch bekannt als *João Cidade, Juan Ciudad, Vater der Armen.*

Der heilige Johannes von Gott ist der Patron sowohl der geistig und körperlich Kranken als auch des Krankenhauspersonals; außerdem steht er Buchhändlern zur Seite sowie allen Menschen, die an Herzkrankheiten leiden.

Er wurde 1495 als João (= »Johannes«) Cidade in Portugal geboren. Als er acht Jahre alt war, siedelte seine Familie nach Spanien um. Später arbeitete er als Schäfer, Soldat und reisender Vertreter für Bücher. Im Jahre 1538 hatte er eine göttliche Erscheinung, nachdem er Johannes von Avila über Reue hatte predigen hören. João verschenkte daraufhin all sein Geld und seine Besitztümer, was zur Folge hatte, dass er in die psychiatrische Abteilung des Königlichen Hospitals eingewiesen wurde.

Er empfand seinen Aufenthalt im Hospital als entwürdigend und grausam und beschloss, sein weiteres Leben der Verbesserung der Behandlung in Krankenhäusern zu widmen. Nach seiner Entlassung aus dem Hospital war er jedoch erst einmal obdachlos und desillusioniert, was dazu beitrug, dass er eine sehr starke Empathie für andere obdachlose und ihrer bürgerlichen Rechte verlustig gegangene Menschen entwickelte.

Johannes arbeitete unermüdlich daran, so viele Menschen wie möglich zu erreichen, die unter Krankheiten (geistiger wie auch körperlicher Natur) und Entbehrungen aller Art litten. Am Anfang, als er noch keine andere Unterkunft besaß, stellte er Menschen, die ein Dach über dem Kopf brauchten, wenn das Wetter rau und unfreundlich war, die Veranda eines Freundes zur Verfügung. Das war der Beginn des »Hospitalordens vom heiligen Johannes von Gott«, der heute, 450 Jahre nach seiner Gründung, immer noch Menschen in aller Welt Obdach und Fürsorge bietet. Später baute Johannes in seiner neuen Heimatstadt Granada in Spanien eine Einrichtung auf, wo er sich um arme, obdachlose, kranke und unerwünschte Personen kümmerte, die dort eine Zuflucht fanden.

Johannes war bekannt dafür, dass er immer alles gab, was in seinen Kräften stand: Er ging sogar betteln für Arme, denen das selbst nicht möglich war, und er half, jene zu tragen, die nicht mehr gehen konnten. Sein Motto lautete: »*Arbeite ohne Unterlass. Tue alle guten Taten, die du tun kannst, solange du noch Zeit dafür hast*«, und er war bekannt dafür, anderen zur Seite zu stehen, indem er den Bibelvers zitierte: »*Was immer ihr den geringsten meiner Brüder und Schwestern getan habt, das habt ihr mir getan.*«

Wenn jemand in sein Krankenhaus eingeliefert wurde, so heißt es, dass Johannes oder seine Mitarbeiter ihn wuschen, ihm Nahrung gaben und dann mit ihm beteten. Voller Mitgefühl und Ermutigung hörte er sich die Probleme eines jeden an und bot allen seinen von Herzen kommenden Rat. Viele Menschen waren von seiner Hingabe und tiefen Aufrichtigkeit so beeindruckt, dass sie ihm finanzielle Mittel zur Verfügung stellten oder ihm unentgeltlich bei seiner Arbeit halfen. Sie waren es auch, die ihm den Namen »Johannes von Gott« verliehen.

Johannes nutzte seine Beziehungen zu den Mächtigen des Landes und setzte sich erfolgreich für die Armen ein, um ihre Lebensbedingungen zu verbessern. Dank zahlreicher Spendenbeiträge und der Arbeit freiwilliger Helfer wird die Mission des heiligen Johannes von Gott bis heute auf der ganzen Welt fortgeführt.

Johannes starb am 8. März 1550, in tiefem Gebet versunken, an den Folgen einer Lungenentzündung, nachdem er einen Mann vor dem sicheren Tod durch Ertrinken gerettet hatte.

Der heilige Johannes von Gott ist ein fröhlicher Geselle, der reine Freude ausstrahlt. Ihn einfach nur anzurufen genügt schon, um die Stimmung zu heben und alle depressiven Gedanken verschwinden zu lassen. Er beruhigt jene, die deprimiert oder voller Sorgen sind, und hilft Menschen, sich sowohl körperlich als auch emotional und finanziell sicher und geborgen zu fühlen. Rufen Sie ihn am besten immer sofort beim ersten Anzeichen von Traurigkeit an.

Der heilige Johannes von Gott hilft bei:
- Angstzuständen
- Depression
- Heilung jeglicher Art
- Herzkrankheiten
- Krankenhausaufenthalten
- Steigerung der Lebensfreude
- Spiritueller Hingabe

ANRUFUNG

Der heilige Johannes von Gott kommt zu jedem, der ihn anruft, unabhängig von der religiösen oder spirituellen Orientierung des Betreffenden. Sie brauchen einfach nur seinen Namen zu denken. Sie können ihn auch bitten, Angehörige oder Klienten zu besuchen, die deprimiert sind oder sich Sorgen machen. Oder Sie können das folgende Gebet verwenden, um ihn an Ihre Seite zu rufen:

»Heiliger Johannes von Gott mit dem goldenen Herzen, bitte bring zu mir die Freude Gottes, die du ausstrahlst. Bitte umgib mich mit deiner liebevollen Fürsorge und Aufmerksamkeit. Hilf mir, pessimistische Gedanken und Einstellungen loszulassen und über scheinbare Probleme hinauszuwachsen. Hilf mir, der göttlichen Ordnung zu vertrauen und das Bedürfnis aufzugeben, alles kontrollieren zu wollen. Bitte schenke mir einen von Vertrauen und Glauben erfüllten Geist, ein von Freude erfülltes Herz und eine von Lachen erfüllte Stimme. Bitte leite mich, auf dass ich dein Erbe fortführen kann, anderen zu helfen und Gott zu dienen. Amen.«

Horus

(Ägypten, Griechenland)

Auch bekannt als *Har, Harendotes, Harmakhet, Haroeris, Har-pa-Neb-Taui, Harpokrates, Harseisis, Hor, Horos, Ra-Harakhte.*

Horus ist ein mächtiger falkenköpfiger Sonnen- und Himmelsgott, der Kraft und Sieg repräsentiert. Sein Vater Osiris wurde von seinem Onkel Seth getötet. Seine Mutter Isis holte Osiris auf magische Weise gerade lange genug ins Leben zurück, um Horus zu empfangen. Dann tötete Seth Osiris noch einmal und zerstückelte seinen Körper, damit er nicht wiederbelebt werden konnte. Um Seths mörderischen Absichten zu entgehen, gebar Isis Horus in den Papyruswäldern von Buto und zog ihn dort auf. Isis nutzte die magischen Fertigkeiten, die sie von Ra und Thoth erlernt hatte, um die Sicherheit ihres Sohnes zu gewährleisten.

Als Horus zu einem jungen Mann herangewachsen war, forderte er Seth zum Kampf heraus, um den Tod seines Vaters zu rächen. Während des Kampfes wurde Horus an einem Auge verletzt. Schließlich gewann er jedoch den Thron sowohl von Ober- als auch von Unterägypten. Im Laufe seiner Regentschaft zeichnete sich Horus durch Stärke und Gerechtigkeit aus. Jeder Pharaoh des alten Ägypten wurde im Anschluss daran als lebende Inkarnation von Horus betrachtet.

Horus erscheint als Falke mit einem riesigen Auge (dem unverletzten), das das Dritte Auge der Hellsichtigkeit symbolisiert. Dieses allsehende Auge hilft auch uns, die Wahrheit in allen Situationen zu erkennen.

Meine eigenen Erfahrungen mit Horus (der seit geraumer Zeit einer meiner geistigen Führer ist) haben mir gezeigt, dass er nicht viel spricht, sondern eher ein Mann der Tat ist. Er legt sein Falkenauge über Ihr Drittes Auge, wie eine Linse, die Ihnen eine klarere geistige Sicht aller Dinge vermittelt, die Ihnen am Herzen liegen.

Er hilft Ihnen, die Wahrheit zu erkennen, und zeigt Ihnen, wie die jeweilige Situation geheilt werden kann.

Horus' magisches Heilrezept besteht darin, alle Menschen in der betreffenden Situation durch die Augen der Liebe zu sehen. Sehen Sie sie als liebevolle und reine Wesen – was sie aus geistiger Sicht auch tatsächlich sind.

Horus hilft bei:
- Hellsichtigkeit
- Mut
- Beziehungen zwischen Mutter und Sohn
- Standhaftigkeit
- Stärke
- Physischer und geistiger Sehfähigkeit

ANRUFUNG

Sie können Horus anrufen, damit er Ihnen in Angelegenheiten geistiger oder physischer Sehfähigkeit hilft. Diese Anrufung können Sie entweder mit geschlossenen oder mit offenen Augen durchführen. Sie werden wahrscheinlich ein Kribbeln in Ihrem Kopf verspüren, vor allen Dingen um die Augen herum und zwischen den Augenbrauen, im Bereich des Dritten Auges, während Sie diese Anrufung sprechen:

»Geliebter Horus, bitte leihe mir dein Auge, damit ich klar sehen kann. Ich bitte um deine Unterstützung beim Sehen, sowohl geistig als auch physisch. Öffne mein Drittes Auge, auf dass ich wie du spirituell sehen kann. Öffne mein physisches Auge, auf dass ich so klar sehen kann wie du. Öffne auch das Auge meines Herzens vollständig, auf dass ich die innere Ebene so deutlich erkennen kann wie du. Ich danke dir für klare Sicht. Ich danke dir, dass du mich von aller Angst befreist. Ich danke dir, dass du meine Augen vollkommen öffnest, auf dass ich den köstlichen Anblick von Wahrheit und Schönheit genießen kann.«

Ida-Ten

(Japan)

⋘⎯⎯⎯⎯⎯⎯⋙

Auch bekannt als *Idaten*.

Ida-Ten ist der japanische Gott des Gesetzes, der Wahrheit, der Reinheit, des Sieges in juristischen Angelegenheiten und der Gerechtigkeit. Er beschützt die Klöster und zeichnet sich durch unglaubliche Schnelligkeit aus. Als Sterblicher war er ein gut aussehender junger General, dem es oblag, buddhistische Mönche und den Buddhismus insgesamt zu beschützen. Ida-Ten kann Schutz gegen religiöse Verfolgung bieten und Ihnen helfen, Spott bezüglich Ihrer spirituellen Überzeugungen abzuwehren.

Still und leise flüstert Ihnen diese sanftmütige Gottheit hilfreiche Ratschläge bezüglich juristischer Vorgehensweisen und Manöver zu, die ethisch und moralisch unantastbar, aber gleichzeitig raffiniert und klug sind. Ida-Ten sagt: »*Ich betrachte Gerichtsprozesse als eine Art Sport, bei dem der Gewinner sich durch einen scharfen Verstand auszeichnet und seine Kontrahenten wie in einem Schachspiel durch seine überlegene Strategie besiegt.*«

Ida-Ten hilft bei:
- Gerechtigkeit
- Gewinnen von Gerichtsprozessen
- Schutz gegen Verfolgung aus religiösen oder spirituellen Gründen
- Schutz spiritueller Zentren
- Problemen mit der Wahrheit

ANRUFUNG

Sie können Ida-Ten zum Beispiel auch nach einer Meditation anrufen, um die positive Energie zu versiegeln. Sagen Sie innerlich zu ihm:

»Edler Ida-Ten, all-liebende und schützende Macht von oben, bitte umgib jetzt mein spirituelles Projekt mit deinem liebenden Schutz. Schirme mich ab von jeglicher Form von Angst, auf dass mir harsche Behandlung oder Worte erspart bleiben. Halte mich davon ab, irgendwelche Urteile zu fällen, und hilf mir, meinen Weg in Wahrheit zu gehen und Streitigkeiten zu vermeiden. Mein wahrer Wunsch ist Frieden, Ida-Ten. Danke.«

Ishtar

(Assyrien, Babylonien, Mesopotamien)

Auch bekannt als *Absus, Inanna*.

Als babylonische Mutter- und Kriegsgöttin mit unterschiedlichsten Eigenschaften, die von Sanftmut bis zu mütterlichem Schutz reichen, wird Ishtar auch angerufen, um physische Schmerzen und Krankheiten zu heilen. Ishtar wird mit der Venus assoziiert und manchmal heißt es sogar, sie sei die Verkörperung des Planeten Venus selbst. Ishtar stellt ihre Sinnlichkeit offen zur Schau, was der Grund dafür ist, warum sie von Fundamentalisten verschiedenster Richtungen verurteilt und abgelehnt wurde.

Als ich Ishtar anrief, sah ich vor meinem inneren Auge ein Bild von mir selbst mit unzähligen Ameisen, die um meine Füße krabbelten. Ishtar zeigte mir, dass niedere Energien oder Gedankenformen einem Heer von Ameisen und anderen Insekten gleichen, die auf dem Boden krabbeln – ablenkend und irritierend, wenn sie einem über die Füße kriechen, doch letzten Endes nicht gefährlich.

Dann hüllte sie mich von Kopf bis Fuß in einen Lichtstrahl, der einen Kreis um mich bildete, so als stünde ich unter einer Dusche aus strahlendem Licht. Die Ameisen wurden von diesem Licht fern gehalten. Sie krabbelten bis an den Rand des Lichtscheins und prallten dann zurück, als wären sie gegen eine Wand aus Glas gelaufen.

Ishtar sagte: »*Gestatte mir das Vergnügen und die Ehre, dich in diese Robe aus Licht zu hüllen. Ich stehe dir zu Diensten, denn ich weiß, dass es die edelste aller Aufgaben ist, Strahlen des Lichts auszusenden, um die Schatten zu vertreiben und die göttliche Weisheit erstrahlen zu lassen. Ich bin hier, um durch meine schützende Hand Schmerz, Leid und Trauer zu lindern und zu beseitigen.*

Gestatte mir, dich mit meinen Lichtschranken zu schützen,

*durch die nur das Licht der Liebe hindurchscheinen kann, und
alle Negativität abzuwehren. Ein positiver neuer Tag leuchtet dir
entgegen, während du von meiner Robe aus liebevollem Licht
umhüllt bist. Trinke dieses Licht in vollen Zügen, geliebtes Wesen. Lösche den Durst deiner Seele, befreit von jeglicher Angst.«*

Ishtar hilft bei:
- Liebesbeziehungen und Ehen
- Sexualität, Empfängnis und Elternschaft
- Mitgefühl
- Allen Arten von Heilung
- Sanftmut
- Schutz gegen niedere Energien
- Vermeidung oder Beendigung von Krieg
- Wetter- und Klimaproblemen

ANRUFUNG

Zünden Sie eine weiße Kerze an und blicken Sie in die Flamme
oder auch in irgendeine andere Lichtquelle, während Sie zu Ishtar
sprechen. Die folgende Anrufung ist besonders dann empfehlens-
wert, wenn Sie eine negative Situation erlebt haben und deren
Nachwirkungen abschütteln wollen:

»Göttliche Ishtar, ich stehe jetzt neben dir in deinem Kegel aus
weißem Licht. Danke, dass du mich in dieses Licht hüllst und
mich mit der Energie der Liebe erfüllst. Ich dürste nach dieser
Liebe; bitte stille meinen Durst. Beseitige alle Ängste in mir und
befreie mich auch von den ängstlichen Gedanken anderer. Interveniere bei allen, die an dieser Situation beteiligt sind, und
beseitige alle negativen Gefühle. Ich bin jetzt frei, und alle anderen an der Situation Beteiligten sind ebenfalls frei. Dies ist die
Wahrheit. Danke, Ishtar.«

Isis

(Ägypten)

⌁

*Auch bekannt als Göttliche Mutter, Göttin der Mysterien,
Göttin der Natur, Isis Myrionymos, Herrin der Magie,
Herrin der Hermetischen Weisheit.*

Isis ist eine multifunktionale ägyptische Mondgöttin, die Weiblichkeit, Mutterschaft, Magie, Heilung und Macht verkörpert. Sie heiratete ihren Bruder Osiris und machte es sich zur Aufgabe, den Frauen überall in Ägypten häusliche Fertigkeiten beizubringen. Während sie in dieser Mission unterwegs war, wurde Osiris von ihrem Bruder Seth ermordet. Nachdem sie den Mord entdeckt hatte, gelang es Isis, ihren Mann von den Toten zu erwecken, und sie empfing einen Sohn von ihm, den sie Horus nannte.

Isis gilt als die ursprüngliche Hohepriesterin der Magie. Die Legende besagt, dass Isis Ra dazu brachte, ihr seinen geheimen Namen zu offenbaren. Dadurch wurden ihr automatisch die Gesetze der Magie zugänglich. (Thoth, der Gott der Hohen Magie, half ihr, ihr Wissen zu verfeinern und entsprechend zu lenken.) Es heißt, dass Isis mit Hilfe eines Zauberstabs Magie wirkte und heilte und dass sie Rasseln benutzte, um negative Energien und niedere Geistwesen zu bannen.

Isis gilt auch als Königin der Unterwelt, was sowohl auf die Wiederbelebung ihres toten Ehemanns zurückzuführen ist als auch darauf, dass sie generell Verstorbene auf ihrem Weg in die Unterwelt begleitet. Ihre schützenden Flügel sind auf jedem ägyptischen Sarkophag eingemeißelt, da sie Isis' Fähigkeit symbolisieren, die Seelen der Toten zu erneuern.

Als ich Isis anrief, hörte ich sie sagen: »*Ich bin Isis, ägyptische Königin des Nils!*« Und da war sie: eine wunderschöne Frau, eingehüllt in einen Umhang mit riesigen Vogelschwingen, die ausgebreitet der Spannweite eines riesigen Adlers entsprachen. Sie war ungeheuer feminin, sehr schlank und feingliedrig – der Inbegriff exklusiver Eleganz. Sie beobachtete fortwährend ihre Umgebung und sah alles, wie ein Habicht. Ich bemerkte sofort, dass sie eine unverblümte, direkte Art hatte, die ihre starken Führungsqualitäten zum Ausdruck brachte.

Sie sagte: »*Habt Geduld mit euch selbst, während ihr noch im Wachsen und Lernen begriffen seid. Seid euch selbst dankbar für jeden noch so kleinen Schritt, den ihr auf dem Weg zur Erkenntnis voranschreitet. Auch wenn euch diese Schritte unbedeutend erscheinen mögen, sind sie in Wahrheit doch Meilensteine für euer inneres Selbst. Feiert jeden Schritt. Indem ihr jede Aufgabe würdigt, die ihr vollbringt, jede Freundlichkeit, die ihr anderen zukommen lasst, alles, was ihr an Gutem tut – wie gering es euch auch erscheinen mag –, werdet ihr bald feststellen, dass das Leben eine festliche Qualität annimmt. Das ist die Antithese zur Trennung vom Göttlichen und es ist euer magisches Elixier für alle Zeit.*«

Eine Freundin von mir hatte 1999 während einer Reise nach Ägypten eine tief beeindruckende Begegnung mit Isis und arbeitet seither aktiv mit ihr zusammen. Sie erzählte mir:

»In der Nähe des Tempels der Isis in Ägypten machte ich die Erfahrung der Einheit mit allem Leben. Ich konnte den Erdboden, die Kieselsteine, das Gras, den Nil, die Bäume und alles um mich herum sprechen hören. Ich hörte, wie diese Stimmen mir sagten: ›Willkommen daheim! Willkommen daheim! Du bist wieder nach Hause zurückgekehrt. Dies ist der Ort, wo du vor vielen, vielen Lebzeiten gewohnt hast!‹

Dann erhielt ich eine Botschaft, in der ich aufgefordert wurde, mich zu meinem wahren Wesen zu bekennen und mit meiner Arbeit zu beginnen. In diesem Augenblick wusste ich, dass ich die Energie der Göttin Isis in mir trug, die ich während meiner letzten Inkarnation auf der Erde zurückgelassen hatte. Die Isis-Energie ist die Energie der Göttlichen Mutter – die liebevolle und nährende Kraft, die alle Verkörperungen der Göttlichen Mutter in sich tragen und die alles umfasst. Dies kann ich zuweilen spüren, wenn mein Herz und mein Energiefeld sich vollkommen öffnen und alles Leben mit Liebe und Mitgefühl umgeben. Mein tägliches Gebet gilt Liebe, Frieden, Verständnis und Respekt zwischen allen Kulturen, Rassen, Religionen und allem Leben schlechthin.

Ich verabscheue jede Form von Disharmonie, da sie mein Energiefeld vollkommen aus dem Gleichgewicht bringt.«

Isis hilft bei:
- Göttlicher Magie
- Weiblicher Stärke, Macht und Schönheit
- Freude
- Selbstachtung

ANRUFUNG

Stellen Sie sich Isis vor, wie sie mit ausgebreiteten Schwingen hinter Ihnen steht und Ihnen das Gefühl gibt, Sie hätten selbst Flügel. Während Sie atmen, fühlen Sie, wie die Göttin Ihnen ihre Macht einflößt. Spüren Sie die liebevolle und anmutige Energie ihrer Kraft. Machen Sie sich das köstliche Gefühl von Frieden bewusst, während Sie sagen:

»Herrliche Isis, Göttin der friedlichen Kraft, bitte flöße mir deine anmutige Kraft und deine liebevolle Zuversicht ein. Hilf mir, so zu sein wie du: kultiviert, gelassen, zuversichtlich und liebevoll. Hilf mir, in allem, was ich tue, wie ein Adler hoch in die Lüfte aufzusteigen und dabei andere zu inspirieren und ihnen zu helfen. Danke.«

Isolt

(Keltische Tradition)

Auch bekannt als *Esyllt, Iseult, Isolde, Ysolt, Ysonde.*

Isolt ist die Göttin der Liebe und Leidenschaft in Beziehungen. Sie fördert die sexuelle Befriedigung und unterstützt all jene, die ihre Seelengefährten suchen.

Prinzessin Isolt war die Tochter eines irischen Königs während der Herrschaft von König Artus am Hofe von Camelot. Die verschiedenen Legenden über ihre leidenschaftliche und tragische Beziehung zu Tristan, dem Prinzen von Cornwall, machten Isolt zur Göttin und Schutzherrin der Verliebten.

Ich rief Isolt an, während ich an einem nebligen Morgen hoch über der Irischen See in einem aufgestellten Boot saß, das in einen Schrein verwandelt worden war. Bevor sich an diesem Tag irgendeine Wesenheit bereit erklärte, mit mir zu sprechen, baten mich die Feen, zuerst den Abfall zu beseitigen, den jemand achtlos auf den Sand geworfen hatte. Erst nachdem ich dieser Aufforderung nachgekommen war, gaben sie den Weg frei für meine Kommunikation.

Darauf rief ich Isolt an, die Göttin der Leidenschaft und Sexualität. Mir wurde gesagt, sie befände sich außer Reichweite »auf einer sehr hohen Frequenz«. Als ich sie immer weiter anrief, wurde mir schließlich vor meinem inneren Auge ein Regenbogen gezeigt, von dessen Unterseite Strahlen wie Blitze in alle Richtungen ausgingen. »Isolt ist ein Lichtstrahl«, wurde mir gesagt, »himmlische Energie voll tiefer, wahrer, spielerischer und alles verzehrender Liebe. Streu sie wie Zucker auf jede Gelegenheit«, ließ man mich freundlich wissen.

Isolt ist weniger ein persönliches göttliches Wesen als vielmehr ein Energiestrahl, der sich ausbreitet, wenn wir mit ihm in Kontakt treten. Mir wurde mitgeteilt, dass wir diese Energie für unser Liebesleben nutzen können, wann immer und so oft wir wollen.

Sie ist heilend und wirkt wie ein Aphrodisiakum in ihrer Macht, Liebe anzuziehen.

Isolt hilft bei:
• Heilung nach Trennungen und Scheidungen
• Wiederentfachen der Leidenschaft
• Finden einer Liebesbeziehung

ANRUFUNG

Legen Sie die Hand auf Ihre Brust und fühlen Sie, wie Ihr Herz schlägt. Stellen Sie sich regenbogenfarbene Energiestrahlen vor, die von Ihrer Hand ausgehen und Ihr Herz umkreisen. Dann rufen Sie Isolt an:

>Liebevolle Isolt, bitte schicke leidenschaftliche Energie, erfüllt von reiner und romantischer Liebe, durch meine Hand und in mein Herz. Ich danke dir, dass du alles heilst, was mich davon abhalten könnte, Leidenschaft und Liebe uneingeschränkt zu genießen. Danke, dass du mein Herz für wahre Liebe öffnest.«

Jesus

(Jüdisch-christliche Tradition)

Auch bekannt als *Jeshua, Heiland, Jesus Christus, Christus, Sananda.*

Alles, was wir über Jesus von Nazareth wissen, ist in den vier Evangelien und den Briefen des Apostels Paulus im Neuen Testament enthalten. Da die Evangelien siebzig oder mehr Jahre nach dem physischen Tod von Jesus verfasst wurden, darf man getrost davon ausgehen, dass keiner der Autoren Jesus persönlich gekannt hat. Das heißt, dass ihre Berichte und Erzählungen auf Informationen aus zweiter (oder dritter und vierter) Hand stammen, die über die Jahre weitergegeben wurden. In den Aufzeichnungen der Geschichtsschreiber jener Zeit wird Jesus kein einziges Mal erwähnt. Dennoch ist die ungeheure Wirkung, die dieser Mann auf die Menschheit hatte und immer noch hat, unbestreitbar. Vieles in der westlichen Welt – vom gregorianischen Kalender bis zu den verschiedenen religiösen Institutionen, von unseren Werten und Glaubensvorstellungen bis hin zu einfachen alltäglichen Gepflogenheiten, beruht in irgendeiner Weise auf seinem Leben.

Viele Menschen berichten davon, dass sie Erscheinungen von Jesus hatten und daraufhin eine wundersame Heilung erfahren haben. In meinen beiden Büchern *Engel-Gespräche* und *Neue Engel-Gespräche* sind verschiedene Geschichten über die wunderbaren Kräfte Jesu enthalten.

Viele Menschen haben sich damit beschäftigt, wie Jesus Krankheiten heilte, und erzielen mit der Anwendung dieser Prinzipien eindrucksvolle Resultate. Viele christliche Kirchen betonen Jesu Lehren bezüglich Liebe und Vergebung als Mittel, um Krankheiten jeder Art und das Böse in der Welt zu heilen.

Weit verbreitet ist der Glaube, dass Jesus über die Welt und ihre Bewohner wacht und dafür sorgt, dass uns kein Schaden zustößt.

In New-Age-Kreisen wird davon ausgegangen, dass Jesus der Führer der Großen Weißen Bruderschaft ist, einer Gruppe hervorragender geistiger Lehrer und Heiler, die die spirituelle Renaissance auf unserem Planeten überwachen.

Ich persönlich habe mein Leben lang häufig Erfahrungen mit Jesus gemacht. Ich rufe ihn vor jeder Heilungssitzung an und habe immer wieder festgestellt, dass er unter meinen Freunden in der geistigen Welt der größte Heiler ist. Seine Macht kommt allen Menschen zugute, unabhängig von ihrem religiösen oder geistigen Hintergrund, und zeichnet sich durch bedingungslose Liebe aus, die jeden heilen kann, der unter Schuldgefühlen, Angst oder tief sitzendem Groll leidet.

Jesus hilft bei:
- Klarer Kommunikation mit Gott
- Göttlicher Führung und Weisung
- Angelegenheiten des Glaubens
- Vergebung
- Heilung jeder Art
- Manifestation
- Wundern

ANRUFUNG

Stellen Sie sich Jesus vor, wie er vor Ihnen steht. Senden Sie ihm aus Ihrem Herzen so viel Liebe, wie Sie fühlen und sich vorstellen können. Achten Sie darauf, was dann geschieht: Die Liebe kommt um ein Vielfaches verstärkt zu Ihnen zurück. Fahren Sie fort, diese Liebe zu senden und zu empfangen, und achten Sie dabei auf Ihren Atem, um sicherzugehen, dass Sie diese heilende Energie vollständig einatmen.

Erzählen Sie Jesus dabei alles, was Ihnen auf dem Herzen liegt, egal wie unbedeutend oder wichtig es sein mag. Öffnen Sie ihm Ihr Innerstes und enthüllen Sie ihm Ihre tiefsten Geheimnisse – Jesus ist vollkommen vertrauenswürdig und wird diese Informationen immer auf positive Weise nutzen. Dann bitten Sie ihn, zu intervenieren und Ihnen zu zeigen, wie Sie die Situation heilen können. Sagen Sie ihm nicht, auf welche Weise die Heilung erfolgen soll; machen Sie sich einfach nur bewusst, dass sie in seinen liebevollen Händen liegt und dass er direkt mit Gott zusammenarbeitet, um eine friedliche Lösung für alle an der Situation Beteiligten zu finden. Danken Sie Jesus in Ihrem Herzen und lassen Sie los.

Kali

(Hinduismus; Indien)

Auch bekannt als *Schwarze Mutter, Kali-Ma, Raksha-Kali*.

Kali ist ein Aspekt von Devi, der höchsten hinduistischen Göttin. Kali ist die Göttin, die das Ende eines Zyklus repräsentiert, die Energie des Todes und der Transformation, die das Alte auflöst und das Neue bringt. Manche Menschen fühlen sich von der scheinbar destruktiven Macht Kalis bedroht; in Wahrheit ist sie jedoch eine liebevolle Energie, die uns hilft, uns von Angst zu befreien. Sie zerstört nur das, was uns in Unfreiheit halten würde oder was die Erfüllung unserer göttlichen Mission aufhalten oder ablenken könnte – so wie eine liebende Mutter ihren Kindern gefährliche Gegenstände wegnimmt, damit sie sich damit nicht verletzen.

Kali besitzt die Persönlichkeit einer tatkräftigen, hoch-energetischen Frau, die sich auf einer klaren Mission befindet. Sie ist einer Mutter vergleichbar, die genau weiß, was getan werden muss, und die keine Zeit hat, darüber zu diskutieren. Sie sagt: »*Viele fühlen sich von meiner leidenschaftlichen Kraft überwältigt und vergleichen mich mit einem Wirbelsturm des Zorns. Sie nennen mich wankelmütig, launenhaft und rachsüchtig. Tatsächlich ist meine Energie nicht ungefährlich, da es sich bei ihr um eine entfesselte Urkraft handelt.*

Wenn du nicht bereit bist, mich zu unterstützen, oder nicht zulassen kannst, dass ich dir helfe, dann sieh zu, dass du mir zumindest nicht im Weg stehst. Wenn du mich anrufst, mach dich bereit für ungezügelte Aktion. Es mag dir so vorkommen, als würde ich dich zu schnell vorantreiben, und es mag dir gefährlich und unsicher erscheinen. Doch ich versichere dir, dass ich dir nur durch Türen helfe, die sich dir öffnen, damit du als Lichtwesen auf deinem Weg vorankommst. Wir haben viel aufzuholen (bezüglich der irdischen Mission) *und jedes Zaudern verzögert unsere Bemühungen nur noch weiter.*

Zögere nicht, verschiebe nichts auf morgen und fürchte dich nicht vor der Veränderung, die stets mit Fortschritt verbunden ist. Hab keine Angst, falsche Entscheidungen zu treffen, sondern fürchte dich eher davor, in einem Zustand der Unentschiedenheit zu leben. Ich bin Kali, zielbewusster Fokus voll feuriger Leidenschaft und tiefem Mitgefühl für alle Dinge.«

Kali sagte mir, dass sie schon oft als Hexe oder Miststück bezeichnet wurde – was sicher vielen Frauen bekannt vorkommt –, während sie in Wahrheit einfach nur kraftvoll und unerschütterlich ist.

Kali hilft bei:

- Mut
- Entschiedenheit
- Richtung
- Fokus
- Motivation
- Schutz
- Beharrlichkeit

ANRUFUNG

Kali kommt sofort, wenn Sie ihren Namen denken: »Kali, Kali, Kali.« Sie erscheint wie ein plötzlicher kraftvoller Sturm, mit Zielgerichtetheit und wilder Entschlossenheit. Sie hat die Fähigkeit, die wahren Ursachen jedes Problems zu erkennen, das man ihr präsentiert. Wenn Sie ihr also beispielsweise sagen, dass Sie Hilfe in Ihrem Liebesleben brauchen, wird Kali die Dinge sehen, die der Situation an ihrer Wurzel zugrunde liegen. Sie wird Ihnen daraufhin sehr klare, eindringliche Anweisungen geben, ohne ein Blatt vor den Mund zu nehmen.

Krishna

(Hinduismus; Indien)

Auch bekannt als *Der Göttliche.*

Die hinduistische Dreifaltigkeit besteht aus Brahma, Shiva und Vishnu, den drei Göttern, die das Leben auf der Erde erschaffen, schützen und überwachen. Der Gott Vishnu inkarniert sich immer dann auf Erden, wenn er gebraucht wird, um bestimmte Dinge in Gang zu setzen. Krishna war die achte Inkarnation (auch *Avatar* genannt) von Vishnu.

Krishna inkarnierte um Mitternacht am achten Tag des *Bhadrapada* (Sanskrit-Wort für »Spätsommer«), irgendwann zwischen 3200 und 3100 v. Chr. Er brachte den Menschen die Bhagavad Gita, den wichtigsten spirituellen Text des Hinduismus. Heute ist Krishna eine der beliebtesten Gottheiten Indiens.

Zahlreiche Legenden stellen ihn als eine romantische Figur dar und viele Abbildungen zeigen ihn und seine Partnerin Radha (eine der Inkarnationen der Göttin Lakshmi) als glückliches Liebespaar.

Krishna ist ein Überbringer von Freude und Glück. Wenn Sie ihn anrufen, werden Sie höchstwahrscheinlich eine Welle warmer, liebevoller Energie im Bauch und im Herzen fühlen. Er sagt: »*Unterschätze nie die heilende Kraft der Liebe. Ihre Tiefen reichen weiter als die tiefsten Tiefen der Ozeane und es gibt kein Hindernis und keine Grenze, die sie nicht überwinden kann. Benutze diese Kraft in deinem Herzen, die ewig ist und die du nie zurückhalten musst, denn sie ist ein ständig sich erneuernder Quell, den du wieder und wieder verschenken kannst. Umhülle jede Situation mit Liebe und genieße die Resultate, die dir unfehlbar zuteil werden.*«

Krishna hilft bei:
- Reinigen und Segnen von Nahrungsmitteln
- Gärten, Feldern und Blumen

- Freude
- Beziehungen allgemein
- Liebesbeziehungen
- Spirituellem Erwachen

ANRUFUNG

Krishna liebt es, sich mit den Menschen durch das Opfern und Segnen von Nahrung zu verbinden. Bevor Sie etwas essen, betrachten Sie die Speise und rufen Sie innerlich Krishna an. Sagen Sie ihm, dass die Speise Ihre Opfergabe für ihn ist. Wenn er Ihr Geschenk annimmt, wird er die Nahrung mit seiner spirituellen Energie segnen und reinigen. Danken Sie ihm und nehmen Sie dann seine Segnung in sich auf, indem Sie die Speise langsam essen und jeden Bissen genießen, wobei Sie mental mit ihm in Kontakt bleiben können. Sie werden feststellen, dass die Erfahrung vergleichbar ist mit der Anwesenheit eines weisen Tischnachbarn, der Ihnen höchste Weisheit und göttlichen Rat offeriert.

Kuan Ti

(China)

Auch bekannt als *Kuan Jung, Kuan Yu.*

Kuan Ti ist ein chinesischer Kriegergott, der in Aktion tritt, um Krieg zu verhindern. Er besitzt prophetische Kräfte, mit denen er die Zukunft voraussagen kann, und er beschützt die Menschen vor niederen Geistwesen.

Während seiner menschlichen Inkarnation war Kuan Ti ein chinesischer Kriegsheld und General der Han-Dynastie, der für seine strategischen Fähigkeiten und intelligenten Entscheidungen weithin bekannt war. Zusammen mit dem Erzengel Michael arbeitet er daran, im Bereich von Regierungssystemen für Gerechtigkeit zu sorgen.

Er sagt: »*Die Männer in Machtpositionen spielen ein gefährliches Spiel mit ihrem Säbelrasseln. Wenn diese dramatischen Aktionen nicht eingestellt werden, können sie zu Kriegen von ungeahnten Ausmaßen führen. Das sind nichts als Machtspiele der Herrschenden, doch von der allergefährlichsten Art. Die Bevölkerung muss intervenieren und nach friedlichen Vorgehensweisen verlangen, statt diese gefährlichen Tricks zu dulden, bei denen es nur darum geht, Macht und Reichtum an sich zu reißen. Ich werde gemeinsam mit euch dafür sorgen, dass alle angstbesessenen Führer durch solche ersetzt werden, die aus Weisheit und Verständnis heraus handeln. Das ist die einzige Alternative.*«

Als ich Kuan Ti um Rat bat, wie Krieg verhindert und weltweiter Frieden geschaffen werden kann, erwiderte er mit kraftvoller Energie: »*Heute werden innere Soldaten gebraucht – Menschen, die ihrem inneren Führer folgen, die die Befehle ihres inneren Kommandeurs ausführen und sich nicht um Verweise und Tadel von außen sorgen. Die einzige Autorität, die deinen Gehorsam verdient, ist der mächtige General in deinem Inneren. Auf diese*

*Weise wird sich die Wahrheit durchsetzen und es wird möglich,
dass Frieden auf diesem Planeten einkehrt.«*

Kuan Ti hilft bei:
- Gerechtigkeit und Freiheit für fälschlich angeklagte Gefangene
- Juristischen Angelegenheiten
- Prophezeiungen über Weltereignisse
- Größere Genauigkeit und Details im Bereich außersinnlicher Fähigkeiten
- Reinigung von Räumen
- Freisetzen gebundener Geister
- Vermeiden und Beenden von Krieg

ANRUFUNG

Rufen Sie Kuan Ti an, wenn Sie sich Sorgen machen aufgrund von Weltereignissen, besonders dann, wenn diese mit Unfrieden und Krieg zu tun haben. Sagen Sie innerlich:

»Kuan Ti, ich bitte um deine Weisheit und deinen Rat bezüglich *(beschreiben Sie ihm die Situation).* Danke für deine Intervention und dafür, dass du eine friedliche Lösung durch den Einsatz von Weisheit und Verständnis ermöglichst. Danke, dass du den an der Situation beteiligten Führern beistehst, sie berätst und ihnen hilfst, ihre Macht weise und zum Segen aller einzusetzen.«

Kuan Yin

(Asien)

‿◦⟡◦‿

Auch bekannt als *Kwan Yin, Quan Yin, Guanyin, Quan'Am, Kannon, Kanin, Kwannon.*

Kuan Yin ist die chinesische Göttin der Barmherzigkeit, des Mitgefühls und des Schutzes und ihr Name bedeutet »Sie, die Gebete erhört«. Kuan Yin hört und beantwortet tatsächlich jedes Gebet, das an sie gerichtet wird. Sie ist eine der beliebtesten und populärsten asiatischen Gottheiten.

Kuan Yin ist sowohl eine Göttin als auch ein *Bodhisattva*, ein »erleuchtetes Wesen«. Bodhisattvas könnten Buddhas werden und ins Nirwana eingehen, doch hegen sie eine solch tiefe Liebe für die Menschheit, dass sie nach Erlangen der Erleuchtung die Entscheidung treffen, so lange in menschlicher Form zu bleiben, bis jeder Mensch erleuchtet ist. Kuan Yin widmet sich mit all ihrer Kraft der Aufgabe, uns zu helfen, damit wir uns für unsere spirituellen Gaben öffnen und die Erleuchtung erlangen, sowie das Leid der Welt zu lindern. Es heißt, dass allein das Aussprechen ihres Namens Schutz vor Schaden jeglicher Art garantiert.

Kuan Yin wird oft als »Mutter Maria des Ostens« bezeichnet, da sie die weibliche Seite der göttlichen Energie im Buddhismus repräsentiert, so wie Maria die Energie liebevoller Weiblichkeit in der christlichen Religion verkörpert. Kuan Yin lehrt uns, ein Leben der »Harmlosigkeit« zu führen und mit großer Umsicht daran zu arbeiten, das Leiden in der Welt zu mindern, anstatt es durch unüberlegte Handlungen in irgendeiner Weise zu vergrößern.

Unter Umständen werden Sie die Farbe Rot sehen, wenn die Göttin in Ihrer Nähe ist, oder es kann sein, dass plötzlich wie aus dem Nichts ein rötlicher Nebel erscheint oder rote Funken überall zu blinken scheinen.

Eine Frau namens Mary Urssing erzählte mir folgende Geschichte von ihrer Begegnung mit Kuan Yin:

»Ich war im Urlaub auf Hawaii und hatte mir einen Anhänger gekauft, auf dem Kuan Yin abgebildet war. Sobald ich die Kette umgelegt hatte, fing ich an, sie in einer weichen, asiatischen Stimme zu mir sprechen zu hören.

Am letzten Morgen meiner Ferien weckte Kuan Yin mich auf und sagte mir, ich solle nach draußen gehen. Ich setzte mich auf unsere Veranda, doch das war offenbar nicht das, was sie im Sinn hatte. Sie forderte mich auf, einen Spaziergang zu machen. Dabei sah ich vor mir auf der Erde eine duftende rosafarbene Plumeria-Blüte liegen, für mich ein Symbol der Liebe. Normalerweise hätte ich diese Blüte aufgehoben und in mein Haar gesteckt, doch heute war irgendwie alles anders. Ich nahm sie und hielt sie einfach nur in der Hand.

Als ich mich bei meinem Spaziergang einem Wasserfall näherte, hörte ich, wie Kuan Yin mir sagte, dass ich mich dort einer Initiation der Selbstliebe unterziehen könne. Der Augenblick fühlte sich sehr heilig an und war voller Intensität. Ich war bereit für die Initiation und wurde aufgefordert, mich in eine Felshöhle unter dem Wasserfall zu stellen, eine Art schützenden Kokon. Ich wurde von Kuan Yin aufgefordert, wirkliche Liebe für mich selbst zu fühlen. Plötzlich wurde ich durchglüht von dieser Empfindung, die unvergesslich mein ganzes Sein erfüllte. Wenn ich versuche, dieses Erlebnis in Worte zu kleiden, scheinen sie zu klein, um dieser besonderen Energie gerecht zu werden.

Während ich diese Energie in mir aufnahm, wurde ich gebeten, sie mit einem Symbol zu versiegeln, das ich selbst für diesen Augenblick gewählt hatte – die Plumeria-Blüte. Als ich die Blume in den Wasserfall warf, um mein Ritual abzuschließen, beobachtete ich, wie sie versank, und im gleichen Augenblick nahm das Wasser die Farbe eines tiefen, leidenschaftlichen Rot an!

Das alles transformierte mich auf der Stelle und ich wusste, dass die Zeit gekommen war, mich selbst und meine Kraft endlich voll zu würdigen.

Später an diesem Tag erzählte ich meiner Freundin Marlies, dass ich ein äußerst erstaunliches Erlebnis unter einem Wasserfall gehabt hatte. Sie fragte: ›War es der Kuan-Yin-Wasserfall?‹ Ihre Frage überraschte mich und ich bat sie, mir mehr darüber zu erzählen. Sie erklärte, dass sich bei einem der Wasserfälle auf der Insel eine Statue von Kuan Yin befand. Und was soll ich sagen – als ich am späten Nachmittag noch einmal zu dem Ort meiner Initiation ging und nachschaute, fand ich sie tatsächlich – eine wunderschöne Statue von Kuan Yin, versteckt auf einem Steinvorsprung in der Höhle unter dem Wasserfall. Sie hatte mich zu ihrem Heiligtum gerufen!«

In Kona auf Hawaii gibt es viele schöne Statuen von Kuan Yin. In der Nähe einer dieser Statuen, die sie mit einer Lotosblume in der Hand darstellt, sagte sie Folgendes zu mir: »*Hier sind meine heiligen Anweisungen: Zunächst einmal seid barmherzig zu euch selbst. Ihr habt schon viel erduldet und es stehen euch noch unzählige Lektionen bevor. Nur durch eine sanfte Berührung wird das Nirwana enthüllt. Bemüht euch um Größe, doch immer auf sanfte Weise. Sucht nicht nach Gelegenheiten, sondern lasst sie zu euch kommen, so sanft wie eine Lotosblume, die in einer sanften Brise auf den Wellen des Wassers treibt. Gebt euch Mühe, doch treibt euch nicht zur Eile – genießt die Reise, auf die ihr euch begebt. Jeder Schritt auf dem Weg ist ein Fest – ein Zelebrieren der Bewegung, die selbst schon ein Wunder ist. Erfreut euch an der Göttlichkeit in eurem Innern, im Innern eines jeden von euch. Tadelt euch nicht wegen eurer Irrtümer und Fehler, sondern lacht darüber und lernt aus ihnen.*

Du, mein liebes Kind, machst es genau richtig – tatsächlich sogar ganz vortrefflich! Wollte ich dir irgendwelche Worte der Weisheit geben, so wäre es nur ein einziges, das für mich die Liebe auf dieser irdischen Ebene am besten verkörpert: Mitgefühl. Über Scham und Schuld und Verlegenheit hinauszuwachsen und sich in Richtung Akzeptanz zu bewegen, nicht nur der ›guten‹ Aspekte deines eigenen Wesens und dem anderer Menschen, sondern von allem, was ist – glaub mir, das ist wunderbar und richtig. Wenn du dies als ewige Wahrheit akzeptieren kannst, wird dir das Glück mit der Schnelligkeit eines geflügelten Pferdes entgegenkommen. Mach dir bewusst, dass dies die Wahrheit ist. Jetzt, in diesem Augenblick, und auf ewig.

Weisheit ist das Resultat von Innehalten und Lauschen, nicht von hektischer Eile. Ein stilles Herz ist leichter empfänglich für Liebe und Informationen als ein gehetztes. Tue heute etwas Ein-

faches: Pflücke eine Blume und schau sie dir genau an, ohne ir-gendwelche Absichten. Sei leer. Sei offen. Und wisse, dass alles, was deines Weges kommt, gut ist und eine Lektion für dich bein-haltet – jetzt und immerdar.«

Kuan Yin hilft bei:
- Hellsichtigkeit
- Mitgefühl
- Weiblicher Anmut, Schönheit und Kraft
- Liebenswürdigkeit, Sanftmut und Zärtlichkeit sich selbst und anderen gegenüber
- Empfangen und Geben von Liebe
- Barmherzigkeit
- Entwicklung musikalischer Fähigkeiten (insbesondere Singen)
- Schutz – vor allen Dingen für Frauen und Kinder
- Spiritueller Erleuchtung und geistigen Gaben

ANRUFUNG

Kuan Yin hört und beantwortet unsere Gebete immer und es ist kein spezielles Ritual erforderlich, um Kontakt mit ihr herzustel-len. Unter Umständen werden Sie jedoch eine stärkere Verbin-dung zu ihr spüren, wenn Sie Blumen zu Hilfe nehmen. Halten Sie zum Beispiel eine Blüte in der Hand, schauen Sie eine knospende Pflanze an oder einen Blumenstrauß, zeichnen oder betrachten Sie ein Bild, auf dem Blumen dargestellt sind. Menschen, die eng mit Kuan Yin zusammenarbeiten, verwenden oft das Mantra *Om Mani Padme Hum*, was so viel bedeutet wie: »Gepriesen sei das Juwel in der Lotosblüte.«

Hier ist ein Gebet, das Ihnen helfen kann, Kuan Yin anzurufen:

»Geliebte Kuan Yin, bitte höre die Gebete meines Herzens. Bitte enthülle und verstehe meine wahren Bedürfnisse. Ich bitte um deine Intervention in den Bereichen meines Lebens, die mir Schmerzen verursachen. Bitte komm mir zu Hilfe und steh mir bei; leite mich an, damit ich meine Situation in einem neuen Licht der Liebe und des Mitgefühls sehen kann. Bitte hilf mir, so zu sein wie du und ein friedliches und sinnvolles Leben zu führen.«

Kuthumi

(Sikh; Theosophie; New Age)

Auch bekannt als *Mahatma Kuthumi mal Singh, Koot Hoomi, Sirdar Thakar Singh Sadhanwalia, K.H.*

Kuthumi ist das Pseudonym eines spirituellen Führers der Sikh namens Sirdar Thakar Singh Sadhanwalia, der nach Berichten der theosophischen Autoren (sowie des Autors K. Paul Johnson) im 19. Jahrhundert in Indien lebte

Madame Blavatsky begegnete Singh während ihrer ausgedehnten Reisen in Indien, bei denen sie auch jene anderen spirituellen Lehrer traf, die von ihr als »die Mahatmas« bezeichnet wurden und die später als Djwhal Khul, Meister Hilarion und El Morya in ihren Schriften auftauchten. Madame Blavatsky verbreitete die spirituellen Lehren dieser Männer in den USA und schützte ihre wahre Identität durch Pseudonyme. Sie produzierte Briefe von Singh und den anderen Mahatmas, wobei sie zuweilen behauptete, dass sich die Briefe direkt aus dem Äther materialisiert hätten.

Nach dem Tod dieser Lehrer begannen Madame Blavatsky und einige ihrer Anhängerinnen (vor allem Alice Bailey und Elizabeth Clare Prophet), Botschaften dieser Wesenheiten zu channeln. In diesem Zusammenhang wurde auch zum ersten Mal der Begriff »aufgestiegene Meister« benutzt.

Nach Aussage der Theosophen waren sowohl der heilige Franziskus als auch Pythagoras Inkarnationen von Kuthumi.

Als ich Kuthumi anrief, erschien er mir als Zirkusclown! Er sagte: »*Das Leben ist ein Zirkus mit verschiedenen Manegen und es ist entscheidend, dass du dich nicht von den Ereignissen in deiner Umwelt stören lässt. Unverwandte Konzentration und die Bereitschaft, immer nach der höchsten Wahrheit zu suchen, werden dein Bewusstsein von Angst befreien und es mit Frieden erfüllen.*

Lass dich nicht ablenken oder aufhalten. Konzentriere dich nur auf das, was gut ist – auf diese Weise wirst du das Böse in jeder Form überwinden. Erlaube mir, dir zu zeigen, wie du Zugang zu höheren Dimensionen erlangen kannst, wo Frieden für alle erfahrbar ist. Über dem Lärm der irdischen Ebene erreichen wir gemeinsam das Nirwana, jeder für sich, doch Seite an Seite. Deine heiligste Aufgabe besteht darin, Frieden durch wahre Selbsterkenntnis zu lehren.«

Kuthumi hilft bei:
- Hingabe an die persönliche Lebensaufgabe
- Fokus und Konzentration

ANRUFUNG

Wenn Sie feststellen, dass Sie sich immer wieder von Ihren Zielen und Ihrer Lebensaufgabe ablenken lassen, bitten Sie Kuthumi, Ihnen Unterstützung zukommen zu lassen. Er wird Ihnen helfen, Ihre Termine und Ihre Zeit besser zu organisieren. Bitten Sie ihn immer dann um Beistand, wenn Sie sich von einem Zuviel an Aufgaben überwältigt fühlen:

»Liebster Kuthumi, ich bitte dich um deine Intervention. Bitte beseitige alle Ablenkungen und hilf mir, mich vollkommen auf meine wahre Lebensaufgabe zu konzentrieren. Bitte lass alle Veränderungen in meinem Leben sanft und friedlich geschehen und hilf mir, meine innere Führung und den Willen Gottes zu erkennen. Ich übergebe dir jetzt alle Ängste meines Egos, die mich von meinem Weg abhalten und mich zaudern lassen, auf dass ich voll Freude und Hingabe in meinen spirituellen Dienst eintauchen kann.«

Lakshmi

Auch bekannt als *Haripriya, Jaganmatri, Laxmi, Matrirupa, Vriddhi.*

Der Name Lakshmi ist von dem Sanskrit-Wort *Laksya* abgeleitet, das »Ziel« oder »Absicht« bedeutet.

Lakshmi ist eine Mondgöttin des Wohlstands und des Glücks, die segensreiche Fülle bringt. Darüber hinaus repräsentiert sie Schönheit, Reinheit, Lauterkeit und Großzügigkeit. Es heißt, dass sie aus den tosenden Wellen des Ozeans geboren wurde, wobei sie Geschenke und Lotosblumen mitbrachte und so herrlich aussah, dass alle Götter sie sofort zur Frau haben wollten. Sie entschied sich für den Sonnengott Vishnu. Daraufhin wurde sie in jeder seiner Inkarnationen wieder als Vishnus Gefährtin geboren.

Da Lakshmis wahre Mission darin besteht, ewige Glückseligkeit auf die Erde zu bringen, hilft sie uns, die uns gemäße Aufgabe zu finden, die materiellen Lohn ebenso wie persönliche Erfüllung mit sich bringt. Sie weiß, dass Reichtum allein nicht genügt, um dauerhaftes Glück zu gewährleisten – eine spirituelle Geisteshaltung und ein positives Gefühl erbrachter Leistung gehören unbedingt dazu. Daher kann Lakshmi uns zu unserer Lebensaufgabe hinführen, die Freude und Fülle für uns selbst und andere ermöglicht.

Lakshmi wird mit Lotosblumen assoziiert. Einige Legenden besagen, dass sie aus einer dieser Blumen geboren wurde und in ihr lebt. In der Kunst wird sie normalerweise mit einer Lotosblume in der Hand dargestellt oder sie steht auf einem Lotos, Symbol für spirituelles Erwachen und Frieden.

Lakshmi bringt Anmut, Schönheit und Liebe in das Heim der Menschen und sorgt dafür, dass alle Bedürfnisse des Haushalts erfüllt werden. Sie ist mit Ganesh, dem Elefantengott, befreundet und die beiden arbeiten oft zusammen, um den Menschen dabei zu helfen, ihre Ziele zu erreichen.

Lakshmi spricht mit einer sanften, melodischen Stimme und sagt: »*Reichtum ist eines der größten Mysterien und eine enorme Herausforderung für die Menschheit. Die meisten spirituell orientierten Menschen verabscheuen die Jagd nach Geld, sehnen sich jedoch nach der Freiheit und den Möglichkeiten, die es bietet. Vielen eurer spirituellen Lehrer und Heiler fällt es schwer, Geld für ihre Arbeit anzunehmen, und doch sehnen sie sich nach dem Tag, an dem sie andere Arten des Geldverdienens aufgeben und sich voll dem Dienst an der Spiritualität widmen können.*

Dieses Dilemma kann gelöst werden, da wir, die wir in der Dimension leben, die ihr ›Himmel‹ nennt, viele praktikable Lösungen sehen, bei denen wir euch helfen können, ohne dass ihr darüber nachdenken oder euch anstrengen müsst. So viel will ich euch sagen: Der Versuch, mit dem Verstand dafür sorgen zu wollen, dass etwas geschieht, ist das größte Hindernis für den Erfolg; es kann nur überwunden werden, wenn ihr euch die Überzeugung zu Eigen macht, dass alle Reichtümer der Welt bereits in eurem Inneren vorhanden sind. Wenn ihr euch in diesem Wissen entspannt und davon überzeugt seid, dass für alles gesorgt ist, dann sind alle Hindernisse und Einschränkungen sofort restlos verschwunden.«

Lakshmi hilft bei:
- Fülle
- Schönheit und Ästhetik
- Andauerndem Glück
- Manifestation von allem, was im Haushalt benötigt wird, einschließlich Nahrung
- Spiritueller Reinigung von Häusern und Räumen

ANRUFUNG

Lakshmi liebt ein dankbares Herz. Wenn Sie sie anrufen, stellen Sie sich also vor, dass alle Ihre Wünsche bereits auf wunderbare Weise erfüllt sind, und empfinden Sie Dankbarkeit dafür. Machen Sie sich bewusst, dass die Macht des Schöpfers zusammen mit Ihrem Vertrauen und Lakshmis liebevoller Hilfe auf wunder-

146

bare Weise Form annehmen kann. Alles, was dadurch entsteht, ist eine physische Verkörperung der Liebe und Dankbarkeit, die Sie jetzt empfinden. Halten Sie den Fokus auf Ihre Wünsche gerichtet und danken Sie Lakshmi, indem Sie innerlich sprechen: »*Om Nameh Lakshmi Namah*«, ein Mantra des Danks und der Verehrung.

Lugh

(Keltische Tradition)

Auch bekannt als *Lug, Lugus, Lleu.*

Lugh ist ein jugendlicher Sonnengott mit einem magischen Jagd-hund, einem Helm und einem Speer, die ihn zuverlässig beschüt-zen – und ebenso alle, die ihn anrufen. Lugh hilft den Menschen, ihren inneren Magier mit göttlicher Liebe zu entwickeln. Er wird außerdem mit Fruchtbarkeit und einer üppigen Ernte assoziiert.

Die Legenden berichten, dass Lugh ein meisterhafter Handwer-ker, Künstler, Poet und Heiler war und dass es nichts gab, was er nicht vollbringen konnte.

Als ich Lugh anrief, damit er mir eine Botschaft für dieses Buch geben möge, erschien vor mir ein atemberaubend gut aussehen-der junger Mann mit Helm und Schutzschild in römisch anmu-tender Kleidung. Er sagte zu mir: »*Du hast gerufen? Womit kann ich dir dienen?*« Als ich eine bestimmte Situation beschrieb, bei der ich seine Unterstützung gut gebrauchen konnte, erwiderte Lugh: »*Einen Moment bitte – irgendetwas ist hier in Entwick-lung. Ich sehe mir das mal an und bin gleich zurück.*«

In Sekundenschnelle war er wieder da und in der Hand hielt er eine Mixtur, ein blaues Pulver mit einem emaillähnlichen Glanz. Lugh sagte: »*Dies basiert auf meiner Einschätzung deiner inne-ren Sehnsüchte, Neigungen und Tendenzen.*« Sehr höflich fragte er mich, ob ich einverstanden sei, dass er mich mit dieser heilen-den Mixtur salbte, die ganz speziell für die von mir beschriebene Situation gedacht war. Er fügte hinzu, dass er alle seine magi-schen Rezepte auf die jeweilige Person und ihre Situation ab-stimmt.

Ich lehnte mich zurück und Lugh strich mir die Haare aus der Stirn. Gleichzeitig schien er meine Aura an dieser Stelle zu reini-gen. Er forderte mich auf, meine Sonnenbrille abzunehmen, da-mit er mich ungehindert salben konnte. Er nahm eine Prise des

Pulvers und ließ es auf meine Stirn rieseln. Dann streute er den Rest auf meinen Kopf, bis ich aussah, als hätte ich eine glänzende blaue Haube auf.

Er forderte mich auf, die Essenz tief einzuatmen, und sagte: »*Dieses Elixier besitzt magische Eigenschaften, die dir helfen werden, die Lösung des Problems herbeizuführen – so wie Vitamine dich mit Energie versorgen und dir helfen, im Fitnessstudio nicht schlappzumachen. Die Vitamine geben dir Kraft, doch es liegt immer noch an dir, ob du hingehst und trainierst. Auf dieselbe Weise erlaube meiner Mischung, dich in deinen Bemühungen zu unterstützen, deinen Glauben und dein Vertrauen zu stärken und dich – zentriert in Frieden und Freude – nach Hause zu geleiten.*« Daraufhin beschloss er seine Heilungszeremonie mit den Worten: »*All meine Liebe sei mit dir!*« und verschwand.

Lugh hilft bei:
- Alchemie
- Künstlerischen Projekten einschließlich Kunsthandwerk, Dichtung und Musik
- Göttlicher Magie
- Heilung schmerzhafter Situationen
- Schutz aller Art
- Lösungen für jedes Problem

ANRUFUNG

Lugh ist eine mächtige Kraft, die sofort erscheint, wenn sie gerufen wird. Denken Sie seinen Namen und fühlen Sie seine Stärke und Kraft sowie die ungeheure Intensität seiner Energie. Dann beschreiben Sie Ihre Bedürfnisse und die Probleme, bei denen Sie seine Hilfe wünschen. Wie bereits beschrieben, wird er unter Umständen kurz verschwinden, um einen heilenden Balsam oder eine magische Mixtur zu holen. Geben Sie ihm so viel Zeit, wie er braucht, um sich Ihrer Situation voll anzunehmen. Sie werden wissen, wann er mit seiner Behandlung fertig ist, da seine Energie sich zurückziehen wird, bis Sie ihn das nächste Mal anrufen.

Schicken Sie ihm Ihren Dank und machen Sie sich bewusst, dass er über den Verlauf Ihrer Situation wacht, bis sie zu einem guten Ende gebracht ist. Sie können ihn also jederzeit während des Lösungsprozesses wieder anrufen.

Lu-Hsing

(China)

～⌒～

Auch bekannt als *Lu Xing*.

Lu-Hsing ist der Gott der Gehälter und Honorare, des Erfolgs und der beruflichen Karriere, der Investments und der steten Akkumulation von Reichtum. Er ist einer von drei chinesischen Gottheiten, die kollektiv als »die Fu Lu Shou San Hsing« bekannt sind und Glück, Wohlstand und Langlebigkeit schenken.

Lu-Hsing war ein Sterblicher namens Shih Fen, ein hochrangiger Beamter am chinesischen Kaiserhof im zweiten Jahrhundert vor Christus. Lu-Hsing bemerkt – und belohnt – all jene, die sich mit Leidenschaft und Hingabe ihrem Beruf widmen. Er warnt jedoch vor Korruption und Betrug als Mittel, um beruflich weiterzukommen. Lu-Hsing empfiehlt, in unklaren Situationen zunächst auf Gebete und die göttliche Führung zu vertrauen, bevor man drastischere Schritte unternimmt, wie beispielsweise andere auf einen Betrug aufmerksam zu machen.

Rufen Sie Lu-Hsing an, wenn Sie auf der Suche nach einer neuen Arbeitsstelle sind, damit sich Ihnen problemlos die richtigen Türen öffnen, die zum Erfolg in dem von Ihnen gewählten Beruf führen. Allerdings können die Zeichen sehr subtil sein. Es braucht einen wachen Verstand und viel innere Beweglichkeit, um seine Anweisungen zu befolgen. Wer seinen Rat erhalten hat, wird seinen trockenen Humor schätzen und die mannigfachen Wendungen, die Teil seines Modus operandi zu sein scheinen.

Rufen Sie Lu-Hsing außerdem an, bevor Sie um eine Gehaltserhöhung oder Beförderung bitten.

»Ruhe dich nicht auf deinen Lorbeeren aus«, warnt er. Wenn Sie Ihren momentanen Erfolg genießen wollen, anstatt sich darüber Sorgen zu machen, wie Sie den nächsten Berg erklimmen können, müssen Sie Lu-Hsing wissen lassen, dass Sie eine Pause einlegen möchten, um Kräfte zu sammeln.

Ich rief Lu-Hsing während einer Reise nach China an und bat ihn, etwas darüber zu sagen, wie man finanzielle Sicherheit und Erfolg erlangen kann. Er antwortete: » *Das Geheimnis finanziellen Erfolgs ist die Bereitschaft, sich die Einstellung eines geistigen Kriegers zu Eigen zu machen und sich entsprechend zu verhalten. Das bedeutet nicht, sich aggressiv zu geben, sondern bereit zu sein, mit sich selbst und anderen Verträge einzugehen und Abkommen zu schließen.*

Geistige Krieger zeichnen sich dadurch aus, dass sie ein positives Ergebnis erwarten und bereit sind, alles zu tun, was erforderlich ist, um dieses Ergebnis herbeizuführen. Das bedeutet, niemals aufzugeben, sondern flexibel zu sein und mit der Energie des Augenblicks zu fließen. Sei stark, wachsam und aufmerksam für die unterschwelligen Energieströme und du wirst immer dein Ziel erreichen.«

Lu-Hsing hilft bei:

- Allen Aspekten der beruflichen Tätigkeit
- Einstellungsgesprächen
- Gehaltserhöhungen und Beförderungen

ANRUFUNG

Rufen Sie Lu-Hsing vor jedem wichtigen Ereignis im Zusammenhang mit Ihrer beruflichen Tätigkeit an. Stellen Sie sich vor, Sie hätten einen Termin mit ihm als Coach, der Ihnen gute Ratschläge geben und den Weg frei machen kann. Stellen Sie sich vor, dass er sich während Ihres Gesprächs Notizen macht, so dass er im Anschluss daran alles entsprechend regeln kann. Bitten Sie ihn, Ihnen klare Anweisungen zu geben, die Sie problemlos verstehen können. Dann schreiben Sie die Worte »Danke, Lu-Hsing« auf ein Stück Papier, falten es und tragen es in der betreffenden Situation bei sich – ob Sie nun Ihren Chef um eine Gehaltserhöhung bitten, ein Vorstellungsgespräch erfolgreich meistern möchten oder an einem wichtigen Termin teilnehmen.

Maat

(Ägypten)

~~~~~

Auch bekannt als *Ma'at, Maa, Maet, Maht, Mat, Maut.*

Diese ägyptische Göttin der Wahrheit, Fairness und Gerechtigkeit ist die Tochter des Sonnengottes Ra und Gefährtin/Gemahlin von Thoth, dem Gott der Weisheit und Magie. Die Legende besagt, dass Ra, als er die Welt erschuf, seine Tochter zur Verkörperung der Integrität machte.

Maat ist die Göttin der Fairness und Integrität, der gehaltenen Versprechen, der Wahrheit und Gerechtigkeit. Maat urteilt nicht; sie ist die Wahrheit selbst. Ihr Symbol ist die Feder, die sie auf ihrer Waage der Gerechtigkeit benutzt, um die Schwere der Schuld im Herzen einer soeben verschiedenen Seele zu wiegen.

Sie zeichnet sich durch die Fähigkeit aus, den wahren Charakter der Menschen und ihre Motive zu erkennen. Rufen Sie Maat an, um betrügerische, unehrliche Personen und Situationen fern zu halten, und zum Schutz gegen dunkle oder niedere Kräfte. Wenn Maat Ihre Motive als rein erachtet, wird sie Sie mit wärmster Liebe behandeln. Wenn nicht, kann es sein, dass Sie von ihr einer Reinigung unterzogen werden; um dies zu vermeiden, können Sie auch selbst entsprechende Rituale oder Zeremonien durchführen, Ihre Lebensweise verändern oder passende Affirmationen sprechen, um sie gewogen zu stimmen. Sie überwacht außerdem juristische Angelegenheiten, um sicherzustellen, dass Harmonie und Ehrlichkeit gewahrt bleiben.

Sie sagt: »*Jeder besitzt magische Fähigkeiten und für die Frau liegt der Schlüssel darin, ganz in Übereinstimmung mit ihrem Menstruationszyklus zu leben. Je mehr sie in Harmonie mit den Zyklen des Mondes ist und ihre Verbindung zu den Gezeiten dieses Himmelsgestirns erkennt, umso mehr wird sie sich einer Veränderung öffnen, die magische Fähigkeiten in ihr freisetzt. Das wird zu einem wunderbaren Selbstvertrauen führen, wie es in den großartigen Taten von Frauen sichtbar wird, die ihre weibliche Energie voll einsetzen. Auch in der Natur gibt es Beispiele dieser machtvollen weiblichen Energie, die uns faszinieren. Raubkatzen zum Beispiel entschuldigen sich nicht für ihre Kraft. Sie bezaubern uns, weil sie ihre ganze Kraft in jeden ihrer Schritte legen.*

Für Männer sowie für Frauen jenseits des gebärfähigen Alters haben die Zyklen des Mondes keine solch offensichtliche Bedeutung, jedoch sind wir alle mehr oder weniger davon betroffen. Jedes Lebewesen – selbst geistige Wesenheiten – innerhalb des Gravitationsfeldes dieses Planeten spürt die Auswirkungen der energetischen Schwankungen, die der Mond erzeugt.

Achte deshalb auf deine Beziehung zum Mond, dieser wunderbaren Quelle des Lichts. Verbinde dich mit dieser Quelle, sooft du kannst. Du wirst feststellen, dass sie magische Qualitäten besitzt und dir wichtige Botschaften übermitteln kann.«

Maat hilft bei:
- Überwindung von Suchtverhalten und unmäßigem Verlangen
- Gewinnung von Klarheit in verwirrenden Situationen
- Erkennen der Wahrheit und Integrität in anderen
- Göttlicher Magie
- Freiwillig eingegangenen Verpflichtungen – sich selbst und anderen gegenüber
- Ordnung
- Schutz vor Täuschung und Manipulation
- Innerer und äußerer Reinigung des Körpers

ANRUFUNG

Wenn Sie bezüglich einer Situation verwirrt sind oder keine Entscheidung treffen können, bitten Sie Maat, Ihnen bei der Klärung Ihrer wahren Gefühle und Absichten zu helfen. Sie wird Ihnen außerdem Einsicht in das Wesen der anderen Personen geben, die an der Situation beteiligt sind. Bevor Sie sie jedoch anrufen, sollten Sie sich darüber im Klaren sein, ob Sie bereit sind, die Wahrheit wirklich zu sehen und unter Umständen Informationen zu erhalten, die Sie eigentlich nicht wissen möchten (wie zum Beispiel die Information, dass es jemandem an Integrität mangelt).

Wenn Sie bereit sind, mit Maat zusammenzuarbeiten, erweisen Sie ihr Respekt, indem Sie sich aufrecht hinsetzen. Dann sagen Sie:

>Geliebte und mächtige Maat, bitte komm zu mir. Du bist die Überbringerin von Wahrheit und Integrität und ich bitte dich, dein Licht auf *(nennen Sie die Situation oder den Namen der betreffenden Person)* zu scheinen. Bitte leuchte das Licht der Weisheit in meine Seele und in mein Herz, auf dass es mir hilft, die Wahrheit zu fühlen und zu erkennen. Bitte gewähre mir deinen Beistand, damit ich alle kleinlichen Denkweisen loslasse, die mich den Fakten gegenüber blind machen könnten, und hilf mir, die Wahrheit als das Fundament all meiner Handlungen zu benutzen. Danke.«

Maeve

(Irland)

∾〜∾

Auch bekannt als *Mab, Madb, Medb, Medhbh,*
Königin von Connacht.

Maeve ist eine mächtige Kriegsgöttin, deren Name »berauschte
Frau« bedeutet. Sie ist bekannt für ihren starken Willen und ihre
Fähigkeit zu manifestieren, was und wen immer sie möchte. Sie
wird mit dem Menstruationszyklus und mit weiblicher Schönheit
assoziiert. Darüber hinaus ist Maeve eine Feenkönigin und Na-
turgöttin, die vor allen Dingen von Pferden geliebt wird.

Rufen Sie Maeve zu Hilfe, wenn Sie Anleitung bezüglich natürlicher und alternativer Heilungsmethoden benötigen. Bitten Sie
Maeve zum Beispiel, Sie zu den Vitaminen, Mineralstoffen, Kräu-
tern und Ölen zu führen, die für Ihre Situation am besten geeignet sind. Wie eine freundliche und weise Freundin wird Maeve
Ihnen dann den Weg zu den geeigneten Produkten oder Büchern
weisen.

Ich sprach mit ihr an einem von duftenden Blumen gesäumten
Flussufer in der Nähe von Dublin. Es gab dort viele Feen, die mit
der Fürsorge für die Blumen beschäftigt waren. Kaum hatte ich
Maeve um ihr Erscheinen gebeten, war sie auch schon da und
sagte zu mir: »*Ich beaufsichtige das magische Königreich der Feen.*
Ich gehöre nicht zum Feenvolk, doch bin ich von ihrer göttlichen
Mission so angetan, dass ich mich bereit erklärt habe, sie zu un-
terstützen, wann immer es nötig ist. Wenn du dich mit einer Bitte
an die Feen wendest, rufst du daher auch mich an.

Meine Aufgabe besteht darin, Zaubersprüche zu klären, damit
sie vor ihrer Weitergabe an das Feenvolk klar und rein sind. Man
kann sagen, dass ich als Vermittlerin oder Dolmetscherin zwi-
schen den Feen und euch Menschen agiere, indem ich dafür sorge,
dass die Wünsche, die sie euch erfüllen, den höchsten Maßstäben
entsprechen. Anders als die Engel auf der himmlischen Ebene

lebt das Volk der Feen in einer größeren Zeitdichte und sie müssen ihre Zeit klug nutzen. Das Gleiche gilt auch für euch!

Ihr könnt mich auch bitten, eure materiellen Bedürfnisse aufzuspüren, da mir sehr daran liegt, euch immer nur das Beste zu geben. Gleichzeitig helfe ich euch jedoch auch zu vermeiden, dass ihr Besitztümer ansammelt, die euch nur fesseln würden und die einen solchen Energieaufwand erfordern, dass sie euch von eurem wahren Weg ablenken.

Ganz besonders liegen mir die Heiler unter euch am Herzen und ich muss gestehen, dass ich eine spezielle Schwäche für alle jungen Menschen habe, die sich mit Heilung beschäftigen. Bittet mich um Rat bei der Zubereitung von Mixturen, Ölen und Elixieren. Ich werde sie mit magischer Energie erfüllen!«

Maeve hilft bei:
- Alchemie
- Aromatherapie
- Kontakt mit Elementarwesen (besonders mit Feen)
- Weiblicher Schönheit, Stärke und Anziehungskraft
- Heilern, Therapeuten, Studenten der Heilberufe oder Personen, die gerne Heiler werden möchten
- Kräuterkunde
- Heilung und Schutz von Pferden
- Menstruationszyklus

ANRUFUNG

Maeve kommt, wann oder wo immer sie gebraucht wird; unter Umständen werden Sie jedoch feststellen, dass Ihre erste Kontaktaufnahme mit ihr klarer und einfacher ist, wenn sie in der freien Natur stattfindet, vor allen Dingen an Stellen, wo wilde Blumen wachsen. Schauen Sie sich eine Blume an und stellen Sie sich Feen vor, die zwischen den Blütenblättern hin- und herschwirren und sich voll Freude und Liebe um sie kümmern. Dann sagen Sie innerlich:

»Königin Maeve, ich bin es *(sagen Sie Ihren Namen)*. Ich möchte dich gern kennen lernen und ich bitte dich respektvoll um deine Anleitung bei meiner Heilungsarbeit und auf meinem spirituellen Weg. Ich habe mich voll und ganz der Aufgabe des Heilens verpflichtet und ich verspreche, mich weiterhin für das Wohlergehen der Umwelt einzusetzen. Ich bin bereit, dir bei deiner Mission der Heilung der Welt zu helfen, und bitte dich, mich unter deine schützenden Flügel zu nehmen und mich klar und kraftvoll zu leiten. Ich danke dir, dass du für meine Arbeit als Heiler/in die erforderlichen Türen öffnest.«

Maitreya

(Buddhismus, China, New Age)

⁓⁓

Auch bekannt als *der zukünftige Buddha, Lord Maitreya,*
Lord Maitreya Maitri, Hotei, der lachende Buddha,
Happy Buddha, Maitreya Buddha, Miroku-Bosatsu.

Zur Vorgeschichte Maitreyas gibt es widersprüchliche Aussagen.
Einerseits heißt es, dass er ein Mönch namens Sthiramati war, der
anderen Lebewesen gegenüber viel Mitgefühl und Freundlichkeit
zeigte. Sthiramati soll sich so sehr für das Glück auf der Welt ein-
gesetzt haben, dass ihm die Bezeichnung Maitreya verliehen
wurde, was »Der Liebende« bedeutet.

Manchmal wird er jedoch auch mit Hotei gleichgesetzt, einem
Mönch der Tang-Dynastie, der bekannt dafür war, dass er allen
Kindern Süßigkeiten gab. Die chinesischen Buddhisten glauben,
dass es sich bei Hotei um eine der Inkarnationen Maitreyas handelte. Andere dagegen sind der Ansicht, dass sich Maitreya sowohl zur Zeit Krishnas inkarnierte – als der berühmte Rishi, von
dem in den Veden die Rede ist – wie auch zu Gautama Buddhas
Lebzeiten.

In einigen buddhistischen Bevölkerungsgruppen geht man davon aus, dass Maitreya jener *Bodhisattva* (Erleuchtete) ist, der
der Nachfolger von Gautama Buddha und damit der nächste
Buddha war. Er wird oft mit einem strahlenden Lachen und einem runden Bauch dargestellt, was ihm den Namen »Der lachende Buddha« eingetragen hat.

Prophezeiungen besagen, dass Maitreya ungefähr 4000 bis
5000 Jahre nach Gautama Buddhas Tod wieder in menschlicher
Gestalt auf der Erde erscheinen wird, zu einem Zeitpunkt, wo
der Buddhismus eine Wiederbelebung braucht. Dann wird Maitreya die Menschen lehren und durch sein Beispiel führen, um
schließlich die Position Gautama Buddhas als *der* Buddha ein-
zunehmen.

In New-Age-Kreisen heißt er Lord Maitreya und wird – zusammen mit Jesus, Saint Germain und Erzengel Michael – als ein Mitglied der Großen Weißen Bruderschaft betrachtet. Er gilt als Meister des Sechsten Strahls der Erleuchtung und des Aufstiegs in die himmlischen Gefilde.

Ich sprach mit Maitreya, während ich vor einer riesigen Statue des lachenden Buddha saß, die lebendig zu werden schien, sobald ich mental ein Gespräch mit ihm begann. Meine Freundin Lynette Brown saß neben mir; sie hörte ähnliche Botschaften von ihm und sah ebenfalls, wie er sich bewegte und sprach.

Maitreya sagte: »*Lachen ist heilig. Lacht mehr, spielt mehr und singt mehr, um euch mit der Welt der Natur in Einklang zu bringen. Selbst ein einfaches Summen sorgt dafür, dass der Ton eurer Energie nach außen fließt, um sich mit dem Universum und allen Menschen zu vereinen. Musik ist ein Geschenk, das der All-Eine uns allen verliehen hat. Das Nirwana selbst ist ein Lied, ein Tanz und ein Spiel. Erfreut euch an der Entfaltung dieses wunderbaren Musicals, das ihr ›Leben‹ nennt. Und macht euch auf den Weg zu eurer Erleuchtung – nicht durch endlose Mühen, sondern auf den Flügeln von Gelächter und Gesang.*

Es wird ein Tag kommen, an dem die Freude wieder regieren wird. Nirwana ist Freude und sorgenfreies Lachen. Wenn ihr lacht, seid ihr mit der Unendlichkeit verbunden, da der im Lachen ausfließende Atem das All-Eine ist. Ein von Frohsinn, Heiterkeit, Verspieltheit und Lachen erfülltes Herz ist ein Herz, das durchdrungen ist von der Essenz des Nirwana.

Sei für alle Zeiten wie ein Kind, geliebtes Wesen, und mach dir keine Sorgen wegen der Erde oder der Schöpfung – sie ist geschützt in einem sicheren Raum, den nichts durchdringen oder zerstören kann. Das Leben ist ewig und eine ewige Entfaltung von Freude.

Wenn du dich darauf ausrichtest, dein Leben zu genießen, bist du im Hier und Jetzt zentriert und kannst auf diese Weise den vollen Geschmack dieses Moments einfangen, der so köstlich ist wie eine reife, saftige Frucht. Genieße die Empfindungen jedes Moments in all ihrer Vielfalt, denn das Leben ist ein Bankett. Und wie bei einem Buffet, bei dem du die verschiedensten Gerichte probierst, um herauszufinden, was du magst und was du nicht magst, so kannst du dir auch Wissen nur durch eine Vielzahl ver-schiedenster Erfahrungen aneignen. So kannst du dir aussuchen, was du auf deinen Teller tun und in deinen Bauch befördern möchtest. Genieße es und fürchte dich nicht davor, neue Dinge auszuprobieren, die dir angeboten werden.

Lachen ist wirklich die beste Medizin – ihr nehmt euch selbst meist viel zu ernst, meine Lieben, und wenn ihr das tut, vergesst ihr das Geheimnis der Harmonie auf eurem Planeten: nämlich in Freude zu leben. Wähle heute zehn Menschen aus, die die Freude vergessen zu haben scheinen, und tue alles, was in deinen Kräften steht, um ein Lächeln auf ihre Gesichter zu zaubern. Auf diese Weise wirst du inmitten der Dunkelheit zehn Lichter anzünden.«

Maitreya hilft bei:
- Freude
- Lachen und Sinn für Humor
- Liebevollem Verhalten
- Globalem und persönlichem Frieden

ANRUFUNG

Stellen Sie sich ein Bild des lachenden Buddha vor oder betrachten Sie eine entsprechende Figur – wie er da sitzt mit seinem herrlichen Lachen, die Arme voll Freude nach oben gestreckt, und seinem dicken, runden Bauch. Sein ganzes Verhalten strahlt die vollkommene Entspannung und Ekstase eines echten, authentischen Lachens aus. Stellen Sie sich vor, wie Sie seinen Bauch reiben, und fühlen Sie, wie ansteckend sein Lachen und seine Freude sind! Vielleicht bemerken Sie, wie Sie selbst dabei anfangen zu lächeln oder zu lachen. Achten Sie darauf, wie Ihr Herz von warmer Liebe, Frieden und einem Gefühl wunderbarer Geborgenheit erfüllt wird.

Berichten Sie Maitreya mental von jeder Situation oder Beziehung, die Ihnen Sorgen macht, und spüren Sie, wie er Ihnen hilft, Ihre Angst loszulassen. Er sagt seine Intervention zu, wenn Sie versprechen, sich ständig auf Sorgen und Ängste hin zu überprüfen und ihm sofort alle Bedenken zu übergeben, die Ihnen die

Seele verdunkeln. Fühlen Sie, wie die Last von Ihren Schultern genommen wird, und machen Sie sich bewusst, dass es nichts gibt, wovor Sie sich fürchten müssten.

Nach Ihrer Begegnung mit Maitreya schauen Sie sich einen komischen Film an, lesen Sie ein Buch, das Sie zum Lachen bringt, oder erzählen Sie sich mit einem Freund gegenseitig witzige Geschichten. Es geht darum, durch den Prozess des Lachens und Spielens die Situation loszulassen und sie Maitreya zu übergeben.

Maria

(Jüdisch-christliche Tradition, Katholizismus)

Auch bekannt als *Heilige Maria, Heilige Jungfrau Maria, Jungfrau Maria, Himmelskönigin, Mutter Gottes.*

Über Marias Herkunft ist wenig bekannt, da die vier Evangelien in ihren Berichten nicht sehr ins Detail gehen. Andere Dokumente über Maria, wie zum Beispiel das *Protoevangelium des Jakobus*, beschreiben ihre Geburt, ihre Kindheit und ihr Leben als erwachsene Frau, doch herrscht unter den Gelehrten keine Übereinstimmung bezüglich der Gültigkeit solcher Texte. Und daneben gibt es noch die New-Age-Texte, die Informationen über Marias Leben bieten, die auf medialen Durchsagen oder Reinkarnationserinnerungen basieren.

Die Evangelien erzählen, dass Maria ihr ganzes Leben in Nazareth verbrachte. Sie lebte dort mit ihrem Mann Joseph, ihrem Sohn Jesus und – nach Aussage von Historikern – der Tochter und den vier Söhnen aus Josephs erster Ehe. Da Joseph als Zimmermann oder Schreiner arbeitete, kann man davon ausgehen, dass Maria den größten Teil ihrer Zeit damit verbrachte, sich um Familie und Haushalt zu kümmern. Die meisten Frauen jener Zeit hatten weder eine Ausbildung, noch lernten sie lesen und schreiben. Viele Historiker und Theologen gehen davon aus, dass Maria ein schweres Leben hatte und dass sie darum kämpfen musste, genug Geld für Lebensmittel und Steuern aufzutreiben und den Gefahren ständiger militärischer und politischer Unruhen aus dem Weg zu gehen.

New-Age-Autoren vermuten, dass Maria mit Jesus nach Qumran ging und vorübergehend bei den Essenern lebte, wo Mutter und Sohn in die mystischen Geheimnisse der Schriftrollen vom Toten Meer eingewiesen wurden. Darüber hinaus spekulieren sie, dass die Brüder und Schwestern der Familie nicht aus Josephs erster Ehe stammten, sondern gemeinsame Kinder von Maria und Joseph waren.

In der Neuzeit gab es viele Menschen, vor allen Dingen Kinder, die Visionen der Jungfrau Maria an Orten wie Fatima, Lourdes und Guadalupe hatten. Die Erscheinungen Marias und die Botschaften, die sie an jene weitergibt, die sie sehen, helfen uns, die Gegenwart wunderbarer Meister um uns herum wahrzunehmen. Maria wird unter anderem als »Himmelskönigin« und »Königin der Engel« bezeichnet. Ihre Energie ist definitiv engelsgleich: Sie zählt zu den liebevollsten, geduldigsten und sanftmütigsten Wesen unter den aufgestiegenen Meistern. Doch hinter ihrer Sanftmut verbirgt sich eine strenge Lehrmeisterin, die uns liebevoll dazu antreibt, uns immer weiter zu entwickeln und nicht stehen zu bleiben.

Marias spezielle Sorge gilt den Kindern und sie hilft uns, unsere elterlichen Entscheidungen mit Weisheit, Intelligenz und Liebe zu treffen. Sie achtet ganz besonders auf die »Indigo«- und »Kristall«-Kinder, die wertvolle Gaben mit auf die Welt bringen. Maria unterstützt jeden, dessen Lebensaufgabe damit zu tun hat, diesen Kindern und Jugendlichen zu helfen, und sie wird all jenen Türen öffnen, die als Fürsprecher dieser Kinder in Aktion treten. Sie hilft allen, die sich in irgendeiner Weise für das Wohl der Kinder einsetzen.

Mary Frances schickte mir die folgende Geschichte, in der sie beschreibt, wie Maria ihr und ihren Kindern half:

»Ich war 39 und hochschwanger. Meine Tochter war sieben Jahre alt. An jenem Tag hatten wir die Töchter einer Freundin zu Besuch und beschlossen, an den Strand zu fahren und Muscheln zu sammeln. Wir fuhren mit dem Auto auf einen sehr sandigen Parkplatz, stellten es dort ab und genossen den Tag am Strand. Als wir am Abend zurückfahren wollten, merkten wir, dass wir im Sand feststeckten. Wir stiegen aus, um zu versuchen, den Wagen ohne unser Gewicht in Gang zu bringen, doch es nutzte nichts. Auch alle Versuche, die Räder freizuschaufeln, waren erfolglos. Wir steckten fest, ganz allein an einem völlig verlassenen Ort!

Meine Tochter begann zu weinen und laut zu beten. Sie sagte: ›Oh liebe Jungfrau Maria, du hast gesagt, dass wir dich jederzeit anrufen sollen, wenn wir deine Hilfe brauchen. Wir stecken im Sand fest, meine Mutter ist schwanger und ich kann das Auto nicht anschieben, denn ich bin zu klein. Bitte, bitte hilf uns!‹ Die beiden anderen Mädchen lachten und fragten mich: ›Glaubt sie wirklich daran?‹ Ich erwiderte: ›Natürlich glaubt sie daran!‹

Langsam wurde es dunkel und wir bekamen es alle mit der Angst zu tun – als plötzlich wie aus dem Nichts ein Lieferwagen mit drei Männern auftauchte. Der Wagen hielt an, die Männer schoben unser Auto an, und bevor wir uns versahen, waren wir auf dem Weg nach Hause. Ich konnte es mir nicht verkneifen, zu den Töchtern meiner Freundin zu sagen: ›Seht ihr?!‹«

Ich selbst habe Maria schon des Öfteren um Hilfe, Heilung und Führung angerufen und jedes Mal festgestellt, dass sie mein Herz mit Liebe und Wärme erfüllt. Vor einiger Zeit besuchte ich einen ihr geweihten Schrein im Kölner Dom, wo ich sie um eine Botschaft bat. Mein Rücken war vom vielen Reisen steif und schmerzte, daher zündete ich eine weiße Kerze vor ihrer Statue an und bat sie um Heilung. Meine Kerze brannte gemeinsam mit zahllosen anderen in einer herrlichen Zeremonie leuchtender Gebete.

Ich wusste, dass Maria bei mir war, als ich ihre vertraute, liebevolle Wärme in meinem Herzen fühlte. Die Wärme erfüllte meine Brust und meinen Bauch, so dass ich mich entspannte und meine Atemzüge tiefer wurden.

»*Mitgefühl*«, hörte ich sie mit sanfter Stimme in mein Ohr sagen, wie Wind, der durch zarte Frühlingsblätter rauscht. »*Mitgefühl ist das, wonach die Welt am meisten hungert. Mitgefühl ist Liebe, verbunden mit der Bereitschaft, die Sichtweise und die Gefühle des anderen zu verstehen.*

So viel Unfrieden und Konflikt basiert auf einem aggressiven Wunsch nach Zustimmung, da jeder zu viel Angst hat, um selbst als Erster nachzugeben. Legt eure Waffen nieder und kommt zu mir, damit ihr alle wieder zueinander findet. Kommt in meine Arme und spürt meine liebevolle Kraft! Erlaubt mir, eure überanstrengten Nerven und verletzten Herzen zu besänftigen.

Kommt alle zu mir, die ihr euch fürchtet. Ich werde euch helfen, euch über Mühe und Leid zu erheben, auf dass ihr die Sichtweise aller anderen erkennen könnt. Dann werdet ihr verstehen, dass die Menschen, die ihr fürchtet oder ablehnt, auch nur Kinder sind, die ebenfalls Angst haben.

Legt eure Waffen nieder, geliebte Kinder Gottes. Ihr seid müde von der Anstrengung, euch ständig gegen eingebildete Gefahren zu verteidigen, die ihr selbst erschaffen habt. Habt keine Angst vor der Wahrheit, die alle Angst überwindet. Und es ist eine unumstößliche Wahrheit, dass euer Vater euch ewig liebt. Erlaubt mir, euch diese Liebe zu schicken und euch mit ihrer heilenden Kraft zu umhüllen. Ihr könnt jederzeit in diesem Brunnen göttlicher Liebe baden, einfach indem ihr eure Gedanken wieder mit den Gedanken Gottes in Harmonie bringt. Wie ihr das tun könnt? Durch Mitgefühl für euch selbst und andere. Wenn ihr allein nicht in der Lage seid, diesen Zustand des Mitgefühls zu erreichen, gestattet mir, euch zu helfen. Denn so wie euer Vater werde auch ich euch ewig lieben.«

Als ich aufstand und die Kathedrale verließ, hatte ich keine Rückenschmerzen mehr.

Maria hilft bei:

- Adoption von Kindern
- Allen anderen Themen, die mit Kindern zu tun haben
- Unterstützung für alle, die Kindern helfen
- Fruchtbarkeit
- Heilung aller Art
- Barmherzigkeit

ANRUFUNG

Maria kommt zu jedem, der sie anruft, unabhängig von der Religionszugehörigkeit oder dem bisherigen Verhalten des Betreffenden. Sie ist all-liebend und alles vergebend. Wenn sie erscheint, werden Sie vielleicht den Duft von Blumen wahrnehmen oder Funken eines kornblumenblauen Lichts sehen. Sie werden ein Gefühl von Frieden und Geborgenheit empfinden, so als hätte gerade eine liebende Mutter das Schlafzimmer eines Kindes betreten, um seine Alpträume zu verjagen und sie durch süße Träume zu ersetzen.

Rufen Sie Maria an, indem Sie an sie denken oder sich ein Foto oder eine Figur von ihr anschauen, oder rufen Sie sie einfach mit lauter Stimme oder mental herbei:

»Geliebte Maria, Königin der Engel und Mutter Jesu, ich bitte dich um deine Hilfe. *(Beschreiben Sie das Problem.)* Danke, dass du deine Segnungen über mir ausschüttest und mir zur Einsicht verhilfst, damit ich aus dieser Erfahrung lernen und durch sie wachsen kann. Danke, dass du mir Gottes Willen zeigst, auf dass wir alle Frieden finden mögen.«

Melchisedek

(Jüdische Tradition; New Age)

Auch bekannt als *Melchisedech*, *Orden des Melchisedek*, *Kosmische Priesterschaft*.

Es heißt, dass Melchisedek »König der Rechtschaffenheit« oder »wahrer und rechtmäßiger König« bedeutet. Er war ein Priesterkönig der Kanaaniter in Salem (dem heutigen Jerusalem) und einer der Lehrer Abrahams. Überlieferte mystische Texte behaupten, dass er in großem Rahmen gebundene Geister freisetzt und mit dem Erzengel Michael zusammenarbeitet.

Über den Werdegang Melchisedeks herrscht Uneinigkeit. In den Schriftrollen vom Toten Meer wird er Michael genannt und es gibt einige Anspielungen darauf, dass Melchisedek mit dem Erzengel Michael und mit Jesus selbst identisch ist. Diese letztere Spekulation findet sich auch in den Briefen des Apostels Paulus an die Hebräer, in denen Paulus behauptet, dass sowohl Melchisedek als auch Jesus mächtige Hohepriester waren und dass Melchisedeks Inkarnation ein Hinweis auf die bevorstehende Erscheinung von Jesus auf Erden war. Auch das *Nag Hammadi* erwähnt Melchisedek als eine frühere Inkarnation von Jesus Christus.

Nach Aussagen des *Buches Enoch* war Melchesidek der Sohn von Nir, dem Bruder Noahs. Nirs Frau starb, bevor das Kind geboren wurde, und Melchisedek wurde posthum aus dem Leib seiner Mutter geholt. Es gibt jedoch auch andere Spekulationen, die behaupten, dass er in Wahrheit Noahs Sohn war.

Es heißt, dass Melchisedek Abraham nach der Errettung Lots und seinem Sieg über die Feinde die erste Opfergabe von Brot und Wein überreichte (nicht Fleisch wie sonst im Alten Testament üblich). In einer Steinskulptur in der Kathedrale in Chartres wird er sogar mit einer Schale oder einem Kelch dargestellt. Der heilige Paulus sprach von Jesus Christus als einem Priester nach der Ordnung Melchisedeks, da Jesus anlässlich des letzen Abendmahls die Segnung von Brot und Wein einführte. Auch beim Konzil von Trient wurde darüber diskutiert, dass Melchisedek als Erster Brot und Wein dargebracht hatte und dass Jesus diese beim letzten Abendmahl als Opfergabe der Eucharistie einführte.

In New-Age-Kreisen gilt Melchisedek als Name einer Gruppe hochgeistiger spiritueller Wesen, die Hüter und Lehrer überlieferter esoterischer Geheimnisse sind. Die Gruppe wird manchmal auch »die kosmische Priesterschaft« oder »der Orden des Melchisedek« genannt. Auch die Psalmen berichten von dieser Gruppe: »*Der Herr hat es geschworen und es wird ihn nicht gereuen: Du bist Priester für immer nach dem Orden Melchisedeks.*«

Als ich Melchisedek anrief, erschien mir ein hochgewachsener Mann mit durchdringenden blauen Augen. Er zeigte mir, dass er eine Schaltstation überwacht, in die verschiedene Farben des Regenbogens strömen. Diese Farbschattierungen sind die Energien universaler Schwingungen, die ständig von allem abgegeben werden, von Planeten und Sternen ebenso wie von Gedanken und Emotionen.

Melchisedek sagte: »*Ich bin Teil eines Regulierungssystems, das alle Energien in Gleichgewicht und Harmonie bringt. Diese Energien fließen ständig und sie bilden die Basisstruktur des Universums. Jede Substanz entsteht aus diesen Energien und alle atomaren Partikel drehen sich um sie. Um also eine Gegebenheit zu verändern, musst du zunächst die inneren Farben und ihre Anordnung verändern. Eine Reduzierung von Rot senkt zum Beispiel die Schmerzgrenze. Wenn sich die Toleranz für Schmerz verringert, wird die Situation weicher und sanfter.*

Die Formeln zur Veränderung von Situationen durch Farben sind eine heilige, sehr komplexe Wissenschaft. Es ist wahrscheinlich am besten, mich und meine Gruppe dabei zu Hilfe zu rufen. Wir handeln zwar nach dem Gesetz der Nichteinmischung, stehen jedoch gerne allen zur Verfügung, die ihre Aufmerksamkeit auf uns richten und uns um Hilfe bitten.«

Melchisedek zeigte mir, wie dieses Regulierungssystem von einem Moment zum anderen Materie neu arrangieren kann, indem es die Komponenten der Farbenergien neu mischt. Dieses Verfahren könnte helfen, negative Situationen rückgängig zu machen,

Energie ins Fließen zu bringen und neue Situationen zu schaffen oder anzuziehen.

Melchisedek hilft bei:

- Verbesserung einer unangenehmen Situation
- Esoterischem Verständnis
- Manifestation
- Innerer Reinigung
- Schutz vor übersinnlichen Angriffen
- Freisetzung gebundener Geister
- Therapie mit Farbenergien (beispielsweise Aura-Soma, Farbtherapie, Arbeit mit Kristallen, Feng Shui, Reiki etc.)

ANRUFUNG

»Weisheit des Melchisedek, Macht des Melchisedek, Orden des Melchisedek, ich lade euch ein und rufe euch an mit der Bitte um eure Präsenz und euren Schutz. Melchisedek, ich danke dir dafür, dass du alle niederen Energien restlos beseitigst! Melchisedek, danke, dass du mich und diese Situation klärst. Melchisedek, danke für die Neuordnung dieser Situation, auf dass sie nur die höchsten spirituellen Gesetze und Energien widerspiegelt. Göttliche Weisheit, Macht und Ordnung leiten jetzt meine Handlungen, Gedanken und Worte und ich bin in jeder Hinsicht geborgen und beschützt.«

Merlin

(Keltische Tradition; Großbritannien)

Auch bekannt als *Merddin, Myrddin, Merlyn, Emrys.*

Auch wenn es sich bei Merlin fraglos um eine kontroverse Figur handelt – hat er tatsächlich gelebt oder ist er nur eine Legende? –, so repräsentiert er doch bis heute den Archetyp des großen alten Weisen. Er gilt als mächtiger Magier, Lehrer und Visionär, der im fünften Jahrhundert in Wales König Artus am Hof von Camelot zur Seite stand. Er wird mit den Göttinnen von Avalon und Glastonbury assoziiert, unter anderem Viviane, Guinevere und der »Herrin vom See«.

Jene, die seine Existenz als tatsächliches menschliches Wesen in Frage stellen, meinen, dass die Figur Merlins unter Umständen auf einem uralten druidischen Mystiker basiert. Fest steht, dass biographische Informationen über ihn nicht zu existieren scheinen. Jedoch gibt es viele Wesenheiten, die kein irdisches Leben führten und dennoch durchaus machtvoll und echt in der geistigen Welt existieren. Merlin ist einer von ihnen. Auch wenn einige New-Age-Philosophen den Standpunkt vertreten, dass Merlin eine frühere Inkarnation von Saint-Germain war, habe ich selbst – wie auch viele von mir respektierte Kollegen – die Erfahrung gemacht, dass Merlins Geist eine Persönlichkeit besitzt, die sich deutlich von der Saint-Germains unterscheidet.

Merlin macht es Freude, Lichtarbeitern seine magische Unterstützung zukommen zu lassen, doch ermahnt er uns stets, unseren »inneren Hexenmeister« im Namen spirituellen Dienstes und nicht für persönlichen Gewinn zu benutzen.

Während ich im Stonehenge-Kreis in Südengland saß, bat ich Merlin, den Lesern dieses Buches eine Botschaft zu übermitteln. Er sagte: »*Willkommen in der Mysterienschule, in der die dunklen und hellen Mysterien Seite an Seite residieren. Ich bin der Meister des Dunklen wie auch des Hellen und bin in der Lage, die*

Macht in beidem zu erkennen und zu nutzen. Auch du vermagst dies, wenn du dich furchtlos, doch mit uneingeschränktem Respekt diesen Kräften näherst.

Wenn du mehr magisches Wissen oder größere innere Kraft und Macht begehrst, solltest du mich auf jeden Fall anrufen. Ich werde dich mit Freuden anleiten und lehren, doch sei dir bewusst, dass ich als strenger Lehrmeister gelte, der weder Exzesse noch Trägheit duldet. Sei darauf vorbereitet, hart und kompromisslos zu arbeiten, wenn du mich anrufst.«

Merlin hilft bei:

- Alchemie
- Arbeit mit Kristallen
- Göttlicher Magie
- Energiearbeit und Heilung
- Prophezeiungen und Vorhersagen
- Außersinnlichen Fähigkeiten
- Verwandlung der äußeren Erscheinung (Shapeshifting)
- Beeinflussung der Zeit (Time-warping)

ANRUFUNG

Während seines irdischen Lebens hielt Merlin sich selten in geschlossenen Räumen auf. Oft verließ er Camelot, um allein im Wald zu meditieren, und kehrte nur dann an den Hof zurück, wenn Artus oder andere ihn um Hilfe baten. Aus diesem Grund ist es am besten, Merlin in der freien Natur anzurufen, besonders im Wald oder in der Nähe von Bäumen.

Bevor Sie ihn zu sich bitten, weiß Merlin bereits um Ihre Absichten. Er weiß, wer Sie sind, bei welcher Situation Sie ihn um Hilfe bitten, und er kennt die beste Lösung. Doch er wartet, bevor er sich Ihnen nähert, und prüft zuerst, ob es sich bei Ihnen um einen Schüler handelt, der bereit ist, langfristig zu lernen und bei der Sache zu bleiben, oder ob Sie jemand sind, der nur eine schnelle Lösung für ein Problem sucht.

Merlin kommt zu jenen, die den tiefen Wunsch verspüren, die spirituellen Geheimnisse der Alchemie, göttlichen Magie und Ma-

172

nifestation zu erlernen, und die die Absicht haben, diese Gaben im Dienst am Nächsten und nicht für persönlichen Ruhm zu nutzen. Er betont immer wieder, dass diese Fertigkeiten nie angewandt werden dürfen, um irgendjemanden oder irgendetwas physisch oder emotional zu verletzen oder zu zerstören. Merlins Wissen ist ein kostbarer Besitz und er teilt es bereitwillig mit jenen, deren Herz liebevoll und rein ist.

Es kann nicht schaden, Merlin anzurufen, auch wenn Sie nicht sicher sind, ob Sie bereit sind. *Er* weiß es. Denken Sie einfach seinen Namen und bitten Sie ihn mental, zu kommen und Ihnen zu helfen. Falls Sie bereit sind, zu lernen und zu arbeiten, werden Sie seine Gegenwart spüren und innerlich seine Worte hören. Sollten Sie nicht bereit sein, wird Merlin Sie zu einem Erzengel oder Meister führen, der Sie entsprechend vorbereiten kann. In jedem Fall sollten Sie Merlin für seine liebevolle Fürsorge danken.

Moses

(Jüdisch-christliche Tradition)

Der Prophet Moses wurde von Gott dazu auserkoren, sein Volk aus der ägyptischen Sklaverei nach Israel zu führen, ins »gelobte Land, wo Milch und Honig fließen«. Er und die 12 Stämme Israels wanderten durch die Wüste und über weites Land. Schließlich, nach 40 Jahren konstanten Wanderns, fühlte Moses den Drang, den Berg Sinai zu besteigen, wo er die Bestätigung von Gott erhielt, dass sein Volk in das versprochene gelobte Land gelangen würde. Moses empfing dabei zwölf Gebote von Gott, die zur Basis des Monotheismus wurden, denn das erste Gebot forderte, keine anderen Götter neben ihm zu verehren.

Moses wurde im 15. Jahrhundert v. Chr. als Sohn von Amram und Jochebed in Ägypten geboren. Der Pharao, der sich von der wachsenden Macht und dem Reichtum der Juden bedroht sah, erließ damals den Befehl, alle neugeborenen jüdischen Babys zu töten. Die Mutter von Moses legte daraufhin ihren Sohn in einen Korb aus Rohrgeflecht und setzte ihn auf dem Nil aus. Als der Korb den Fluss hinuntertrieb, erregte er die Aufmerksamkeit und das Mitgefühl der Tochter des Pharaos, und Moses wurde im Palast aufgezogen, als wäre er von königlichem Geblüt.

Die biblischen Berichte von Moses erwähnen unter anderem, dass er auf einen Felsen schlug, der daraufhin genug Wasser gab, um den Durst des ganzen Stamms und seiner Tiere zu stillen, dass er das Rote Meer teilte und sein Volk hindurchführte, dass er mit Gott in der Form eines brennenden Dornbuschs sprach, dass er einen Stab in eine Schlange verwandelte und andere Wundertaten. Er legte Zeugnis ab für das Wunder, voller Vertrauen der göttlichen Führung zu folgen.

Moses hilft spirituell Suchenden und Lehrern aller Glaubens- und Religionsrichtungen und er ist auch einer meiner persönlichen Führer. Während ich an einem Strand an der Westküste von Neuseeland saß, gab Moses mir eine zutiefst aufwühlende Botschaft. Bis heute faszinieren mich seine Worte und helfen mir in meinem Alltag: »*Angestrengtes Bemühen bewirkt, dass sich dein Fokus in die Zukunft richtet, auf mögliche spätere Gewinne und Verbesserungen. Es ist aber sehr viel besser, in der Gegenwart zu bleiben, sie zu genießen und die Lektionen aufzunehmen, die sie dir bietet, bevor du dich neuen Strategien zuwendest. Gib alle Zukunftspläne auf und konzentriere dich stattdessen auf diesen Moment. Mache dir bewusst, wo du dich befindest, wie du dorthin gelangt bist und die Umstände, die dazu geführt haben.*

Erst wenn du diese Zusammenhänge verstanden hast, wende dich dem nächsten Moment zu. Ein unablässig auf die Zukunft gerichteter Fokus hält dich in einem Vakuum gefangen, so dass du nicht mehr in der Lage bist, geistige Nahrung, Führung und Anleitung aus dem Hier und Jetzt zu ziehen. Die größte Lektion für alle Sterblichen besteht darin, alle Umstände schätzen zu lernen, die sich ihnen bieten. Versuche nicht, eine neue Situation zu schaffen, bevor du nicht deine gegenwärtige Lage vollkommen genutzt hast. Das Leben ist das, was dir im Moment widerfährt – das ist alles, was zählt.«

Moses hilft bei:
- Umgang und Verhandlungen mit Autoritätsfiguren
- Klarer Kommunikation mit Gott
- Mut
- Glauben
- Führungsqualitäten
- Wundern

ANRUFUNG

Die Lebensgeschichte von Moses ist Zeugnis für das vertrauensvolle Akzeptieren einer Führungsrolle, selbst wenn man unsicher ist und sich für eine solche Funktion nicht genügend qualifiziert fühlt. Daher kann Moses Ihnen helfen, »den Anforderungen gemäß zu wachsen« und das Beste zu tun, was in Ihren Kräften steht. Wann immer Sie sich bezüglich Ihrer Kraft oder Fähigkeiten im Unklaren sind, rufen Sie Moses an:

»Geliebter Moses, leihe mir deinen Mut und hilf mir, meine Ängste zu überwinden und alle Zweifel loszulassen. Ich bitte dich, mein Herz mit Vertrauen in meine gottgegebenen Fähigkeiten zu erfüllen. Bitte lenke meine Worte und Taten, auf dass ich andere entsprechend Gottes Willen leiten und führen kann. Danke.«

Nemetona

(England)

꧁❦꧂

Auch bekannt als *Herrin des Heiligen Hains.*

Nemetona ist die keltische Göttin der Kraftorte, magischen Kreise, Labyrinthe und Medizinräder. Ein Schrein zu Ehren Nemetonas befindet sich in der Nähe des alten Heilortes Bath im Süden Englands.

Zur Zeit der Kelten wurden Rituale nie in geschlossenen Räumen gefeiert, sondern immer in freier Natur. Nemetona wachte über diese Zusammenkünfte, so wie ein Engel oder Meister heutzutage über eine Kirche oder einen Tempel wachen würde.

Ich sprach mit Nemetona passenderweise im heiligen Steinkreis von Stonehenge, nicht weit von Bath entfernt. Ich empfand sie als streng, würdevoll und ernst, erfüllt von uralter Energie. Sie wacht über Orte der Kraft, wobei sie die Energie der Anrufungen und Gebete aufnimmt, die von Menschen an diesen Orten über die Jahrhunderte hinweg geäußert werden (wobei Nemetona erklärt, dass all dies gleichzeitig stattfindet und nicht in einem linearen Zeitablauf).

Nemetona sagte: » *Wenn ihr an einem heiligen Ort der Kraft betet, verbindet ihr euch mit allen alten Ritualen, die an diesem Platz jemals abgehalten wurden, denn sie finden gleichzeitig in parallelen Dimensionen statt. Eure Bitten um mehr Kraft, außersinnliche Fähigkeiten und magische Gaben verbinden sich mit alten Stammestänzen und heiligen Gebetsriten.* «

Nemetona hilft bei:
- Anleitung bei Zeremonien, Weisheit und Schutz
- Klärung der Energien in der Umgebung Ihres Hauses oder Ihrer Wohnung

ANRUFUNG

Wenn Sie mit einer Zeremonie beginnen, vor allen Dingen wenn die Beteiligten dabei in einem Kreis stehen oder sitzen oder wenn sie durch ein Labyrinth gehen, rufen Sie Nemetona an, um den Vorgang zu überwachen:

> »Verehrte Göttin Nemetona, wir laden deine Gegenwart und Teilnahme an unserem Kreis ein. Bitte erfülle ihn mit deiner liebevollen Energie und segne alle an unserer Zeremonie Beteiligten. Nemetona, bitte reinige den Raum in, um, unter und über unserem Kreis. Wir danken dir.«

Oonagh

(Irland)

~~~

Auch bekannt als *Onaugh, Oona.*

Oonagh war die Frau von Fionnbharr, dem Anführer der Tuatha De Danaan, die Irland bewohnten, bevor die Kelten in das Land kamen. Nach deren Invasion zogen sie sich der Legende nach in die Anderswelt zurück und wurden zu Kobolden. Oonagh war ihrem Mann treu und hatte Geduld mit ihm, obwohl er zahlreiche Affären mit keltischen Frauen hatte.

Auf Gemälden wird Oonagh mit einer goldenen Haarpracht dargestellt, die bis zum Boden reicht. Sie ist eine Göttin der Liebe, der Schönheit und der Magie; außerdem ist sie eine Feenkönigin.

Ich rief Oonagh an, als ich mitten in einem irischen Feengarten saß, und sah alsbald die herrlichste Vision durchsichtigen, schimmernden und funkelnden Lichts mit einer strahlenden Fee in der Mitte, die von innen her leuchtete. Ich hörte Musik wie von einem himmlischen Chor und sanfte Klänge strahlten von ihr aus, so als würde jede ihrer Bewegungen eine Rhapsodie von Melodien hervorrufen. Oonagh sagte nichts – sie strahlte einfach nur Freude, Liebe und Schönheit aus.

Als ich Oonagh fragte, ob es etwas gab, was sie den Lesern dieses Buches mitteilen wollte, brach zunächst nur ein Wort aus ihr heraus: »*Liebe.*« Nach einigen Augenblicken bedeutungsvoller Stille fuhr sie fort: »*Seid voller Liebe. Liebt nicht nur einzelne Menschen, sondern seid in der Liebe selbst verankert. Das ist es, was du um mich herum leuchten siehst. Das ist der Grund, warum deine Atemzüge tiefer und dein Herzschlag schneller wurden und warum du gelächelt hast, als du meiner zum ersten Mal ansichtig wurdest.*

Ich schenke euch Inspiration für Ballett und andere Tänze, denn die Blumenfeen lehren uns zu tanzen. Durch Bewegung wird dein Herz von köstlicher Erregung und Dankbarkeit erfüllt. Wenn du zu lange in Bewegungslosigkeit verharrst, werden deine Beine und dein Körper einrosten und sich alt und müde fühlen. Ruf mich an und ich werde meinen magischen Feenstaub über dir ausstreuen, so dass du wieder in Bewegung kommst. Ich werde dich dazu ermutigen, dich zu den Rhythmen der Natur und zu den Klängen der Musik zu wiegen, zu strecken, zu dehnen und zu tanzen und die Schönheit und Anmut deines Körpers zu genießen. Lebe in Liebe.«

Oonagh hilft bei:
- Schönheit und Attraktivität
- Tanz und Bewegung
- Göttlicher Magie
- Kontaktaufnahme mit Feen
- Allen Aspekten von Liebesbeziehungen

ANRUFUNG

Oonagh liebt es, zu tanzen und ihren Körper zu bewegen, und sie liebt es besonders, wenn wir diese Aktivitäten gemeinsam mit ihr genießen. Um sich mit Oonagh zu synchronisieren, stellen Sie sich selbst als eine anmutige Ballerina vor (männlich oder weiblich), die zwischen den Blumen tanzt. Noch besser ist es, wenn Sie aufstehen und auf einer imaginierten oder echten Blumenwiese tanzen. Während Sie sich hin und her bewegen (in Ihrer Vorstellung oder tatsächlich), denken Sie wiederholt das Wort *Liebe*. Dann bitten Sie mental Oonagh, sich zu Ihnen zu gesellen. Während sie gemeinsam mit Ihnen tanzt, können Sie sich mit ihr über Ihr Liebesleben unterhalten. Halten Sie nichts zurück – sagen Sie ihr alles, was Ihnen auf der Seele brennt: Ihre Sorgen, Wünsche und Probleme mit vergangenen oder gegenwärtigen Beziehungen. Achten Sie darauf, wie Oonagh während dieser Unterhaltung Ihrem Herzen alle Schwere nimmt und Ihnen hilft, sich leicht und sorglos zu fühlen, was die Essenz von Vertrauen ist. Danken Sie Oonagh für ihren Tanz und ihren Beistand.

Pater Pio

(Christentum/Katholizismus)

～⌒～

Auch bekannt als *Francesco Forgione, Padre Pio.*

Geboren am 25. Mai 1887 als Francesco Forgione in Neapel, Italien, trat Francesco im Alter von 16 Jahren dem Kapuzinerorden bei und nahm dabei den Namen »Pio« an, die italienische Version von »Pius«. Pio begann bald, am eigenen Körper die Stigmata aufzuweisen – die Wundmale Jesu –, wobei offene Wunden oder Blut an den Körperstellen auftreten, an denen Jesus mit Nägeln durchbohrt wurde und von der Dornenkrone bekränzt war. Die stigmatisierten Wunden und das Blut blieben für die nächsten 50 Jahre sichtbar.

Zahlreiche Menschen haben die wunderbaren Heilungen bestätigt, die mit Pater Pio in Verbindung gebracht werden, sowohl während seines Erdenlebens als auch nach seinem Tode. Er ist berühmt dafür, Blinden zum Sehen zu verhelfen und die verschiedensten Verletzungen sowie scheinbar unheilbare Krankheiten zu heilen. Zu Lebzeiten war Pater Pio in der Lage, sich an mehreren Orten gleichzeitig aufzuhalten, zu levitieren und die Zukunft vorauszusagen. Außerdem gründete er ein Krankenhaus und rief eine Reihe von Gebetsgruppen ins Leben.

Der 1999 selig gesprochene Pater Pio hat ein sehr lebhaftes Wesen, das sich durch großen Enthusiasmus, Freude und tiefen Glauben auszeichnet. Er besitzt eine ansteckend optimistische Sichtweise und Sie werden sich höchstwahrscheinlich bereits heiterer und leichter fühlen, wenn Sie ihn einfach nur an Ihre Seite rufen.

Pater Pio hilft bei:
- Sehfähigkeit, einschließlich Blindheit
- Vergebung
- Verbesserung der Heilfähigkeit, vor allem bei professionellen Heilern

- Prophezeiungen
- Spirituellem Wachstum

ANRUFUNG

Im Laufe seines irdischen Lebens bewirkte Pater Pio viele Heilungen von seinem Beichtstuhl aus. Er forderte die Menschen auf, die wahre Ursache ihrer Schmerzen und Probleme laut auszusprechen. Sie können das ebenfalls tun, wenn Sie Pater Pio um seinen Beistand bitten. Er hilft ohne Unterschied Menschen aller Religionen und Glaubenszugehörigkeiten. Eine Anrufung könnte zum Beispiel folgendermaßen lauten:

»Geliebter Pater Pio, bitte hilf mir bei … *(beschreiben Sie die Situation)*. Ich gebe zu, dass dieses Problem störende Gefühle wie zum Beispiel … *(nennen Sie ihm alle Emotionen, die Ihnen in diesem Zusammenhang einfallen)* geweckt hat. Ich bin bereit, mir selbst und allen anderen Menschen, die an dieser Situation beteiligt sind, rückhaltlos zu vergeben, und ich bitte dich, mir dabei zu helfen. Bitte hilf mir, Licht, Liebe und Vergebung zu finden. Danke, Gott. Danke, Jesus. Danke, seliger Pater Pio. Amen.«

Pele

(Hawaii)

⤳≈⤳

Auch bekannt als *Ka-'ula-o-ke-ahi (= Glut des Feuers)*.

Pele ist die Feuergöttin, die über Hawaiis Vulkane herrscht und in verschiedenen Formen erscheinen kann: als schöne junge Frau, als verhutzelte Alte, als Hund oder als Flamme. Auf den hawaiianischen Inseln wird Pele als eine machtvolle Gottheit verehrt.

Viele Legenden umranken Peles Herkunft. Ein gemeinsames Thema in diesen Geschichten ist Peles Geschwisterrivalität mit ihrer älteren Schwester, Hiiaka, Göttin des Meeres. Als Pele beschloss, ihre Feuermacht zu benutzen, um dem Meer Land abzugewinnen und neue Inseln zu schaffen, ging ihre Schwester zum Angriff über. Hiiaka schüttete Wasser auf Peles geliebte Lava und der von den beiden kämpfenden Schwestern verursachte Dampf quoll aus den Vulkanen und hüllte ihre Umgebung in einen undurchsichtigen Nebel.

Andere Geschichten handeln von Peles tragischen Liebesaffären mit sterblichen Männern sowie mit Göttern und es heißt, dass Peles Tränen, die sie in Verzweiflung über ihr Liebesleben vergießt, zu flüssiger Lava werden. Peles Zorn und Rache verfolgen jeden, der es wagt, Lavabrocken von den hawaiianischen Inseln mitzunehmen. Angeblich haben schon viele Touristen Lava auf die Inseln zurückgeschickt, weil sie sich nach ihrer Heimkehr vom Pech verfolgt fühlten.

Pele ist eine mächtige, aber vertrauenswürdige Göttin, die uns hilft, unsere Leidenschaft und die wahren Wünsche unseres Herzens zu entdecken. In Kona auf Hawaii sagte sie mir: »*Jeder trägt ein brennendes Feuer in seinem Inneren, ein Feuer, das – wenn es richtig gelenkt wird – Leidenschaft und Zielbewusstsein in uns entfacht. Wenn wir unsere Sehnsüchte und Wünsche verleugnen, kann es passieren, dass wir irgendwann in einen Vulkan des Zorns und der Frustration ausbrechen. Doch selbst dann können wir unseren Zorn noch in kreative Formen der Schönheit verwandeln, so wie sich mein Lavafluss erhärtet, in Stein verwandelt und damit ermöglicht, dass sich neuer Erdboden bilden kann und meine Inseln größer werden.«*

Pele hilft bei:
- Gewinnung von Kraft
- Energie
- Leidenschaft
- Zielsetzung und Erreichen eines gesetzten Ziels
- Setzen von Prioritäten
- Ehrliche Kommunikation in Beziehungen

ANRUFUNG

Als Göttin des heiligen Feuers hilft uns Pele, in unserem Beruf, unseren Beziehungen und unserem Leben allgemein eine Flamme der Leidenschaft zu entzünden. Wenn Sie das Gefühl haben, Ihr Leben sei irgendwie farblos und grau, rufen Sie Pele um Hilfe an. Zünden Sie eine Kerze an, die ein warmes Licht ausstrahlt (zum Beispiel rot, orange, gelb), blicken Sie direkt in die Flamme und sagen Sie voll Ehrerbietung und Respekt:

»Heilige Göttin Pele, ich bitte dich um deine Hilfe beim Wiederentfachen meiner inneren Flamme. Hilf mir, von Leidenschaft für das Leben erfüllt zu sein. *(Falls Sie ein bestimmtes Projekt oder eine Beziehung haben, für das/die Sie Ihre Leidenschaft neu entfachen möchten, beschreiben Sie nun die entsprechende Situation.)* Hilf mir, diese Leidenschaft mit liebevoller Freundlichkeit zu mildern und den Mut aufzubringen, meine Wahrheit auszusprechen, wenn Zorn in mir aufsteigt.«

Saint-Germain

(New Age)

～～

Auch bekannt als *Graf von Saint-Germain,
Comte de Saint-Germain, Saint-Germain, Saint-Germaine,
der Wundermann.*

Saint-Germain ist kein Heiliger im katholischen Sinne und sollte
nicht mit »Saint Germain«, dem heiligen Germanus, verwechselt
werden. Vielmehr war er ein Graf und wurde irgendwann zwischen 1690 und 1710 geboren, wobei die Angaben zu seinen
Eltern widersprüchlich sind. Manchmal heißt es, dass Marie de
Neubourg, die Witwe König Karls II. von Spanien, seine Mutter
war und Comte Adanero sein Vater. Andere Quellen dagegen (besonders die mit der Theosophie verbundenen) behaupten, dass
Prinz Ragoczy von Transsylvanien sein Vater war. In einigen Berichten heißt es sogar, dass *er selbst* Prinz Ragoczy war. Wieder
andere glauben, er sei ein portugiesischer Jude gewesen.

Unabhängig von seiner Herkunft zeigt die Geschichte, dass Graf
Saint-Germain engen Kontakt zur europäischen High Society
und zum Adel hatte. Er besaß viele Talente, spielte die Geige wie
ein Virtuose, gab hellsichtige Readings, beherrschte verschiedene
Sprachen und war ein äußerst begabter Maler. Darüber hinaus
studierte und lehrte er okkultes und alchemistisches Wissen und
hatte mit der Gründung mehrerer Geheimgesellschaften zu tun,
einschließlich der Freimaurer. Er rühmte sich der Fähigkeit, Blei
in Gold verwandeln zu können, und wusste angeblich um eine
geheime Technik, um Mängel in Diamanten zu beseitigen und sie
gleichzeitig größer und damit wertvoller zu machen.

Darüber hinaus gab Saint-Germain seinen Freunden Elixiere,
die angeblich Falten entfernen und ihnen die Jugend zurückge-
ben konnten. Das mag den Tatsachen entsprechen, da die meisten
Berichte erwähnen, dass er sein Leben lang wie ein junger Mann
in den besten Jahren wirkte. Außerdem heißt es, dass er sich zwar

oft mit Freunden zum Dinner traf, jedoch nie in der Öffentlichkeit aß. Er erwähnte anderen gegenüber des Öfteren, dass die einzige Nahrung, die er jemals zu sich nahm, eine spezielle Haferzubereitung war, die er persönlich bei sich zu Hause herstellte.

Die Berichte über ihn behaupten, dass Saint-Germain recht wohlhabend war, obwohl niemals bekannt wurde, woher dieser Reichtum kam. Er liebte Edelsteine – oder waren es Kristalle? –, die er häufig in großer Zahl bei sich trug und gern an andere verschenkte. In seinen Gemälden stellte er Edelsteine in kräftigen, leuchtenden Farben dar.

Saint-Germain erwähnte nie Einzelheiten über seine Geburt und seine persönliche Geschichte und galt bereits zu seinen Lebzeiten als ein faszinierend geheimnisvoller Mann. Gelegentlich bezog er sich auf vergangene Leben – indem er zum Beispiel erwähnte, dass er gemeinsam mit Nero in Rom gewesen sei. Außerdem behauptete er, dass er hundert Jahre nach seinem Ableben nach Frankreich zurückkehren würde.

Prinz Karl von Hessen-Kassel, bei dem Saint-Germain lebte und mit dem er Alchemie praktizierte, ließ wissen, dass der Graf am 27. Februar 1784 in seinem Schloss verstorben sei. Glaubwürdige Berichte bezeugen aber, dass Saint-Germain mehrere Jahre später noch gesehen wurde. Beispielsweise ist in offiziellen Freimaurer-Dokumenten zu lesen, dass Saint-Germain bei einer Versammlung im Jahre 1785 der französische Repräsentant des Geheimordens war.

Saint-Germain war darüber hinaus sehr stark in der französischen Politik involviert und stand König Ludwig XVI. bei mehreren Missionen zur Seite. Er soll zum Beispiel mit dafür verantwortlich gewesen sein, dass Katharina die Große Zarin wurde. Außerdem soll er Marie-Antoinette 15 Jahre vor dem tatsächlichen Geschehen die französische Revolution prophezeit haben. Hin und wieder brachten Saint-Germain sein Verhalten und seine exzentrischen Handlungen in Schwierigkeiten und er wurde mindestens einmal inhaftiert.

Manche Menschen glauben, dass Saint-Germain Unsterblichkeit erlangte und dass er seinen Tod fingierte, um keine unliebsame Aufmerksamkeit auf sich zu ziehen. Annie Besant, eine der frühen Theosophinnen, behauptete, ihm im Jahre 1896 begegnet zu sein. Der Schriftsteller Guy Ballard, der unter dem Pseudonym Godre

Ray King schrieb, berichtet über eine Begegnung mit Saint-Germain am Mount Shasta in Kalifornien während der dreißiger Jahre des 20. Jahrhunderts. In jüngster Zeit berichtete auch Elizabeth Clare Prophet über Saint-Germain, wobei sie behauptet, dass er eine violette Flamme bei sich trägt, die niedere Energien umwandelt.

Laut der »I AM Teachings«, die auf die Große Weiße Bruderschaft (siehe Glossar) zurückgehen, spielte Saint-Germain eine äußerst wichtige Rolle in der menschlichen Geschichte. In New-Age-Kreisen wird davon ausgegangen, dass er in seinen vergangenen Leben unter anderem Jesu Vater Joseph war, außerdem Merlin und Shakespeare. Er gilt als Chohan des siebten Strahls, der violetten Farbe, die die höchste Frequenz in der Hierarchie der Farbschwingungen besitzt. Mit anderen Worten: Er ist eine sehr wichtige Figur in der Evolution der menschlichen Rasse und in der Großen Weißen Bruderschaft.

Mein erstes aufsehenerregendes Erlebnis mit Saint-Germain fand statt, als ich in Atlanta einen Workshop zur Entwicklung hellsichtiger Fähigkeiten gab. Die Schüler waren paarweise aufgeteilt, saßen einander gegenüber und gaben sich gegenseitig Readings. Als sie fertig waren, bat ich sie, von ihren Erfahrungen zu berichten. Eine Frau in einer Ecke des Raums hob die Hand. Sie war Jüdin und hatte sich nie zuvor mit New-Age-Lehren beschäftigt. Ihr Partner während des Readings war ein katholischer Priester aus England, der nach Atlanta gekommen war, um an meinem Seminar teilzunehmen.

»Wer ist Saint-Germain?«, fragte die Frau. Weder sie noch ihr Partner hatten je von diesem Mann gehört, der so deutlich in ihren Readings durchgekommen war.

»Bei mir ist Saint-Germain auch durchgekommen!«, erklärte ein anderer Schüler in der gegenüberliegenden Ecke des Raumes. »Bei mir auch!«, riefen zwei weitere Teilnehmer. Das Interessante daran war, dass die vier Personen, die während ihres Readings Kontakt mit Saint-Germain hatten, vorher nicht einmal seinen Namen gekannt hatten und zudem in verschiedenen Bereichen des Raumes saßen. Saint-Germain zeigte uns ganz deutlich, dass er anwesend und für uns alle erreichbar war. An jenem Tag wurde mir klar, dass er gemeinsam mit mir die Teilnehmer meines Seminars unterrichtete.

Ich habe Saint-Germain als einen liebevollen, wohlwollenden Meister kennen gelernt, dessen Wunsch es ist, mit Lichtarbeitern zusammenzuarbeiten – d. h. mit Menschen, die dazu beitragen möchten, die Situation auf der Welt zu verbessern. Er stellt Führung, Schutz und Mut zur Verfügung. Falls Sie bei diesen Eigenschaften an den Erzengel Michael denken, dann ist dies kein Zufall, da sie sozusagen »Hand-in-Flügel« zusammenarbeiten.

Saint-Germain hilft bei:
• Alchemie
• Interaktion mit Autoritätsfiguren und einflussreichen Personen
• Mut
• Richtungsweisung
• Erkennen und Erfüllen der Lebensaufgabe
• Wundersamen Manifestationen
• Ausdauer
• Seelisch-geistigem Schutz

ANRUFUNG

Nach meiner Erfahrung wird Saint-Germain nicht herbeigerufen – *er* ist derjenige, der sich meldet! Er scheint einfach dort aufzutauchen, wo Lichtarbeiter in Seminaren, Arbeitsgruppen oder Meditationstreffen zusammenkommen. Er arbeitet außerdem mit spirituellen Lehrern, um sie in ihrer Kontaktfreude und bei ihren Führungsqualitäten zu unterstützen.

Das soll jedoch nicht heißen, dass Sie keine spezielle Audienz bei ihm erbitten können, wenn Sie sich eine Botschaft oder eine spezielle Motivation von ihm wünschen. Denken Sie einfach: »*Saint-Germain, ich brauche deine Hilfe.*« Warten Sie einen Moment lang und lassen Sie ihn dann mental um die Situation oder die Fragen wissen, bei denen Sie Hilfe benötigen.

Sie werden wissen, dass Saint-Germain bei Ihnen ist, wenn Ihnen plötzlich eine kreative Antwort auf Ihre Fragen in den Sinn kommt. Unter Umständen werden Sie auch purpurviolette Lichtfunken im Raum sehen. Außerdem werden Ihnen tiefschürfende Gedanken dazu kommen, wie Sie anderen Menschen helfen können.

Salomon

(Jüdisch-christliche Tradition)

Auch bekannt als *Salomo, König Salomon.*

Salomon war ein israelitischer König und der Nachfolger auf dem Thron seines Vaters, König David, der im 10. Jahrhundert vor Christi Geburt herrschte. Verglichen mit der Intensität König Davids war Salomon ein sanfter und weiser Mann, der Alchemie und jüdischen Mystizismus mit gesundem Menschenverstand und Weisheit zu verbinden wusste. Salomon spielte eine entscheidende Rolle bei vielen Fortschritten Israels im Bereich der Regierungsführung, Kultur und Architektur. Am bedeutendsten war seine Rolle beim Bau des Tempels von Jerusalem, in dem die Bundeslade aufbewahrt wurde.

In der Bibel wird Salomons bemerkenswerte Weisheit im »Buch der Könige« ausdrücklich erwähnt: »*Und Gott gab Salomo sehr große Weisheit und Verstand und einen Geist, so weit, wie Sand am Ufer des Meeres liegt, dass die Weisheit Salomos größer war als die Weisheit von allen, die im Osten wohnen, und als die Weisheit der Ägypter. … Und aus allen Völkern kam man zu hören die Weisheit Salomos, und von allen Königen auf Erden, die von seiner Weisheit gehört hatten.*«

Zahlreiche Hinweise in der Thora, dem Alten Testament und sonstigen überlieferten jüdischen Texten beziehen sich unter anderem auf Salomons Fähigkeiten im Bereich des Exorzismus und der Magie. Ein griechisches Manuskript aus dem 15. Jahrhundert mit der Bezeichnung *Das Testament des Salomon* beschreibt, dass er einen magischen Ring (bekannt als »Salomons Ring«) benutzte, auf dessen Oberfläche ein sechsstrahliger Stern eingraviert war. Gelehrte weisen darauf hin, dass dieser Stern, auch als Hexagramm oder Davidstern bezeichnet, ursprünglich mit der Kabbala, der Hohen Magie und den Mysterien des Pythagoras verbunden war. Man kann davon ausgehen, dass Salomon entscheidend dazu beitrug, dass dieser Stern zu einem Symbol Israels und des Judentums wurde.

Das *Testamentum Salomonis* enthält außerdem einen der zahlreichen Berichte darüber, dass der König in der Lage war, Dämonen unter seine Kontrolle zu bringen, sowohl um sie zu verbannen als auch um sie zu »Sklaven« zu machen, die magische Aufgaben für ihn übernehmen mussten. Texte über Salomon erwähnen sehr oft, dass er 72 verschiedene Dämonen, von denen jeder einen bestimmten Namen und eine spezielle Funktion hatte, unschädlich machte und unter seine Kontrolle brachte. Bevor er die Erde verließ, sorgte Salomon dafür, dass diese 72 Dämonen so in Bann geschlagen wurden, dass sie niemandem mehr Schaden zufügen konnten.

Salomon ist auf eine so hohe Ebene aufgestiegen, dass Sie seine Gegenwart vielleicht nicht spüren werden, wenn Sie ihn anrufen. Ihr höheres Bewusstsein wird aber in der Lage sein, seine gesammelte Weisheit anzuzapfen. Salomon ist eine weise alte Wesenheit, ähnlich dem göttlichen Archetypus, der alles sieht und alles weiß, und er weiß bereits, wer Sie sind, worin Ihre göttliche Aufgabe besteht und wie Sie die Dinge besser und effektiver erledigen können. Er kann Ihnen helfen, verschiedene Bereiche Ihres Lebens zu verbessern. Sein Beistand kann manchmal irritierend oder verwirrend wirken, wenn man seine Botschaften als einen Machtkampf missversteht. Kluge Menschen werden jedoch für seine Hilfe jederzeit offen sein.

Salomon sagt: »*Poesie ist die Basis des Lebens. Poesie ist Kunst in Bewegung. Denn es ist nicht die Anhäufung von Wissen, wonach wir streben, sondern die Fähigkeit, das Leben auf bessere, fließendere und edlere Weise zu leben. Übernimm durch gottgefälliges Verhalten die Kontrolle über deine inneren Dämonen und vermeide jeden Exzess, auf dass du wahrlich mit königlicher Macht über dein inneres Reich herrschen kannst. Erlange die Kontrolle über alle deine Talente. Nimm sofort die Beendigung all deiner Süchte und negativen Verhaltensmuster in Angriff, und sei frei – frei, zu herrschen, frei, zu leben, und frei, deiner inneren Berufung auf grenzenlose Weise Ausdruck zu verleihen.*«

Salomon hilft bei:
- Verständnis der Kabbala
- Göttlicher Magie
- Freude, Kunst und Poesie
- Manifestation
- Klärung und Reinigung von Räumen
- Freisetzung gebundener Geister
- Weisheit und Verständnis

ANRUFUNG

Rufen Sie Salomon bei allen Arten von Schwierigkeiten an. Als göttlicher Magier wird er segensreiche Energie schicken, um Ihnen zu helfen, wenn Sie darum bitten:

»Salomon, oh Salomon, ich brauche deine Hilfe und Unterstützung. Bitte komm zu mir und scheine dein Licht auf diese Situation *(beschreiben Sie ihm die Situation)* und hilf mir, alle Fesseln von Angst und Groll zu lösen. Ich brauche ein Wunder und ich brauche es jetzt sofort! Bitte hilf mir, diese Angelegenheit zu einem guten Ende zu bringen, und hebe mich aus den Verliesen der Dunkelheit. Ich danke für deine Weisheit und deinen Mut und dafür, dass du die perfekte Lösung für diese Situation herbeiführst.«

Sanat Kumara

(Hinduismus; New Age)

Auch bekannt als *Karttikeya, Kumara, Skanda-Karttikeya.*

Kumara ist ein Kriegsgott, dessen Anliegen darin besteht, die Menschen und die Erde von negativen Wesenheiten und niederen Energien zu befreien.

Unzählige Legenden berichten von der Erschaffung Kumaras und durch alle zieht sich wie ein roter Faden eine Verbindung zu der Zahl 6 – vielleicht aufgrund seiner Fähigkeit, negative Geister zu vertreiben. Eine Geschichte erzählt, dass der Himmel von Dämonen geplagt wurde, woraufhin Shiva die Flamme seines Dritten Auges dazu benutzte, um sechs Kinder zu zeugen, deren spezielle Fähigkeit die Vernichtung von Dämonen sein sollte. Jedoch drückte die Mutter ihre sechs Kinder mit solcher Begeisterung ans Herz, dass aus ihnen ein einziges Kind mit sechs Köpfen wurde.

Die Hindus verehren Kumara als einen Führer unter den Göttern, der die Dunkelheit aus den Seelen von Menschen und Geistern verbannt. Sein Schlachten von Dämonen wird als Metapher verstanden, die seinen Kampf gegen Unwissenheit, Finsternis und Ignoranz symbolisiert.

In New-Age-Kreisen gilt Sanat Kumara als Mitglied der Großen Weißen Bruderschaft, der an der Seite von Jesus und Erzengel Michael arbeitet, um dem Planeten und seinen Bewohnern beim Aufstieg in die höheren Sphären zu helfen.

Sanat Kumara sagt: »*Macht ist mein Fokus – Macht für den Einzelnen und für alle … Mir geht es darum, den Menschen ihre persönliche Kraft wiederzugeben, direkt aus der Quelle von allem, was ist. Durch meine Erkenntnis des Großen All-Seins bin ich in der Lage, seine Fülle anzuzapfen und euch einen Teil der ewigen Macht zukommen zu lassen. Indem ich die Massen mit dieser persönlichen Kraft erleuchte, strömt eine Welle von Ge-*

rechtigkeit und Barmherzigkeit in die Welt. Denn niemand kann deine persönlichen Grenzen überschreiten, wenn du weißt, dass dein Vorrat an Kraft unbegrenzt und keinerlei Beschränkungen unterworfen ist. Stütze dich auf dieses Wissen und fürchte nie, deine Rechte in allen Situationen geltend zu machen, in denen du Stärke zeigen musst.«

Sanat Kumara hilft bei:
- Überwindung des Egos
- Überwindung von Müdigkeit
- Heilungsarbeit
- Reinigung und Klärung von Räumen
- Freisetzung gebundener Geister
- Spirituellem Wissen und Erleuchtung

ANRUFUNG

Kumara ist eine kraftvolle Wesenheit, die ein ursprüngliches, archaisches Gefühl vermittelt, ähnlich einem mächtigen Schamanen oder Medizinmann. Wenn Sie ihn anrufen, reagiert Kumara schnell wie der Blitz und mit einer liebevollen und starken Energie. Wenn Sie sich erschöpft fühlen, bitten Sie ihn um seine Hilfe:

»Sanat Kumara, bitte schenke mir deine Energie, um meinen Geist und meine Lebenskraft zu stärken. Bitte hilf mir, mich über negative Gedanken und Gefühle zu erheben, so wie ein Vogel sich über dunkle Wolken erhebt. Ich bitte um deinen Beistand, auf dass du mir hilfst, die wahre und ewige Quelle aller Kraft anzuzapfen. Beseitige alle niederen Geister und Energien aus meinem Inneren und aus meinem Umfeld und erfülle mich mit dem Licht göttlicher Heilung.«

Dann atmen Sie tief ein und aus, während Kumara ans Werk geht. Schon nach wenigen Minuten werden Sie sich belebt und erfrischt fühlen.

Sedna

(Inuit/Eskimos)

Auch bekannt als *Ai-willi-ay-o, Nerivik.*

Verschiedene Legenden erzählen, dass Sedna aus dem Boot ihrer Eltern fiel (oder über Bord gespült wurde) und dass abgetrennte Teile ihres Körpers in Seelöwen und andere Meereslebewesen verwandelt wurden. Sedna gilt daher als Schöpfungsgöttin aller Meeresbewohner – sozusagen als die ultimative Meeresgöttin.

Sedna erfüllt all jenen ihre Wünsche, die sie liebevoll, aufrichtig und sanftmütig um ihren Beistand bitten. Da sie in so enger Verbindung mit dem Wasser und mit Delphinen steht, hilft Sedna auch im Bereich der Intuition und übermittelt uns in unseren nächtlichen Träumen Botschaften über Delphine.

Ich befand mich auf einem Schiff in der Nähe von Hawaii, mitten im Pazifik, als ich Sedna anrief. Obwohl sie überall für Hilfe und Führung zur Verfügung steht, wollte ich Sedna in ihrer heimischen Umgebung begegnen und sie um eine Botschaft für dieses Buch bitten. Sie begann mit den Worten: »*Ich bin die Herrin der großen Ozeane, die eure Atmosphäre mit Magie erfüllen. Euer Wetter entsteht aus den Meeresströmungen, der Feuchtigkeit, die aus den Meeren verdunstet, und den Winden.*

Diese riesige Wasseroberfläche ist wichtig für euren Planeten und daher gilt es sie zu schützen. Abgesehen davon, dass ihr eure Abfallprodukte nicht ins Meer entsorgen dürft, muss eure unablässige Benutzung chemischer Reinigungsmittel unbedingt sofort aufhören!

Wasser allein genügt, um Sauberkeit zu gewährleisten – seine Reinheit, die ihm innewohnenden vielfältigen Segnungen und lebensspendenden Eigenschaften können statt Seifenschaum dazu dienen, Schmutz abzuwaschen. Heißes Wasser allein reicht aus, um Bakterien abzutöten – es besteht keine Notwendigkeit für Desinfektionsmittel, die das Wasser und die Luft dieses letzten großen Planeten verschmutzen.

Erlaubt mir, eure Sorgen und Ängste durch magische Unterwasser-Abenteuer zu ersetzen, in die ich euch während eurer Traumzeit entführen kann. Ruft mich überall und jederzeit an, wenn euch der Sinn danach steht, damit ich eure Wünsche erfülle, und überlasst mir ab jetzt eure Sorgen und Ängste. Ich werde sie in die endlosen Tiefen meines Meeres tauchen und sie reinigen, bis die euren Sorgen zugrunde liegende Essenz enthüllt und schließlich geheilt ist.

Achtet gut auf meine Lieblinge – die Seelöwen, Delphine und Fische – tut es für mich.«

Sedna hilft bei:

- Fülle – vor allem bei Nahrungsvorräten
- Tierschutz, besonders der im oder am Wasser lebenden Tiere, Fische und Seevögel
- Delphinen und Walen
- Träumen und Intuition
- Erfüllung von Wünschen, während Sie sich auf dem Meer befinden
- Abwendung von Wirbelstürmen
- Erhaltung der Ozeane
- Schutz beim Schwimmen, Segeln oder Surfen

ANRUFUNG

Am besten ist es, den Kontakt mit Sedna aufzunehmen, wenn Sie sich im Wasser oder in der Nähe von Wasser befinden, da dies ihre Domäne ist. Sagen Sie zu ihr:

»Liebste Sedna, Göttin der Gewässer, ich möchte gern über meine Intuition und meine Träume eine Verbindung zu dir herstellen. Bitte lass mir eine klare Botschaft zu *(beschreiben Sie die Situation, bei der Sie Hilfe benötigen)* zukommen. Bitte sende mir deine Delphine in meine Träume und hilf mir, die Wahrheit über diese Situation aufzudecken. Danke.«

Serapis Bey

(Ägypten, Griechenland und New Age)

∼⧉∼

Auch bekannt als *Serapis, Sarapis, Apis, Asar-Apis, Osiris-Apis*.

Ursprünglich war Serapis ein ägyptischer Gott der Unterwelt, der für das Wohlergehen der verstorbenen Seelen verantwortlich war; in New-Age-Kreisen ist er als Serapis Bey bekannt.

Serapis Bey hilft Menschen, auf ihre Erleuchtung hinzuarbeiten. Aufgrund seines Interesses an Schönheit und Ästhetik motiviert er sie auch dazu, sich körperlich fit zu halten und gesund zu leben. Außerdem hilft er ihnen, den bevorstehenden, schon seit langer Zeit vorausgesagten Veränderungen auf der Erde standzuhalten. Vergleichbar einem spirituellen Fitness-Guru, inspiriert und motiviert er die Menschen und schenkt ihnen Hoffnung für die Zukunft. Serapis Bey hilft darüber hinaus Künstlern und Musikern bei ihren kreativen Projekten. Er ist ein äußerst liebevoller aufgestiegener Meister und arbeitet zusammen mit anderen geistigen Wesenheiten aktiv daran, Kriege abzuwenden und Frieden auf die Erde zu bringen.

Ich empfinde seit langem eine starke Affinität und Zuneigung für Serapis Bey und habe ihn als wundervollen »Trainer« erfahren, der liebevoll von uns verlangt, unser Bestes zu geben. Er drängt uns, ganz besonders gut auf unseren Körper zu achten, und wenn Sie mit ihm zu arbeiten beginnen, dürfen Sie davon ausgehen, dass er Ihnen wichtige Tipps hinsichtlich Fitness und Ernährung geben wird.

Er sagt: »*Erneut sind wir vereint, so wie ich bereits unzählige Male mit vielen von euch zusammen war. Ihr seid wegen einer weiteren Initiation hier, ist es nicht so? Ihr seid dabei, die nächste Stufe der Leiter des Aufstiegs in die himmlischen Gefilde zu erklimmen. Ich bin hier, um euch zu helfen, eure nächsten Schritte vorsichtig und überlegt zu wählen. Viele von euch sind ständig so in Eile, dass sie die Stimme ihrer inneren Führung nicht mehr hören. Ihr müsst unbedingt Sorge dafür tragen, euch einen stillen Raum zu schaffen.*

Zieht euch in regelmäßigen Abständen von dem hektischen Tempo und dem Lärm der Welt zurück. Selbst eine kurze Ruhepause wird euch erfrischen und euch erneut mit der Stimme in Verbindung bringen, die ihr von ganzem Herzen liebt, der Stimme, der ihr am allermeisten vertraut. Wenn ihr zulasst, dass ihr euch von dieser Stimme entfernt oder ganz von ihr getrennt seid, werdet ihr euch unsicher und ängstlich fühlen, ohne zu wissen, warum. Dann seid ihr wie Säuglinge, die von der nährenden Brust der Mutter getrennt sind: verloren und verwirrt.

Macht diese Stimme zu eurer obersten Priorität, denn sie ist euer wertvollster Freund, dessen Worten ihr aufmerksam lauschen solltet. Wenn ihr die Stimme nicht hören könnt, so ist dies einfach ein Hinweis, dass es an der Zeit ist, still zu werden, bis ihr euch dieser inneren Quelle der Führung und Richtungsweisung wieder bewusst seid.«

Serapis Bey hilft bei:

- Überwindung von Suchtverhalten und übermäßigem Verlangen aller Art
- Künstlern, Musikern und kreativen Unternehmungen
- Geistigem Aufstieg und Erleuchtung
- Klarer Kommunikation mit Gott
- Persönlichem und globalem Frieden
- Prophezeiungen

ANRUFUNG

Serapis Bey kann jederzeit kontaktiert werden, wenn Sie liebevolle Fürsorge, spirituelle Einsicht oder Frieden und Ruhe brauchen. Machen Sie sich innerlich die Absicht bewusst, mit ihm in Verbindung zu treten. Dann halten Sie einen Moment inne, schließen Ihre Augen und nehmen ein paar tiefe Atemzüge. Während Sie einatmen, denken Sie an Ihren Wunsch. Beim Ausatmen stellen Sie sich vor, dass Sie alles loslassen, was Ihnen auf dem Herzen liegt.

Irgendwann werden Sie Serapis Beys Gegenwart neben sich spüren oder wahrnehmen, wie er Ihr Atemmuster widerspiegelt. Dann werden Sie entweder seine Stimme hören oder die Gedanken spüren, die von ihm kommen. Keine Angst – Serapis Bey wird sich niemals über Ihren freien Willen hinwegsetzen. Jedoch wird er Ihnen klare Führung und Anweisungen für Ihre nächsten Schritte zukommen lassen, zusammen mit der Motivation, diesen Anweisungen zu folgen.

Wann immer Sie sich in einer Situation befinden, die Durchhaltevermögen und Fokus von Ihnen verlangt, sind Sie gut beraten, Serapis Bey an Ihre Seite zu rufen.

Sulis

(England)

~~~~~~

Auch bekannt als *Sul, Sulla, Sulevia, Sulivia.*

Sulis ist eine Göttin der heilenden Wasser, deren Schrein sich in dem alten Kurort Bath im Süden Englands befindet. Ihr Name bedeutet »Auge« oder »Sehen«. Daher leuchtet es ein, dass sich ihre Hilfe besonders auf den Bereich physischer wie auch außersinnlicher Sehfähigkeit bezieht. Darüber hinaus wird das Auge mit der Sonne assoziiert, daher gilt Sulis auch als Sonnengöttin – eine Seltenheit, da normalerweise männliche Gottheiten als Sonnengötter betrachtet werden, während weibliche Gottheiten in erster Linie Verbindungen zum Mond und zu den Sternen haben. Diese Assoziation mit der Sonne ist unter Umständen auf Sulis' Beziehung zu heißen Quellen zurückzuführen.

Sulis überwacht alle Gewässer, denen heilende Wirkungen zugeschrieben werden, vor allen Dingen natürliche heiße Quellen. Heutzutage kommen Menschen aus aller Welt nach Bath, um aus Sulis' Brunnen im Zentrum des Restaurants bei den heißen Quellen zu trinken. Dem heilenden Wasser, das reich an Schwefel ist, wird nachgesagt, dass es die Wirkung eines Jungbrunnens besitzt.

Ich sprach in der Nähe von Bath mit Sulis und sie sagte mir: »*Ich war es, die du über dem Regenbogen in Stonehenge gesehen hast. Du findest mich in den Spektralfarben der Wassertropfen, die das göttliche Licht reflektieren, das allem Wasser innewohnt. Pflanzen sind mir kostbar und ich kann Gärtnern helfen, alles üppig wachsen zu lassen, von vitaminhaltigem Gemüse bis hin zu gesunden Topfpflanzen. Doch erwarte bitte nicht, dass ich die Pflanzen von Blattläusen befreie – ich bin eine natürliche Landschaftsgärtnerin, die das Gleichgewicht zwischen dem Reich der Erde (über das in Wahrheit die Insekten regieren) und dem Reich der Pflanzen schützt und bewahrt.*«

Sulis hilft bei:
- Segnung
- Hellsichtigkeit
- Physischer und außersinnlicher Sehfähigkeit
- Gartenarbeit
- Wasser, das für Zeremonien benutzt wird
- Wünschen

ANRUFUNG

Es ist eine gute Idee, Sulis zu jeder Zeremonie einzuladen, die mit Wasser zu tun hat. Sie können zum Beispiel ein Wasserritual durchführen, indem Sie sich ein heißes Bad einlaufen lassen und Meersalz, natürliche Öle und einige duftende Blütenblätter hineingeben. Umgeben Sie die Badewanne mit Kerzen, legen Sie sanfte Musik auf und stellen Sie eine blühende Topfpflanze neben die Wanne. Dimmen Sie das Licht, zünden Sie die Kerzen an, und während Sie in das köstliche Nass steigen, sprechen Sie:

»Schwester Sulis, ich lade deine liebevolle Gegenwart ein. Sulis, bitte bring deine gnadenvollen Segnungen, deine fürsorgliche Natur, deine spirituelle Sehfähigkeit und deine jugendliche Schönheit und verleihe diese Gaben den Wassern in mir und um mich herum. Bitte hilf, meinen Wunsch zu erfüllen *(beschreiben Sie Ihren Wunsch)*. Ich danke dir, geliebte Sulis.«

Tara

(Buddhismus, Hinduismus, Jainismus, Lamaismus)

Auch bekannt als *Grüne Tara* und *Weiße Tara*.

Als Avalokitesvara, der *Boddhisattva* (der Erleuchtete) des Mitgefühls und des Schutzes, so viele Tränen vergossen hatte, dass sie sich zu einem See sammelten, erschien aus der Tiefe eine Lotosblüte auf der Oberfläche des Wassers. Als die Blüte sich öffnete, trat eine wunderschöne Göttin aus ihrer Mitte, und ihr Name war Tara. Sie ist das weibliche Gegenstück und die Gefährtin Avalokitesvaras. Tara zeichnet sich durch vielfältige Aspekte und Persönlichkeitsanteile aus, die durch die verschiedenfarbigen Taras (Grüne Tara, Weiße Tara, Rote Tara, Blaue Tara und Gelbe Tara) repräsentiert werden. In ihren roten, blauen und gelben Aspekten kann Tara launenhaft und temperamentvoll sein, doch als Weiße und Grüne Tara ist sie liebevoll und hilfreich.

Der Name Tara bedeutet »Stern«, und wie die Sterne, die den Seeleuten und Reisenden Orientierung geben, hilft Tara uns, ungestört und sicher zu reisen und unseren Weg zu finden – ob nun auf einer tatsächlichen Reise, auf unserem spirituellen Weg oder einfach nur durch das alltägliche Leben.

Die Grüne Tara ist als »schnelle« Göttin bekannt, die rasche Einsichten vermittelt und Ihnen umgehend zu Hilfe eilt. Wenn Sie Beistand in physischen oder spirituellen Notfällen brauchen, rufen Sie die Grüne Tara an.

Die Weiße Tara hilft bei der Verlängerung der Lebenserwartung, und wenn Sie sie anrufen, wird sie Ihnen ein langes Leben schenken. Außerdem ist sie eine Überbringerin von Erleuchtung.

Die Grüne Tara ist äußerst intensiv, doch trotz ihres kriegerischen Geistes ist sie gleichzeitig sehr liebevoll. Sie ist eine sachliche, nüchterne Gottheit, die stets einen sofortigen Energietransfer veranlasst, um jenen zu helfen, die sie um ihre Hilfe bitten. Sie sagt: »*Ich erledige Angelegenheiten schnell und mache mich so-*

fort an die Arbeit, wobei ich Weisheit und Energie einsetze. Ich richte meinen Fokus auf das erwünschte Ergebnis und sorge dann dafür, dass dieses Ergebnis realisiert wird.«

Im Gegensatz dazu ist die Weiße Tara sanft, friedfertig, geduldig, hingebungsvoll, fürsorglich und mütterlich. Sie ist die Essenz der inneren Reinheit. Sie geht mit Meditation und Gebet an Probleme heran und indem sie ihren Fokus unbeirrt auf die Schönheit göttlicher Liebe gerichtet hält. Ihre Augen fließen über vor Dankbarkeit, Freude und Liebe. Sie fühlt und sieht nur Liebe und Liebe ist das, was in ihrer Gegenwart zum Ausdruck kommt. Sie sagt: »*Ich bin hier, um die Herzen der Menschen vor der Neigung zu Angst und Sorge zu bewahren. Ich liebe und ich bin glücklich und das hat eine beruhigende Wirkung auf die Menschen, deren Leben ich berühre. Es ist mir ein unendliches Vergnügen, überall Freude zu verbreiten.«*

Sowohl die Weiße als auch die Grüne Tara helfen bei:
- Mitgefühl
- Schutz
- Entfernung und Vermeidung von Hindernissen

Die Grüne Tara hilft bei:
- Notfällen
- Überwindung von Angst
- Verständnis und Einsicht

Die Weiße Tara hilft bei:
- Erleuchtung
- Langlebigkeit

ANRUFUNG

Grüne Tara: Setzen Sie sich still hin und meditieren Sie auf die Farbe Grün, während Sie innerlich oder laut das Mantra *Om Tare Tuttare Ture Svaha* wiederholen, was in etwa bedeutet:

»Tara, schnelle Erretterin, bitte befreie mich von allen Formen des Leidens und der Gefangenschaft und hilf mir, eine harmonische Spiritualität zu erlangen.«

Weiße Tara: Setzen Sie sich ruhig hin, atmen Sie tief ein und aus und meditieren Sie auf die Farbe Himmelblau. Dann beten Sie zur Weißen Tara:

»Bitte lass mich so sein wie du, Weiße Tara, erfüllt von Mitgefühl und Barmherzigkeit. Ich bin du, Weiße Tara. Ich bin Tara. Ich bin Tara.«

Spüren Sie, wie Sie von überfließender warmer Liebe, Freude und Mitgefühl erfüllt werden.

Thoth

(Ägypten)

~~~~✿~~~~

Auch bekannt als *Aah, Aah Tehuti, Djehuti, Tehuti, Thout, Zehuti.*

Als ägyptischer Gott der Hohen Magie, der Manifestation, der Symbolik, der Geometrie, der Schrift, der Musik und der Astronomie war Thoth der Schriftgelehrte der Götter und verfasste zahlreiche Bücher über die hermetischen Geheimnisse von Magie und Manifestation. Die Legende besagt, dass er der Urheber der geheimnisvollen *Smaragdtafeln* war, die geschrieben wurden, als Thoth Priesterkönig von Atlantis war. Thoth und sein Werk überlebten den Untergang von Atlantis und er gründete eine ägyptische Kolonie, die auf atlantischer Weisheit basierte.

Es heißt, dass Thoths Symbole die Basis für die moderne Freimaurerei seien. Außerdem soll er die Pläne für zahlreiche ägyptische Pyramiden und Tempel entworfen haben. Er soll in der Lage gewesen sein, mit Hilfe von meditativem Gesang und Klang sowie mit heiliger Geometrie, Symbolik und Arithmetik zu heilen und zu materialisieren. Er lehrte die Mondgöttin Isis die Gesetze der Hohen Magie und gilt als Erfinder der Schreibkunst im alten Ägypten.

Er sagt: *»Ihr sprecht von Atlantis als einem Höhepunkt des menschlichen Wissens, doch es haben bereits wesentlich großartigere Kulturen auf diesem Planeten und im Universum existiert. Ich habe mehrere dieser Kulturen selbst erlebt und an ihnen mitgewirkt und ich werde dies auch weiterhin tun, aus Liebe am Dienen und aus Lust am Abenteuer.*

Die menschliche Rasse nähert sich mit Riesenschritten ihrer Ziellinie und es ist Zeit für uns alle, uns zurückzuziehen und nach Hause zu gehen. Das entspricht dem natürlichen Zyklus und der Evolution jeder großen Kultur – einen Höhepunkt zu erreichen und sich dann zurückzuziehen. Es entspricht dem Rhythmus des

*Lebens selbst: Ausdehnung, Rückzug, Ausdehnung, Rückzug.
Fürchtet euch weder vor dem einen noch vor dem anderen, denn
eure sichere Heimkehr ist gewährleistet. Man wird euch für eure
Teilnahme, die tatsächlich viel Mut und Tapferkeit erforderte,
Beifall spenden.*

*Meine Worte sollen nicht dazu dienen, euch vor einer Massen-
vernichtung zu warnen, sondern euch einen Stoß in Richtung einer dringend nötigen Veränderung zu geben: Eure Technologie
muss sich dahingehend verwandeln, dass sie auf der Luft anstatt
auf dem Boden basiert, d. h. dass ihr von Stationen im Weltraum
aus mit der erforderlichen Energie versorgt werdet. Im Weltraum
befindliche Stationen können den Auswirkungen elektrischer
Ströme viel besser standhalten, während Boden und Wasser sehr
unter dieser Aufgabe leiden. Verlegt eure Quelle der Elektrizität
auf Satellitenkomponenten, bevor die Welt aufgrund elektrischer
Überlastung in Dunkelheit stürzt. Im Moment nähert ihr euch
dem absoluten Limit.*

*Verringert umgehend eure Abhängigkeit von der Technologie
und kehrt zu natürlicheren Verhältnissen zurück. Dies ist die einzige Möglichkeit, die einen friedlichen Weg aus dem Experiment
bietet. Die modernen Annehmlichkeiten haben viele unter euch
dick, faul und träge gemacht. Steht auf und erkennt euer Potential! Sorgt dafür, dass ihr wieder körperlich fit werdet!*

*Meine Absicht dabei ist aber nicht etwa, euch zu rügen, son-
dern vielmehr euch voll Liebe und Respekt zu motivieren.«*

Thoth hilft bei:
- Göttlicher Magie
- Erkennen und Verwirklichen der Lebensaufgabe
- Mathematik
- Prophezeiungen und Voraussagen
- Außersinnlichen Fähigkeiten
- Heiliger Geometrie
- Lehren
- Schreiben

ANRUFUNG

Rufen Sie Thoth an, wann immer Sie tiefere Einsichten in eine Sache oder eine Situation benötigen oder göttliche Hilfe suchen, um ein schwieriges Problem lösen zu können. Sagen Sie laut oder mental:

>»Geliebter Thoth, ich rufe deinen Namen als Schüler/in der göttlichen Geheimnisse, die du so liebevoll lehrst. Danke für deine Führung und Unterweisung bei *(beschreiben Sie die Situation, bei der Sie Hilfe benötigen)*. Bitte hilf mir, offen zu sein für die Kraft, die du mir schickst, auf dass sie durch mich hindurchfließen kann wie durch einen göttlichen Kanal. Danke, Thoth.«

Vesta

(Altes Rom, New Age)

Auch bekannt als *Hestia, Prisca.*

Vesta ist eine Sonnen- und Feuergöttin, die Heim und Herd bewacht. In der Antike brannte in den Tempeln der Vesta zu ihren Ehren ständig eine Flamme, die von den vestalischen Jungfrauen versorgt wurde. Man glaubte, dass jedes Feuer den lebendigen Geist Vestas enthielt.

In New-Age-Kreisen wird davon ausgegangen, dass Vesta zusammen mit Helios, dem römischen Sonnengott, die Rolle des »solaren Logos« übernommen hat. Dieser Begriff bezeichnet Wesenheiten, die die Flamme des Lichtkörpers in spirituell Suchenden entzünden, indem sie die Strahlen benutzen, die vom Solarplexus des Betreffenden ausgehen.

Vesta zeigte mir ein Bild ihrer selbst, wie sie gemeinsam mit Apollo auf einem Streitwagen allabendlich durch den sternenübersäten Himmel reist und uns Erdbewohner für die Nacht zudeckt, uns segnend und beschützend. Ich sah, wie sie auf jeden von uns Mitgefühl hernieuderströmen lässt, da sie weiß, wie hart wir alle arbeiten. Sie ist dem Erzengel Haniel vergleichbar, der Sternenstaub auf uns hernieuderrieseln lässt, damit wir uns wieder an unsere magischen Fähigkeiten und Qualitäten erinnern.

Vesta hilft bei:
- Göttlichem Licht – indem sie es verstärkt, heller strahlen lässt und besser sichtbar macht
- Heim und Herd – indem sie es mit Wärme und Liebe erfüllt
- Anregen beständiger Leidenschaft
- Schutz, vor allem für Kinder
- Reinigung und Klärung von Räumen
- Schutz vor Feuer

ANRUFUNG

Es ist eine gute Idee, Vesta zu sich nach Hause einzuladen, wenn es in letzter Zeit zu Spannungen zwischen den dort lebenden Personen gekommen ist. Vesta kann die Energie zwischen den Betreffenden von Angst und Zorn befreien und dadurch vermeiden, dass in Zukunft ähnliche Konflikte auftreten. Sie wird ein Gefühl von Wärme, Liebe und Leichtigkeit ins Haus oder in die Familie bringen, die für alle, die das Haus betreten, angenehm spürbar sein wird.

Da Vesta die Göttin des Herdes und der Feuerstelle ist, besteht eine Möglichkeit der Anrufung darin, ein Feuer oder eine Kerze zu entzünden. Während Sie die Flamme anzünden, sagen Sie zu ihr:

»Geliebte Vesta, bitte bring deine Flamme göttlicher Liebe in diese Familie und entfache das Feuer des Sanftmuts, des Mitgefühls und des Verständnisses in jedem, der in diesem Haus lebt oder es besucht. Hilf uns, alle Angst vor Liebe loszulassen, damit wir uns immer sicher und geborgen fühlen.«

Vywamus

(New Age)

❧

Vywamus ist ein aufgestiegener spiritueller Lehrer und Heiler, der Lichtarbeitern hilft, ihre innere Kraft und ihre spirituellen Gaben zu erwecken und ihre Lebensaufgabe zu entdecken. New-Age-Lehrer behaupten, dass es sich bei Vywamus um einen holographischen Aspekt des Höheren Selbst von Sanat Kumara handelt. Vywamus und Sanat Kumara erscheinen also als zwei getrennte Individuen, obgleich sie Aspekte derselben Person sind (doch in Wahrheit sind wir sowieso alle *eins*).

Als liebevoller und mitfühlender Führer ist Vywamus jederzeit schnell mit Hilfe zur Stelle, wenn es um emotionale, geistige, körperliche und spirituelle Heilung geht. Er hilft Lichtarbeitern, sich ihrem Schatten zu stellen, denn dadurch kann das göttliche Licht nach und nach in immer größere Tiefen vordringen.

Morgan, eine Freundin von mir, hat ausgiebige Erfahrungen mit Vywamus gemacht. Sie berichtete mir Folgendes:

»Viele Jahre lang habe ich beim Meditieren immer wieder ›diesen Mann‹ gesehen. Es schien keine Rolle zu spielen, ob ich zu Hause zu einer CD meditierte oder mit anderen Menschen zusammen in einer geleiteten Meditationsgruppe – ›dieser Mann‹ war immer da. Was ich als besonders interessant empfand, war die Tatsache, dass er mir stets auf die gleiche Weise erschien. Immer stand er mir gegenüber, hochgewachsen und schlank. Er trug weißes, schulterlanges Haar in einem Pagenschnitt und eine lange, blau-weiße Robe. Sein Gesicht war glatt rasiert, er hatte eine kleine, spitze Nase und geduldige, sanfte, kleine Augen. Sein Alter? So um die fünfzig Jahre.

Weder wurden jemals irgendwelche Worte gesprochen, noch gab es für mich das Gefühl irgendeiner Art von Kommunikation, dennoch hatte ich das sehr deutliche Empfinden, dass es sich bei ihm um einen extrem weisen Lehrer handelte. Diese Erscheinungen setzten sich viele Jahre hindurch fort. Heute weiß ich, dass es sich bei ›diesem Mann‹ um Vywamus handelte.

Vor einigen Jahren lernte ich eine Frau namens Saemmi Muth kennen, die mir sagte, dass sie ein Medium für eine Wesenheit namens Vywamus sei und dass ihre Channelings seit 15 Jahren im *Sedona Journal of Emergence* abgedruckt wurden. Ich buchte eine private Sitzung bei ihr, obwohl ich nicht genau wusste, warum und ziemlich skeptisch war.

Nichtsdestotrotz hielt ich meinen Termin bei Saemmi ein. Während der Sitzung meldete sich Vywamus zu Wort, doch was er sagte, war mir absolut zu hoch. Ich verstand weder, was er mir über Strahlen, Dimensionen und die geistige Hierarchie erklärte, noch auf welcher Frequenz sich zum damaligen Zeitpunkt meine Schwingung befand. Ich saß einfach nur da, lauschte voll Ehrfurcht auf seine Worte – und war immer noch skeptisch.

Dann sagte ich zu Vywamus: ›Ich habe zwei Fragen bezüglich der physischen Ebene.‹ Vywamus erwiderte: *›Du willst über deinen Vater und deinen Ehemann Bescheid wissen.‹* ›Ja‹, antwortete ich. *›Deinem Vater geht es gut, er wird unterrichtet‹* (mein Vater war vier Jahre zuvor verstorben). Ein paar kurze Erläuterungen folgten. Dann sagte Vywamus: *›Deinem Mann geht es auch gut; er hatte eine Möglichkeit zu gehen, aber er entschied sich dagegen.‹* (Mein Ehemann, Alex, hatte einige Monate vorher einen Gehirnschlag und einen massiven Herzinfarkt erlitten und die Ärzte sagten mir damals, dass er die Nacht nicht überleben würde – doch er ist immer noch am Leben.) Da Saemmi weder etwas über meinen Vater noch Einzelheiten über meinen Ehemann wusste, war dieser Teil der Sitzung für mich der Beweis. Jetzt war ich davon überzeugt, dass Vywamus wirklich existierte!

Eine Vywamus-Gruppe begann sich zu formieren und wir trafen uns einmal wöchentlich in meinem Haus. Wir waren fünf oder sechs Personen. Einmal in der Woche kam Saemmi als Medium für Vywamus zu uns und die Gruppe stellte ihm Fragen. Wir hatten ein paar sehr intensive und erhellende Abende. Vywamus ermunterte mich schließlich, selbst mit dem Channeln zu beginnen. Einen großen Teil meines Trainings erhielt ich durch Vywamus selbst, mit Saemmi als Medium. Einmal hatten wir eine besondere Session, die einen entscheidenden Schritt für mich bedeutete. Saemmi rief mich am Tag vor einem ›Trainingsabend‹ an und sagte mir, dass Vywamus mich bat, sieben Fragen für unsere Session aufzuschreiben. Ich konnte jede Frage stellen, die ich wollte. Am ›Trainingsabend‹ hatte ich meine Fragen bereit. Als wir am Tisch saßen, fing Saemmi wie gewöhnlich an, Vywamus zu channeln. Er fragte mich, ob ich meine Fragen bereit hätte. Ich bejahte und begann, die Fragen vorzulesen. Vywamus unterbrach mich und sagte: ›Channele mich selbst und finde so die Antworten.‹

Auf meine Fähigkeiten vertrauend, nahm ich Kontakt mit der Energie von Vywamus auf, damit er durch mich sprechen konnte, stellte meine Fragen und erhielt die Antworten. Mit Vywamus' Hilfe channele ich heute zwei Meditationsgruppen in der Woche, halte Seminare über die Kommunikation mit Geistwesen und die Entwicklung außersinnlicher Fähigkeiten und habe drei CDs mit geführten Meditationen aufgenommen. Meine Reise mit Vywamus ist bis heute ein faszinierendes, aufregendes und lehrreiches Abenteuer. Ich könnte mir ein Leben ohne ihn nicht mehr vorstellen. Ich lebe in ständiger Verbindung mit diesem wundervollen kosmischen Wesen. Jeder, der möchte, kann Vywamus channeln, da er uns allen zur Verfügung steht. Öffnet eure Herzen, benutzt eure göttliche Intention und hört einfach hin.«

Vywamus hilft bei:
- Richtungsfindung
- Ermutigung und Inspiration
- Spiritueller, emotionaler und physischer Heilung
- Allen Aspekten Ihrer Lebensaufgabe
- Motivation und Überwindung zögerlichen Verhaltens
- Entdeckung und Entwicklung Ihrer Talente

ANRUFUNG

Wie bereits erwähnt, gibt meine Freundin Morgan Seminare, in denen sie zeigt, wie man Kontakt mit Vywamus aufnehmen kann. Nachfolgend finden Sie eine Anrufung, die sie regelmäßig in ihren Seminaren benutzt. Morgan hat nichts dagegen, wenn auch Sie diese Anrufung für Ihre Channelings, privaten Sessions oder persönlichen Kontakte mit Vywamus benutzen. Sie sagt, dass diese Anrufung besonders wirksam ist, wenn man sie unmittelbar vor dem Schlafengehen spricht, oder immer dann, wenn Sie den Wunsch nach einer persönlichen Kommunikation auf einer höheren Schwingungsfrequenz verspüren.

Vywamus' Natur ist elektrisch und seine Farbe ist Blau. Während der Anrufung werden Sie unter Umständen ein Kribbeln in Ihren Armen, Händen oder Beinen spüren oder das Gefühl haben, als würden elektrische Wellen durch Ihren Körper rieseln. Es kann auch sein, dass Sie das Gefühl einer spiralförmigen Bewegung empfinden oder einen stahlblauen Farbton sehen. Vergessen Sie nicht, dass wir alle im Grunde elektromagnetische Wesen sind und Ihnen daher nichts passieren kann. Sollten Sie sich aus irgendeinem Grund unbehaglich fühlen, dann bitten Sie Vywamus einfach darum, den Vorgang für Ihren physischen Körper angenehmer zu machen.

Zunächst schließen Sie die Augen und konzentrieren sich auf Ihren Atem. Richten Sie Ihre ganze Aufmerksamkeit nach innen. Stellen Sie sich vor, dass Sie eine Wolke aus stahlblauer Farbe aus dem Universum zu sich ziehen. Fügen Sie ein wenig Weiß hinzu, und wenn Sie möchten, auch ein wenig sanftes Rosa. Erlauben Sie dann dieser blauen Wolke, Sie vollständig einzuhüllen, bis Sie das Gefühl haben, sich vollkommen in ihr zu befinden. Lassen Sie sich Zeit bei diesem Prozess, damit Sie sich in dieser stahlblauen Wolke wirklich so sicher wie in einem Kokon aufgehoben fühlen.

Wenn Sie so weit sind, geben Sie Ihrer Absicht Ausdruck, Vywamus zu channeln. Sagen Sie zum Beispiel:

»Vywamus, ich bin offen dafür, deine Energie zu channeln und deine Führung zu empfangen.«

Sie können ihm nun alle Fragen stellen, die Sie interessieren. Bitte halten Sie sich dabei aber vor Augen, dass Vywamus kein Hellseher ist, sondern dass es sich bei ihm um einen hoch entwickelten spirituellen Lehrer handelt.

Yogananda

(Indien, USA)

⁓≈⁓

Paramahansa Yogananda war ein indischer Yogi, der 1893 geboren wurde. Im Jahre 1920 reiste Yogananda auf Bitten seines Lehrers Babaji nach Nordamerika, um die Praxis des Kriya-Yoga in der westlichen Welt bekannt zu machen. Er schrieb das in viele Sprachen übersetzte faszinierende Buch *Autobiographie eines Yogi* und gründete die *Self-Realization Fellowship* (SRF), die heute viele Zentren weltweit betreibt.

Yoganandas Zentren, Bücher und Lehren verbinden östliche und westliche Spiritualität und in vielen seiner Schriften zitiert er Jesus Christus als ein Beispiel für Liebe, Mitgefühl und Vergebung. (Tatsächlich gilt Jesus als einer der sechs Gurus der *Self-Realization Fellowship* – die anderen fünf sind Yogananda, Krishna, Babaji, Lahiri Mahasaya und Sri Yukteswar.) Wie Babaji lehrt auch Yogananda, dass alle Religionen auf die gleiche gemeinsame Essenz zurückzuführen sind.

Yoganandas große Leistung bestand darin, dass er die Lehren des Yoga nach Nordamerika brachte und die Menschen im Westen mit Meditation vertraut machte. Alle seine Lehren beziehen sich darauf, wie wir eine liebevolle Beziehung und Kommunikation mit Gott entwickeln und ein glückliches, gesundes Leben führen können.

Paramahansa Yogananda verließ die irdische Ebene im Jahr 1952, doch als einer der neueren Aufgestiegenen Meister ist er weiter damit beschäftigt, die Menschen zu lehren, zu heilen und zu führen.

Mein Freund Michael Wise, ehemaliger Sänger der Band »Angel Earth«, schrieb für mich die Geschichte seiner Begegnung und Zusammenarbeit mit Yogananda auf und schickte mir den Text knapp zwei Monate vor seinem Tod zu. Heute weilt Michael an der Seite seines geliebten Yogananda.

»Meine Begegnung mit Guruji Paramahansa Yogananda begann im Frühjahr 1992, als mir sein Buch *Autobiographie eines Yogi* aus dem Regal eines Buchladens buchstäblich in die Hände fiel. Ich kaufte das Buch und war sofort von seinem Inhalt begeistert. Bald darauf besuchte ich eines der Zentren seiner Self-Realization Fellowship und begann Yoganandas Kriya-Yoga-Meditationstechniken zu lernen.

An einem Wintertag im Jahr 1994 geschah es während meiner täglichen Meditation gegen halb fünf Uhr morgens, dass ich in meinem Inneren einen äußerst liebevollen und heiligen Raum erreichte. Meine eifrigen Meditationsbemühungen und mein Vertrauen in Yoganandas Lehren brachten mich auf eine Stufe der Meditation, die ich noch nie zuvor erlebt hatte. Von einem Moment auf den anderen fühlte ich mich an einen Ort großer Schönheit transportiert: ein herrlicher Raum voller Sonnenlicht mit einem riesigen, bogenförmigen Fenster, das den Blick auf einen mit vielen Bäumen und farbenfrohen Blumen bewachsenen Garten freigab, über dem eine so strahlende Sonne schien, wie ich sie noch nie gesehen hatte. Ich stand einfach nur still da, hingerissen von dem Anblick und dem Gefühl dieses Erlebnisses. Dann bemerkte ich gleich links neben dem Fenster einen kleinen Tisch mit vier Stühlen. Auf dem Stuhl zu meiner Linken und auf dem an der gegenüberliegenden Seite des Tisches erschienen zwei Gestalten. Sie bewegten sich verschwommen und schienen lebendig zu sein, bis sie schließlich immer deutlicher sichtbar wurden. Ich war äußerst überrascht, als ich erkannte, dass es sich bei einer von ihnen um Yogananda selbst handelte! Er sah zu mir auf und lächelte. Dann hörte ich eine Stimme, die meinen Namen rief – das war die andere Gestalt, die plötzlich in den Mittelpunkt meiner Aufmerksamkeit rückte. ›*Michael*‹, sagte die Stimme und dann erkannte ich, dass es Jesus war, der da zu mir sprach! Jesus rief noch einmal meinen Namen, lächelte mich liebevoll an und sagte sanft zu mir: ›*Sei wie ein Kind, das spielt.*‹

Yogananda lehnte sich vor und fügte hinzu: ›*… und fahre fort, meine Lektionen zu studieren!*‹ Beide lächelten mir zu. Danach wurde ich sanft an meinen Meditationsplatz in meinem Haus zurückbefördert.

Dieses Erlebnis ist bis heute, im Mai 2002, da ich diese Worte schreibe, in meiner Erinnerung immer noch unverändert lebendig geblieben. Sowohl Yogananda als auch Jesus waren vom ersten Moment meines geistigen Erwachens an bei mir. Sie sind auch jetzt noch bei mir und werden es immer sein, während wir gemeinsam diese Erfahrung der Transformation hier auf der Erde erleben.«

Yogananda hilft bei:
• Klarer Kommunikation mit Gott
• Göttlicher Liebe
• Spiritueller, emotionaler und physischer Heilung
• Persönlichem und globalem Frieden
• Einheit aller religiösen Glaubensformen
• Yoga-Praxis

ANRUFUNG

Yogananda ist aktiv am aktuellen Weltgeschehen beteiligt und kommt zu jedem, dessen Wunsch es ist, Frieden auf diesen Planeten zu bringen. Meditation ist der beste Weg, um Yogananda zu erreichen. Meditieren Sie, während Sie innerlich das Wort *Liebe* wiederholen und gleichzeitig die Intention aufrechterhalten, ihn zu kontaktieren. Dann werden Sie vielleicht eine geistige Vision von Yogananda sehen und sich unter Umständen auch mit ihm unterhalten können. Dabei können Sie Yogananda um göttliche Führung auf Ihrem spirituellen Weg bitten, ihm jede beliebige Frage stellen oder ihm von allen Sorgen berichten, die Ihnen auf dem Herzen liegen.

Zweiter Teil

Anrufungen
für besondere
Bedürfnisse und Themen

Kontaktaufnahme mit mehreren Wesenheiten bei spezifischen Bedürfnissen

Die im Folgenden vorgeschlagenen Gebete sind einfach nur eine Möglichkeit unter vielen, die Wesenheiten anzurufen, die für die jeweilige Situation zuständig sind, in der Sie Hilfe benötigen. Mein Vorschlag ist, diese Anrufungen zunächst genauso auszuprobieren, wie sie hier abgedruckt sind, und die Resultate zu beobachten. Später können Sie dann den Wortlaut Ihrer inneren Führung gemäß modifizieren.

Sie müssen keine kunstvollen oder poetischen Formulierungen verwenden, um diese Wesenheiten anzurufen. Sie müssen nur innerlich ihren Namen aussprechen und sie um Hilfe bei der Situation, dem Thema oder dem Problem bitten, das Ihnen Schwierigkeiten verursacht.

Sie können die Liste in Teil III dieses Buches benutzen, um schnell herauszufinden, welche Wesenheiten auf den jeweiligen Bereich spezialisiert sind. Es ist aber auf jeden Fall besser, sofort ein einfaches Gebet zu sprechen, sobald Sie bemerken, dass Sie Unterstützung brauchen, als abzuwarten und zu versuchen, das »perfekte« Gebet zu finden. Je schneller wir um Hilfe bitten, desto leichter lässt sich die Situation lösen. Das ist nicht anders als bei einem Brand, bei dem wir ja auch bereits beim ersten Anzeichen von Rauch die Feuerwehr rufen und nicht abwarten, bis sich das Ganze zu einer unkontrollierbaren Feuersbrunst entwickelt hat.

Wenn Sie die nachfolgenden Gebete sprechen, sollten Sie sich dabei auf die Frage oder Situation konzentrieren, für die Sie um Hilfe bitten. Sie können die Gebete innerlich oder laut sprechen. Noch wirksamer sind sie, wenn Sie sie geschrieben vorliegen haben. Daher sollten Sie vielleicht die entsprechende Seite dieses Buches fotokopieren oder das jeweilige Gebet selbst mit der Hand auf ein Blatt Papier schreiben. Sprechen Sie jedes Gebet dreimal, mit vollem Bewusstsein jedes einzelnen Wortes, und legen Sie dann das beschriebene Blatt Papier an einen besonderen Ort, wie beispielsweise auf Ihren Altar, auf ein Fensterbrett, auf das der Mond scheint, oder unter Ihr Kopfkissen.

Nachdem Sie das Gebet gesprochen haben, danken Sie den jeweiligen Wesenheiten für ihre Hilfe. Nehmen Sie regelmäßig geistigen Kontakt mit ihnen auf. Sie stehen jederzeit zu Ihrer Verfügung, während die kritische Situation einer Lösung zugeführt wird, daher ist es klug, zwischendurch immer wieder einmal ihren Rat zu suchen, von Ihren Erfolgen oder Schwierigkeiten zu berichten oder Fragen zu stellen.

Denken Sie immer daran: Diese Wesenheiten fühlen sich von Ihnen niemals gestört und Sie nehmen ihnen mit Ihren Bitten auch nicht Zeit für wichtigere Dinge weg, denn sie sind in der Lage, gleichzeitig allen beizustehen, die sie um Hilfe anrufen, und zu jedem einzelnen Menschen entwickeln sie dabei eine einzigartige, persönliche Beziehung. Aufgestiegene Meister und Erzengel unterliegen weder irgendwelchen begrenzenden Glaubenssätzen noch räumlichen oder zeitlichen Beschränkungen. Es macht ihnen die größte Freude, Ihnen zu helfen, denn wenn *Sie* inneren Frieden erlangen, ist die Welt um einen Menschen dem Ziel näher, insgesamt Frieden zu finden.

Fitness und Gewichtskontrolle

Zur erfolgreichen Gewichtsabnahme gehören sowohl regelmäßiges Fitnesstraining als auch gesunde Ernährung. Dieses Gebet kann Ihre Motivation bezüglich Fitness steigern und Ihr Verlangen nach extrem fetthaltigen Speisen reduzieren:

> *»Ihr himmlischen Wesen, bitte helft mir, fit und stark zu bleiben und ein gesundes Gewicht beizubehalten. Ich bitte euch, ihr mächtigen spirituellen Helfer und Trainer, jetzt zu mir zu kommen. Apollo … Oonagh … Serapis Bey … Ich brauche eure meisterliche Hilfe. Bitte verstärkt meinen Wunsch nach Fitness. Bitte helft mir, ein Fitnessprogramm zu finden, das problemlos in meinen täglichen Zeitplan, zu meinem Budget und*

zu meinen Interessen passt. Bitte helft mir, den ersten Schritt in diese Richtung zu machen. Bitte helft mir, die Unterstützung meiner Familie zu gewinnen, damit ich mit ihrem Segen trainieren kann. Bitte helft mir, rasch positive Resultate zu erzielen, damit ich nicht den Mut verliere.

Erzengel Raphael ... Babaji ... Devi ... Maat ... Ich übergebe euch nun mein Verlangen nach extrem fetthaltigen und süßen Speisen ... Ihr wisst, welche Speisen und Getränke gesund für mich sind und welche meinem Körper nicht gut tun. Ich bitte euch, mein Verlangen nach gesunden Speisen und Getränken zu stärken. Bitte verstärkt meine Motivation, leichte, nahrhafte Kost und gesunde, natürliche Getränke zu mir zu nehmen.

Ich danke euch, dass ihr meine physische Gesundheit und mein Wohlbefinden überwacht.«

Fülle und Reichtum

Wenn Sie mehr Geld, Mittel, Zeit, günstige Gelegenheiten oder was auch immer zur Verfügung haben möchten, sollten Sie es mit dem folgenden kraftvollen Gebet versuchen. Sprechen Sie dabei jeden der Namen langsam und bewusst aus und fühlen Sie seine jeweilige Energie:

»Abundantia ... Damara ... Dana ... Ganesh ... Lakshmi ... Sedna ... ich danke euch für die Fülle in meinem Leben und die zahlreichen Gelegenheiten, mein göttliches Licht scheinen zu lassen, so dass auch andere davon profitieren können. Danke für den Frieden, das Glück und die Liebe, die ihr mir schenkt. Danke für alle Zeit und Energie, die ich zur Verfügung habe, um meine Träume und Wünsche zu verwirklichen. Danke für eure reiche finanzielle Unterstützung. Ich nehme eure Geschenke dankbar entgegen und bitte euch, mir diese weiterhin zukommen zu lassen.«

Globaler Frieden

Alle in diesem Buch beschriebenen Wesenheiten wachen bereits
über die Erde, halten Kriege fern und sind in Kontakt mit den
weltlichen Führern bezüglich der Möglichkeiten, den Frieden zu
bewahren oder wiederherzustellen. Unsere Gebete können aber
den Impuls in Richtung globalen Frieden ungemein verstärken.
Jedes Gebet trägt dazu bei, hat eine definitive Wirkung und ist
unbedingt notwendig. Im Namen aller Menschen, die auf diesem
Planeten leben, danke ich Ihnen, dass Sie das folgende Gebet
(oder ein ähnliches) regelmäßig gen Himmel senden:

> *Gott ist Frieden ... Gott ist überall ... daher ist in Wahrheit
> überall Frieden. Das ist die eine, vollkommene Wahrheit. Ich
> danke dir, Gott, für diese Wahrheit. Danke, dass du deine Bot-
> schafter des Friedens gesandt hast, damit sie heute und immer-
> dar über uns wachen. Danke, Erzengel Chamuel, dass du uns
> hilfst, inneren Frieden zu finden. Danke, Buddha, dass du die
> Verkörperung des Friedens bist. Danke, Forseti, dass du hilfst,
> Konflikte friedlich zu lösen. Danke, Kuan Ti, dass du den welt-
> lichen Führern deinen weisen Rat zukommen lässt. Danke,
> Maitreya, dass du allen Zorn durch Freude ersetzt. Danke, hei-
> liger Franziskus, dass du uns hilfst, an den Frieden Gottes zu
> glauben und uns dafür einzusetzen. Danke, Jesus, dass du die
> Menschheit beaufsichtigst. Danke, Serapis Bey, dass du uns al-
> len hilfst, unser höchstes Potential zu verwirklichen. Danke,
> Yogananda, dass du uns hilfst, uns göttlich geliebt zu fühlen.*

Heilung des eigenen Kindes

Wenn ein Kind Heilung oder Schmerzlinderung braucht, dann
sollten Sie umgehend das folgende Gebet sprechen. Es heißt, dass
die Gebete von Eltern für ihre Kinder im Himmel stets als Erste
erhört werden.

Außerdem empfehle ich Ihnen, das Gebet handschriftlich zu
notieren und es mit dem Text nach oben auf einen Tisch oder ein
Regal im Schlafzimmer des erkrankten Kindes zu legen. Sollte das

Kind alt genug sein, um selbst beten zu können, sollten Sie es einladen, dieses Gebet gemeinsam mit Ihnen zu sprechen:

»Ich danke dir, Gott, für die vollkommene Gesundheit meines Kindes. Danke für die Harmonie im Körper meines Kindes und für sein Wohlergehen. Ich danke dir, Erzengel Raphael, dass du deine kraftvolle Heilungsenergie sendest, die alle Krankheiten und Schmerzen mit jedem Atemzug, den mein Kind nimmt, aufs Schnellste heilt. Danke, Damara, dass du mein Kind und mich liebevoll tröstest und beruhigst. Danke, Hathor, für deine klaren Anweisungen, wie ich meinem Kind am besten helfen kann. Danke, heilige Jungfrau Maria, dass du über uns alle wachst und uns deine göttliche, heilende Liebe sendest.«

Heilung eines Haustiers

Wenn Ihre Katze, Ihr Hund oder ein anderes Tier gesundheitlich nicht auf der Höhe ist, sollten Sie die wunderbaren und liebevollen Heiler in den himmlischen Dimensionen anrufen, um dem Tier beizustehen und es zu heilen. Während Sie das nachfolgende Gebet sprechen, sollten Sie Ihr Tier direkt oder mit Ihren inneren Augen anschauen oder ein Foto Ihres geliebten Haustiers betrachten.

»Heiler in den himmlischen Dimensionen, ich liebe (Name des Tieres) *von ganzem Herzen. Bitte vereint meine Liebe mit der euren und sendet sie zu* (Name des Tiers). *Liebste Aine, ich bitte dich, mein Haustier in deine strahlende silberne Energie von Frieden und Glück einzuhüllen. Liebster Erzengel Raphael, ich bitte dich, mein Tier mit deiner smaragdgrünen Energie von Gesundheit und Wohlbefinden zu umgeben. Liebste Dana, ich bitte dich, den Körper und die Seele meines Tieres wieder ins Gleichgewicht und in seinen natürlichen Zustand von Vitalität zu bringen. Heiliger Franziskus, ich bitte dich, mit meinem Tier zu kommunizieren und mich wissen zu lassen, was ich tun kann, damit es sich wieder wohl fühlt. Danke, Aine ... Raphael ... Dana ... heiliger Franziskus ... für*

*eure Heilungsarbeit. Ich danke euch für die vollkommene Gesund-
heit und das Wohlbefinden meines Tieres. Danke, dass ihr uns
aufmuntert. Ich überlasse jetzt euch und Gott diese Situation im
vollen Vertrauen und Glauben daran, dass ihr das Richtige tut.«*

Hellsichtigkeit

Dieses Gebet kann Ihnen helfen, Ihre Fähigkeit zum hellsichtigen
Sehen zu entdecken oder zu steigern. Wenn Sie Ihre bereits vorhandenen hellsichtigen Fertigkeiten in besonderem Maße verstärken möchten, halten Sie einen klaren Quarzkristall vor Ihr Drittes Auge (der Bereich zwischen den Augenbrauen), während Sie
die folgenden Worte sprechen:

*»Göttliches Licht, bitte komm in mein Drittes Auge, erleuchte
es und verleihe ihm die Fähigkeit, klar hinter den Schleier aller
Dinge zu schauen. Mächtiger Apollo, ich danke dir für die Öff-
nung meines Dritten Auges! Erzengel Haniel, Jeremiel, Raphael und Raziel, ich danke euch für eure magischen göttlichen
Energien und eure Hilfe bei meiner Fähigkeit, jetzt mit meinem
geistigen Auge zu schauen! Siegreicher Horus, danke, dass du
dein Auge vor mein eigenes stellst, damit ich ebenso multidi-
mensional sehen kann wie du! Geliebte Kuan Yin, ich danke
dir, dass du Energie von deinem Dritten Auge zu meinem eigenen schickst, auf dass ich in allem und jedem Liebe sehen kann!
Liebste Sulis, danke für die Erweckung der Kraft meiner hellsichtigen Energie! Ich danke euch allen, dass ihr mir dazu ver-
helft, Wahrheit, Schönheit, Licht und das ewige Leben zu sehen!«*

Kommunikation mit Gott

Das folgende kraftvolle Gebet kann Ihnen helfen, innere und äußere Blockaden zu beseitigen, damit Sie die göttliche Stimme und
die für Sie bestimmte göttliche Führung klarer vernehmen können:

» Mein Schöpfer, ich wünsche mir aus tiefster Seele eine engere Beziehung und klarere Kommunikation mit dir. Ich bitte um deine Hilfe, damit ich ganz offen werde und deine Botschaften für mich klar hören, sehen, fühlen und in meinem Inneren wissen kann. Jesus ... Moses ... Babaji ... Yogananda ... ihr alle habt während eures Lebens auf der Erde eure Fähigkeit bewiesen, Gottes Wort klar zu hören. Ich bitte um eure Unterstützung, indem ihr mich euer Wissen lehrt. Bitte arbeitet mit mir, damit ich mich ganz öffne, um Gottes Botschaften zu vernehmen und dem zu vertrauen, was ich höre. Danke, Gott. Danke, Jesus. Danke, Moses. Danke, Babaji. Danke, Yogananda. «

Konfliktlösung

Wenn Sie eine Auseinandersetzung mit jemandem hatten oder sich mitten in einem Konflikt befinden, dann ist es eine gute Idee, die göttlichen Wesenheiten um Hilfe zu bitten. Bei dem folgenden Gebet geht es nicht darum, den Streit zu gewinnen oder die andere Person dazu zu bringen, sich zu entschuldigen, sondern einfach nur darum, in den Herzen aller an der Situation Beteiligten Frieden und Vergebung zu schaffen und einen Weg zur Versöhnung zu finden:

» Geliebte Helfer in den himmlischen Bereichen, bitte kommt jetzt zu mir ... Erzengel Raphael, himmlischer Bote der Fairness ... Pallas Athene, weise Göttin der friedlichen Lösungen ... Forseti, kraftvoller Wächter über Wahrheit und Gerechtigkeit ... Schutzengel von (nennen Sie den Namen der Person/en, die an dem Konflikt beteiligt ist/sind) *... Ich danke euch für eure Intervention. Ich bitte euch, meine Botschaft an alle zu schicken, die in diese Situation involviert sind, und sie von meinem Wunsch nach Frieden wissen zu lassen. Ich bitte um eine friedliche, schnelle Lösung und übergebe die gesamte Situation euch und Gott in dem Wissen, dass sie bereits gelöst ist. Ich weiß, dass in Wahrheit nur Frieden existiert und dass Frieden überall herrscht, auch in dieser Situation und im Herzen eines jeden,*

der damit zu tun hat. Bitte zeigt mir klar und deutlich, wie ich zu einer friedlichen Lösung beitragen kann, Danke.«

Kontaktaufnahme mit Feen

Wenn Sie gerne Feen oder andere Elementarwesen sehen und eine engere Beziehung zu ihnen herstellen möchten, versuchen Sie, das folgende Gebet in der freien Natur zu sprechen. Es ist besonders wirksam, wenn Sie es innerlich oder mit lauter Stimme sagen, während Sie sich an einem Ort befinden, an dem viele wilde Blumen wachsen.

Sie werden wissen, dass Sie erfolgreich Kontakt zu den Feen hergestellt haben, wenn Sie den deutlichen Impuls verspüren, achtlos weggeworfene Abfälle aufzusammeln. Dies ist in der Regel einer der ersten Kommunikationsversuche seitens der Feen. Wenn Sie Abfall einsammeln und sowohl die Tiere als auch die Umwelt mit großem Respekt behandeln, werden die Feen ihre Dankbarkeit zeigen, indem sie Ihnen die Erfüllung Ihrer Wünsche gewähren.

»Geliebte Dana, Göttin der Kobolde; wunderbare Diana, Herrin der Waldnymphen; mächtige Maeve, Königin der Feen; goldene Oonagh, Beschützerin der Feen: Ich bitte um eure Hilfe bei der Kontaktaufnahme mit dem Königreich der Elementarwesen. Bitte stellt mich den Feen vor und fragt sie in meinem Namen, wie ich sie besser kennen lernen kann. Ich möchte gern eine Beziehung zu den Feen und sonstigen Elementarwesen entwickeln und ich bitte euch, mir den Weg dorthin zu zeigen. Bitte schenkt mir einen offenen Geist und offene innere und äußere Augen, damit ich die Botschaften aus dieser magischen Dimension empfangen kann. Ich danke euch.«

Kriegsgefahr

Wenn ein Krieg droht oder bereits ausgebrochen ist, dann sprechen Sie das folgende Gebet:

»Erzengel Michael, ich bitte dich, in dieser Situation in dem Umfang zu intervenieren, wie sie sich negativ auf mich auswirkt. Bitte beseitige die niederen Geister und negativen Energien in meiner Umgebung und bringe sie zum Licht, damit sie geheilt und transformiert werden können. Ashtar, bitte wache über unseren Planeten und stelle seinen Frieden, sein Gleichgewicht und seine Unversehrtheit sicher. Athene, bitte interveniere entsprechend dem Grad, wie ich in diese Situation involviert bin, und arbeite mit den weltlichen Führern darauf hin, Alternativen zu Unfrieden und Krieg zu finden. Ishtar, bitte hilf den Betreffenden, wahre Führungsqualitäten und Stärke zu zeigen. Kuan Ti, bitte verleihe uns allen den nötigen Weitblick, damit wir die zukünftigen Auswirkungen unserer heutigen Handlungen erkennen können. Danke, Gott. Danke für den Frieden, der diese Welt umgibt und erfüllt. Danke für den Frieden im Herzen jedes Einzelnen von uns, wo immer wir auch sein mögen.«

Sie können diesem Gebet eine Visualisierung des Erzengels Michael beifügen, wie er einen Staubsauger über die Erde hält und die negative Energie aus jenem geographischen Bereich aufsaugt, der von Konflikten heimgesucht wird.

Lebensaufgabe

Hier ist ein Gebet, das Ihnen sowohl helfen kann, Ihre tatsächliche Lebensaufgabe zu entdecken, als auch Führung hinsichtlich des nächsten Schrittes auf Ihrem Weg zu erhalten.

Ihr Gebet wird wahrscheinlich durch eine Kombination aus göttlicher Führung und äußeren Zeichen beantwortet. Göttliche Führung umfasst innere Botschaften, wie zum Beispiel Gefühle, Gedanken, Ideen und Visionen, die Ihnen sagen, wonach Ihr Herz sich wirklich sehnt. Zeichen sind sich wiederholende Botschaften, die Sie im Außen sehen oder im Vorbeigehen hören und die aus Quellen außerhalb Ihrer eigenen Person kommen, wie beispielsweise ein Wort oder ein Satz, den Sie immer wieder auf irgendwelchen Plakaten sehen, in der Zeitung lesen oder von anderen Menschen hören. Am besten ist es, diese inneren und äußeren Botschaften schriftlich festzuhalten und sie auf ein konstantes Thema hin zu überprüfen, das Sie zu Ihrem nächsten Schritt führen wird ... und zu Ihrer wahren Lebensaufgabe.

> *»Erzengel Michael ... Jesus ... Saint-Germain ... Vywamus ... ihr wisst, welchen Schritt ich als Nächstes machen muss. Ich bitte euch, mich diese Information hören, fühlen oder sehen zu lassen. Ich brauche Vertrauen, um diesen nächsten Schritt gehen zu können. Die Aussicht auf diese nächste Etappe erfüllt mich mit Freude und Erregung. Danke, dass ihr mir Informationen, Mut und Motivation dafür zukommen lasst.*
> *Erzengel Chamuel ... Brigit ... heiliger Franziskus ... Thoth ... und mein Höheres Selbst ... geliebte und göttliche Begleiter bei der Erfüllung meiner Lebensaufgabe, ich danke euch für eure Führung in allen Dingen. Ich glaube daran, dass ich Glück, Erfolg und Fülle verdiene. Ich bin dankbar zu wissen, dass ich es wert bin, eure Hilfe und Unterstützung zu erhalten. Ich danke dir, Gott. Ich danke euch, ihr göttlichen Wesen. Danke euch allen.«*

Mut

Wenn Sie sich Sorgen machen, Angst haben oder sich besonders verletzbar fühlen, kann Ihnen das folgende Gebet zu mehr Mut verhelfen und darüber hinaus Sie und Ihre Lieben vor Schaden behüten.

> *»Mächtige Beschützer aus den himmlischen Regionen. Mächtige Verbündete an meiner Seite! Ich brauche eure Stärke, euren Mut und euren Schutz neben mir. Bitte eilt augenblicklich zu mir!*
> *Danke, Erzengel Michael, dass du mir den Mut gibst, furchtlos voranzuschreiten.*
> *Danke, Ashtar, dass du mich in allen Situationen beschützt.*
> *Danke, Brigit, dass du mir hilfst, ein/e liebevolle/r Krieger/in zu werden und für meine Überzeugungen zu kämpfen.*

Danke, Cordelia, dass du Stress und Anspannung in meiner Seele und meinem Körper beseitigst.

Danke, Grüne Tara, dass du meinen Gebeten schnelle Resultate folgen lässt.

Danke, Horus, dass du mir hilfst, die Wahrheit dieser Situation klar zu erkennen.

Danke, Kali, dass du mich stärkst, damit ich für meine Überzeugungen einstehe.

Danke, Moses, dass du mich darin unterstützt, ein/e furchtlose/r Führer/in zu sein.

Danke, Saint-Germain, dass du mir hilfst, positiv, heiter und optimistisch zu bleiben.

Ich danke euch allen, dass ihr bei mir seid und mir helft, alle Probleme als die Illusionen zu erkennen, die sie in Wahrheit sind, und mich über sie zu erheben. Danke, dass ihr mir helft, zu wachsen und aus allen Herausforderungen zu lernen. Danke, dass ihr mich daran erinnert, tief und ruhig zu atmen und in innerem Frieden zu ruhen!«

Schutz und Führung für Ihr Kind

Wenn Sie sich um Ihr Kind Sorgen machen, sprechen Sie das folgende Gebet, um innerlich Erleichterung zu finden und Ihrem Kind geistigen Schutz und Führung angedeihen zu lassen:

»Dana ... Hathor ... Ishtar ... Maria ... ihr mütterlichen Göttinnen und Lehrerinnen aller Eltern, ich übergebe euch jetzt all meine Sorgen und Ängste. Bitte nährt mein Kind und unterstützt es in dieser Situation (beschreiben Sie hier die jeweiligen Umstände), so dass wir uns alle wieder voll Freude und Frieden fühlen können. Bitte lehrt mich, wie ich meinem Kind am besten Führung zuteil werden lassen kann. Bitte leitet meine Worte und Handlungen so, dass ich meine Wahrheit auf eine Weise vermitteln kann, dass mein Kind mir zuhört. Bitte helft mir, allezeit im Glauben und Vertrauen zentriert zu bleiben.

Erzengel Michael ... Artemis ... Kuan Yin ... Vesta ... ihr mächtigen Beschützer aller Kinder, ich bitte euch, über mein Kind (sprechen Sie hier den Namen Ihres Kindes aus) *jetzt und immerdar zu wachen. Ich danke euch für euren Schutz und Beistand. Ich danke euch, dass ihr die Sicherheit und das Wohlergehen meines Kindes sicherstellt und gewährleistet. Danke, dass ihr mein Kind auf solche Art und Weise leitet, dass es den Weg zu Segen, Fülle, Sinn und Liebe findet. Ich danke euch, Dana ... Hathor ... Ishtar ... Maria ... Erzengel Michael ... Artemis ... Kuan Yin ... Vesta ... für den Schutz und die Führung, die ihr meinem Kind angedeihen lasst. Ich bin euch dafür von ganzem Herzen dankbar.«*

Seelengefährten

Wenn Sie sich nach einer auf Spiritualität basierenden Liebesbeziehung sehnen, sollten Sie das folgende Gebet sprechen. Sie können die Kraft dieses Gebets verstärken, indem Sie sich vorstellen, wie es sich anfühlen würde, eine solche Beziehung zu haben. Stellen Sie sich vor, dass Sie mit Ihrem Seelengefährten vereint sind und vollkommen geliebt und angenommen werden. Dann sagen Sie:

»Ihr Liebesgöttinnen und Liebesgötter, aus dem Himmel herniedergesandt; Aengus und Aphrodite, männliche und weibliche Kraft, die ihr Schönheit und Lieblichkeit verkörpert; Guinevere und Isolt, Überbringer magischer Liebe: Ich lade euch ein zu meiner spirituellen Hochzeit, bei der ich mit meinem Seelengefährten in einer geistigen Verbindung vereint werde. Ich fühle meine/n Geliebte/n tief in meinem Körper und in meiner Seele. Ich sende dieses Gefühl zu meinem Seelengefährten und ich danke euch, dass ihr dieses Gefühl als Botschaft meinem/r Geliebten überbringt. Danke, dass ihr mich durch den Äther mit meinem Seelengefährten vereinigt. Danke, dass ihr uns sicher führt, damit wir einander finden können. Danke, dass ihr uns in einer ekstatischen Verbindung zusammenbringt. Ich danke euch, dass ihr mein Liebesleben überwacht.«

Selbstheilung

Wenn Sie sich mit gesundheitlichen Schwierigkeiten konfrontiert sehen, ist es beruhigend zu wissen, dass Sie Zugang zu mächtigen geistigen Helfern und Heilern haben. Das folgende Gebet kann alle spirituellen oder konventionellen medizinischen Behandlungsmethoden, die Sie in dieser Situation anwenden, hilfreich ergänzen:

> »Geliebter Jesus, liebevoller Heiler von Gottes Gnaden ... geliebte Aine, liebevolle Heilerin von Gottes Gnaden ... geliebter Erzengel Raphael, liebevoller Heiler von Gottes Gnaden ... geliebter Erzengel Zadakiel, liebevoller Heiler von Gottes Gnaden ... geliebte heilige Therese, liebevolle Heilerin von Gottes Gnaden. Die Liebe Gottes lebt jetzt in meinem Inneren. Ich bin vollständig erfüllt und geheilt von der Liebe Gottes. Jesus ... Aine ... Raphael ... Zadakiel ... Therese ... ich bin zutiefst dankbar für euren Beistand, die Heilung und den Trost, den ihr mir bringt ... Danke, dass ihr mich physisch und seelisch reinigt und wieder ins Lot bringt. Ich fühle mich jetzt in jeder Hinsicht wieder vollkommen heil und gesund. Ich bin erfüllt vom Geist der Liebe. Ich bin voll neuer, frischer Energie. Ich bin glücklich und voll Frieden. Ich bin ausgeruht und erfrischt. Ich danke dir, Gott. Ich danke euch, ihr göttlichen Heiler.«

Suchtverhalten und unmäßiges Verlangen aller Art

Wenn Sie wirklich bereit sind, eine Substanz, ein Verlangen oder eine süchtig machende Verhaltensweise ein für allemal aufzugeben, ist die folgende Methode äußerst wirksam. Nachdem Sie das empfohlene Gebet gesprochen haben, werden Sie wahrscheinlich bald bemerken, dass alles übermäßige Verlangen wie weggeblasen ist. Oder Sie werden sich vielleicht noch ein letztes Mal eine »kleine Sünde« gönnen und danach die Sucht endgültig aufgeben.

Zunächst stellen Sie sich vor, wie das Objekt, die Person oder Situation, die Sie loslassen wollen, auf Ihrem Schoß sitzt. Dann stellen Sie sich das Objekt, die Person oder Situation vor, wie sie vor Ihrem Bauchnabel schwebt. Sehen oder fühlen Sie alle Schnüre, Netze und Wurzeln, die von Ihrem Nabel zu dem betreffenden Objekt ausgehen, das Sie loslassen wollen. Und nun sprechen Sie folgendes Gebet:

>»*Erzengel Raphael, geliebter Engel der Heilung!*
Babaji, der uns lehrt, die physische Welt zu überwinden!
Geliebte Devi, die du uns so allumfassend liebst!
Strahlende Maat, Überbringerin des göttlichen Lichtes!
Serapis Bey, Überwacher des Aufstiegs!
Bitte durchtrennt die Schnüre der Sucht und des übermäßigen Verlangens, die mich fesseln.
Ich lasse jetzt alle süchtig machenden Muster los und nehme mit Freuden meine Freiheit und physische Gesundheit an.«

Dritter Teil

Auflistung aller Wesenheiten
nach Themenbereichen

Anrufung von Erzengeln und Aufgestiegenen Meistern für spezielle Bedürfnisse

‿❧‿

Wenn sich ein spezielles Bedürfnis in Ihrem Leben ergibt, schauen Sie sich die Liste auf den folgenden Seiten an, damit Sie wissen, welche Erzengel oder Aufgestiegenen Meister Sie am besten um Hilfe bitten können.

Sie können die hier gegebenen Informationen auf vielerlei Weise nutzen, zum Beispiel indem Sie Ihre Hand über die Namen der Wesenheiten halten, die unter Ihrem speziellen Bedürfnis aufgelistet sind, und dabei die Worte denken: »*Geliebte himmlische Wesenheiten, ich brauche eure Hilfe, Liebe und Unterstützung bei* (beschreiben Sie die Situation). *Ich danke euch für eure göttliche Intervention.*«

Oder Sie können die Liste nehmen, sich eine Wesenheit aussuchen und im ersten Teil des Buches nachlesen, was dort über sie geschrieben steht. Auf diese Weise vertieft sich Ihr Wissen über die jeweilige Wesenheit. Die Kombination von persönlichen Erfahrungen und Begegnungen verbunden mit der Lektüre bezüglich des Werdegangs und der Geschichte der jeweiligen Wesenheit verspricht eine für beide Seiten glückliche Beziehung.

Ein schneller Weg, mit einem bestimmten Problem fertig zu werden, besteht darin, in der Liste den Namen der entsprechenden Wesenheit(en) zu suchen und ihn auszusprechen, während Sie beten, oder ihn sogar zu singen. Die Intention Ihres Gebetes ist dabei wichtiger als die Worte oder die Methode. Die geistigen Wesenheiten nehmen die Kraft Ihrer Intention wahr und sie reagieren darauf sofort mit Liebe. Kein Gebet wird abgelehnt oder ignoriert. Schließlich helfen die Erzengel und Aufgestiegenen Meister uns, weil sie Gottes Plan des Friedens auf der Erde in die Tat umsetzen wollen. Wenn sie Ihnen helfen können, durch ihre göttliche Intervention in einer irdischen Situation Frieden zu finden, dann ist es ihnen eine heilige Freude, dies zu tun.

Die folgende Liste umfasst ein breites Spektrum menschlicher Bedürfnisse und Situationen. Sollten Sie Ihre spezifische Situation nicht aufgelistet finden, dann suchen Sie nach einer, die ihr nahe kommt. Außerdem können Sie auch jederzeit um zusätzliche Führung bitten bezüglich der Wesenheit(en), die für Ihren Fall am besten geeignet ist.

Alchemie
Erzengel Raziel, Erzengel Uriel, Dana, Lugh, Maeve, Merlin,
Saint-Germain

Anmut
Aphrodite

Arbeit/Beruf
Lu-Hsing

Aromatherapie
Maeve

Ästhetik
Lakshmi

Atemarbeit
Babaji

Attraktivität
Aphrodite, Hathor, Maeve, Oonagh

Aufzeichnungen, Dokumente
Erzengel Metatron

Aura Soma, Therapie mit
Melchisedek

Außerirdische
Ashtar

Autoritätsfiguren, Umgang mit
Moses, Saint-Germain

Barmherzigkeit, Gnade
Kuan Yin, Maria

Beharrlichkeit
Kali

Beruf (Beförderung)
Lu-Hsing

Beziehungen
Allgemein: Devi, Ishtar, Krishna, Oonagh

Aufnehmen/Anziehen: Aengus, Aphrodite, Guinevere, Isolt
Aufbauen/Vertiefen: Erzengel Chamuel
Hochzeit/Ehe: Ishtar
Verpflichtung/Hingabe: Aphrodite
Ehrliche Kommunikation: Pele
Mehr Wärme in einer Beziehung: Brigit, Vesta
Heilung nach Trennungen und Scheidung: Isolt
Lesbische Beziehungen: Diana
Mutter-Sohn-Beziehungen: Horus

Blumen
Cordelia, Krishna, heilige Therese

Camping
Artemis

Chakrareinigung
Erzengel Michael, Melchisedek

Delphine
Coventina, Sedna

Durchhaltevermögen
Kuthumi, Saint-Germain

Ego
Überwindung des Ego: Buddha, Jesus, Moses, Sanat Kumara

Elementarwesen (Feen, Gnome, Kobolde etc.)
Kontaktaufnahme: Dana, Diana, Maeve, Oonagh

Energie
Erzengel Michael, Pele, Sanat Kumara

Energiearbeit und Heilung
Melchisedek, Merlin

Entscheidungsfähigkeit
El Morya, Hathor

Entschlossenheit
Kali

Entgiftung
Erzengel Raphael, Devi, Melchisedek

Erfindungen
Aeracura

Erhörung von Gebeten
Erzengel Sandalphon, Jesus, Kuan Yin

Ermutigung
Vywamus

Esoterisches Wissen
Ashtar, Erzengel Raziel, Melchisedek

Fairness
Forseti

Familie
Scheidung, bei der Kinder involviert sind: Damara
Harmonie: Erzengel Raguel, Damara

Feiern
Cordelia, Hathor

Feng Shui
Melchisedek

Feuer
Schutz vor Brand und Feuer: Vesta

Finanzielle Investitionen
Abundantia

Finanzielle Soforthilfe
Aeracura, Grüne Tara

Fitness
Apollo, Oonagh, Serapis Bey

Fokus
Kali, Kuthumi, Saint-Germain

Frauen
Frauenthemen allgemein: Guinevere
Schutz: Aine, Erzengel Michael, Artemis

Freiheit für Gefangene und Kriegsgefangene
Kuan Ti

Freisetzung gebundener Geister
Erzengel Michael, Erzengel Raphael, Kuan Ti, Melchisedek, Sanat Kumara, Salomon

Freude
Aine, Buddha, Cordelia, Isis, Maitreya, heiliger Johannes von Gott

Freundlichkeit
Kuan Yin, Maria

Frieden
Global: Erzengel Chamuel, Babaji, Buddha, Forseti, Kuan Ti, Maitreya, heiliger Franziskus, Serapis Bey, Yogananda
In der Familie: Ganesh
Persönlich: Babaji, Buddha, Forseti, Kuthumi, Lakshmi, Maitreya, heiliger Franziskus, Serapis Bey, Yogananda

Führungsqualitäten
Melchisedek, Moses

Fülle
Abundantia, Coventina, Damara, Dana, Ganesh, Lakshmi, Sedna

Gartenarbeit
Cordelia, Krishna, heilige Therese, Sulis

Gebundene Geister (Freisetzung)
Erzengel Michael, Erzengel Raphael, Kuan Ti, Melchisedek, Sanat Kumara, Salomon

Gedächtnis
Erzengel Zadakiel, Kuthumi

Gehaltserhöhung
Lu-Hsing

Geistiger Aufstieg
Serapis Bey

Gelassenheit
Erzengel Haniel

Geld/Finanzen
Allgemein: Abundantia, Damara, Dana, Ganesh, Lakshmi, Sedna
Geld für Notfälle: Aeracura, Grüne Tara

Gerechtigkeit
Athene, Ida-Ten

Gestaltwandel (Shape-Shifting)
Merlin

Gesunde Ernährung
Apollo

Gewichtsabnahme
Apollo, Erzengel Raphael, Oonagh, Serapis Bey

Glauben
Stärkung des Glaubens: Aine, Erzengel Raphael, El Morya, Jesus, Moses

Gleichgewicht, Harmonie
Buddha

Glück
Dauerhaftes Glück: Lakshmi
Happy End: Apollo, Erzengel Uriel

Gnade
Erzengel Haniel

Göttliche Führung
Jesus, Moses, Oonagh

Göttliches Licht
Vesta

Göttliche Liebe
Jesus, Yogananda

Göttliche Magie
Dana, Erzengel Ariel, Erzengel Raziel, Isis, Lugh, Maat, Merlin, Salomon, Thoth

Handwerk und Handwerker
Athene, Lugh

Harmonie
Allgemein: Erzengel Uriel
In Familien: Erzengel Raguel, Damara
In Gruppen: Erzengel Raguel
Auf Reisen: Erzengel Raphael

Heilende Hände
Sedna

Heiler
Anleitung und Hilfe für Heiler: Erzengel Raphael, Jesus, Melchisedek, heiliger Johannes von Gott, Pater Pio

Heilige Geometrie
Thoth

Heilung
Allgemein
Erzengel Raphael, heilige Therese, heiliger Johannes von Gott, Ishtar, Jesus, Pater Pio, Sanat Kumara, Vywamus, Yogananda
Physische Erkrankungen
Körperliche Probleme allgemein: Aine, Erzengel Raphael, Erzengel Zadakiel, heilige Therese, heiliger Johannes von Gott, Jesus
Blindheit: Jesus, Pater Pio
Hände und Finger: Sedna
Herz- und Kreislauferkrankungen: heiliger Johannes von Gott
Krankenhausaufenthalte: heiliger Johannes von Gott
PMS/Menstruationsbeschwerden: Maeve
Sehvermögen: Erzengel Raphael, Jesus, Pater Pio, Sulis

Suchtverhalten: Babaji, Devi, Erzengel Raphael, Maat, Serapis Bey

Wechseljahre: Maeve

Emotionale Probleme

Allgemein: Erzengel Zadakiel, heiliger Johannes von Gott, Jesus, Lugh, Vywamus

Beziehungen: Aine

Trauer: Erzengel Azrael

Trennung oder Scheidung: Isolt

Heilfähigkeiten

Erzengel Haniel, Erzengel Raphael, Jesus, Maeve, Pater Pio

Heilungsarbeit

Aromatherapie: Maeve

Aura-Soma: Melchisedek

Energiearbeit: Merlin, Melchisedek

Kristalle: Merlin, Melchisedek, Saint-Germain

Wasser: Coventina, Sedna

Tiere

Allgemein: Aine, Erzengel Ariel, Erzengel Raphael

Pferde: Maeve

Heim und Herd

Finanzielle Bedürfnisse: Damara, Lakshmi

Reinigung des Raums in der Umgebung: Nemetona

Reinigung von Räumen im Haus: Artemis, Erzengel Michael, Erzengel Raphael, heiliger Johannes von Gott, Kuan Ti, Kuan Yin, Lakshmi, Saint-Germain, Sanat Kumara, Salomon, Vesta

Hellsichtige Fähigkeiten

Verstärkung: Apollo, Erzengel Haniel, Erzengel Jeremiel, Erzengel Raphael, Erzengel Raziel, Horus, Kuan Yin, Sulis

Hilfe anderer Menschen

Erzengel Raguel

Hindernisse vermeiden und überwinden

Ganesh, Tara

Hochzeit, Ehe

Aphrodite, Ishtar

Hochzeitszeremonien
Ganesh

Humor
Maitreya

Innere Stärke
Horus

Inspiration
Vywamus

Integrität
Maat

Intuition
Artemis, Sedna

Journalismus
Erzengel Gabriel

Kabbala
Salomon

Kinder
Adoption: Artemis, Erzengel Gabriel, Maria
ADS: Erzengel Metatron
Allgemeines: Artemis, Erzengel Metatron, Kuan Yin, Maria
Elternschaft: Dana, Hathor, Ishtar, Maria
Empfängnis und Fruchtbarkeit: Aine, Artemis, Dana, Erzengel Gabriel, Hathor, Ishtar, Maria
Führung allgemein: Damara
Geschlechtsbestimmung Ungeborener: Erzengel Sandalphon
Heilung: Damara, Erzengel Raphael, Jesus, Maria, heilige Therese
Indigo-Kinder: Erzengel Metatron, Melchisedek, Maria
Kristall-Kinder: Erzengel Metatron, Maria
Mutter-Sohn-Beziehung: Horus, Maria
Schmerzfreie Geburt: Diana
Schutz: Artemis, Erzengel Michael, Kuan Yin, Melchisedek, Vesta
Verhaltensauffälligkeiten und -störungen: heiliger Franziskus
Zwillinge: Diana

Klärungsprozesse
Maat

Kommunikation mit Gott
Babaji, Jesus, Moses, Yogananda

Körperliche Fitness
Apollo, Oonagh, Serapis Bey

Kraft
Erzengel Raguel, Pele

Kriege (Vermeiden oder Beenden)
Ashtar, Athene, Erzengel Michael, Ishtar, Kuan Ti

Kristalle
Melchisedek, Merlin

Künstler und künstlerische Projekte
Aeracura, Athene, Erzengel Gabriel, Erzengel Jophiel, Ganesh, Hathor, Lugh, Serapis Bey

Labyrinthe
Erzengel Raziel, Melchisedek, Nemetona, Salomon

Lachen
Maitreya

Langes Leben
Weiße Tara

Lebensaufgabe
Brigit, Erzengel Chamuel, Erzengel Michael, Kuthumi, heiliger Franziskus, Saint-Germain, Thoth, Vywamus

Lebenssinn
Devi, heiliger Franziskus

Lehren, Unterrichten
Erzengel Metatron, Erzengel Michael, Maria, Thoth

Leidenschaft
Aengus, Aine, Aphrodite, Isolt, Pele, Vesta

Lesbische Themen
Diana

Liebe: Geben und Empfangen
Kuan Yin, Maitreya

Liebesbeziehungen
Aengus, Aphrodite, Guinevere, Isolt, Krishna

Manifestation
Aeracura, Babaji, Damara, Erzengel Ariel, Erzengel Raziel,
Jesus, Melchisedek, Saint-Germain, Salomon

Mathematische Probleme
Melchisedek, Thoth

Mechanische Probleme
Apollo, Erzengel Michael

Meditation
Buddha, Jesus, Yogananda

Medizinrad
Nemetona

Menstruationszyklus
Maeve

Mitgefühl
Erzengel Zadakiel, Ishtar, Kuan Yin, Tara

Mondenergie
Erzengel Haniel

Motivation
hinsichtlich der Lebensaufgabe: Erzengel Michael, Kuthumi,
Vywamus
hinsichtlich gesunder Ernährung: Apollo, Erzengel Michael
hinsichtlich Fitnesstraining: Apollo, Oonagh, Serapis Bey

Musik und Musiker
Aengus, Erzengel Gabriel, Erzengel Sandolphon, Hathor, Kuan
Yin, Lugh, Serapis Bey

Mut
Ashtar, Brigit, Cordelia, Erzengel Michael, Horus, Kali, Moses,
Saint-Germain, Grüne Tara

Nahrung
Versorgung: Jesus, Lakshmi, Sedna
Spirituelle Reinigung: Krishna

Ordnung und Organisationsfähigkeiten
Erzengel Metatron, Erzengel Raguel, Kuthumi, Maat

Partys, Festlichkeiten
Hathor

Poesie und Dichtung
Lugh

Piloten und Besatzungsmitglieder (zivile Luftfahrt)
heilige Therese

Prioritäten setzen
Pele

Problemlösung
Apollo, Erzengel Michael, Erzengel Uriel, Jesus, Lugh

Prophetische Gaben
Apollo, Erzengel Jeremiel, Merlin, Serapis Bey, Thoth

Prophezeiung kommender Weltereignisse
Kuan Ti

Rechtsangelegenheiten
Forseti, Ida-Ten, Kuan Ti

Reinigung, innerlich und äußerlich
Coventina, Maat

Reisen (Schutz und Führung)
Erzengel Raphael, Ganesh

Religion
Einheit aller Religionen: Babaji, Yogananda

Richtungsweisung
Erzengel Michael, Jesus, Saint-Germain, Vywamus

Sanftmut
Ishtar, Kuan Yin

Schlichtung von Streitigkeiten
Athene, Erzengel Raguel, Forseti

Scheidung
Heilung nach einer Scheidung: Isolt
Treffen einer Entscheidung: Damara

Schönheit
Aphrodite, Erzengel Jophiel, Hathor, Isis, Lakshmi, Maeve, Oonagh

Schriftsteller und Buchprojekte
Athene, Erzengel Gabriel, Erzengel Metatron, Erzengel Uriel, Ganesh, Thoth

Schutz
Allgemein: Artemis, Ashtar, Athene, Brigit, Erzengel Michael, Kali, Lugh, Tara
bei juristischen Angelegenheiten: Forseti, Ida-Ten
für Frauen: Aine, Artemis, Brigit, Kuan Yin
für Kinder: Artemis, Kuan Yin, Vesta
für Reisende und ihr Gepäck: Erzengel Raphael
für spirituelle Zentren: Ida-Ten
für Tiere: Aine, Artemis, Erzengel Ariel, Maeve
für Wertgegenstände: Abundantia
vor Betrug und Manipulation: Maat
vor niederen Energien: Erzengel Michael, Ishtar
vor religiöser oder spiritueller Verfolgung: Babaji, Ida-Ten
vor Umweltverschmutzung: Erzengel Ariel, Sedna
vor übersinnlichen Angriffen: Athene, El Morya, Ishtar, Melchisedek, Saint-Germain

Schwangerschaft
Geschlechtsbestimmung des Ungeborenen: Erzengel Sandolphon
Harmonische Schwangerschaft: Hathor

Schmerzlose Geburt: Diana
Zwillingsgeburt: Diana

Seelengefährte
Aengus, Erzengel Chamuel, Hathor

Segen
Krishna, Sulis

Sehfähigkeit
Erzengel Raphael, Horus, Jesus, Pater Pio, Sulis

Selbstachtung
Dana, Diana, Erzengel Michael, Isis

Selbstwertgefühl
Dana, Erzengel Michael

Sexualität
Aphrodite, Ishtar, Pele

Spiritualität
Erweckung: Krishna
Hingabe: heiliger Franziskus
Erleuchtung: Buddha, Kuan Yin, Sanat Kumara, Weiße Tara
Inneres Wachstum: Babaji, Buddha, Pater Pio
Spirituelles Verständnis: Ashtar, Buddha, Erzengel Metatron, Erzengel Uriel, Jesus, Sanat Kumara, Salomon, Grüne Tara

Sport
Allgemein: Apollo
Schwimmen: Coventina, Sedna
Segeln: Sedna
Wandern: Artemis

Stress-Management
Cordelia

Studium
Erzengel Uriel, Erzengel Zadkiel

Suchtverhalten
Babaji, Devi, Erzengel Raphael, Maat, Serapis Bey

Talente
Entdeckung und Förderung: Erzengel Michael, Vywamus

Tanz
Hathor, Oonagh

Tiere
Zucht, Trächtigkeit und Geburt: Diana
Kommunikation: heiliger Franziskus
Heilung: Aine, Dana, Erzengel Raphael, heiliger Franziskus
Heilung und Schutz von Pferden: Maeve
Schutz allgemein: Aine, Artemis, Erzengel Ariel, Sedna

Trauer
Trost und Heilung bei Trauer: Erzengel Azrael

Trennung
Heilung nach einer Trennung: Isolt

Träume
Erzengel Jeremiel, Sedna

Übersinnliche Fähigkeiten
Apollo, Coventina, Erzengel Haniel, Erzengel Raziel, Kuan Ti, Merlin, Thoth

Umweltschutz
Aine, Artemis, Coventina, Erzengel Ariel, heiliger Franziskus

Vegetariertum
Krishna

Veränderungen
Im eigenen Leben: Cordelia, Erzengel Jeremiel
Global: Ashtar, Erzengel Uriel, Melchisedek

Vereinfachung der Lebensweise
Babaji

Vergebung
Erzengel Zadakiel, Jesus, Pater Pio

Verlangen, Beseitigung oder Reduzierung
Apollo, Erzengel Raphael

Verlobung
Aphrodite

Verlorene Gegenstände
Erzengel Chamuel, Erzengel Zadakiel

Vermittlung bei Streitigkeiten
Erzengel Raguel

Verspieltheit
Aine

Verstorbene Familienmitglieder oder Freunde
Hilfe und Trost für ihre Seelen: Erzengel Azrael

Verteidigung ungerecht Behandelter
Erzengel Raguel

Vitalität
Erzengel Michael

Vorstellungsgespräche
Lu-Hsing

Wahrheit
Forseti, Ida-Ten, Maat

Wale
Coventina, Sedna

Wärme
in Beziehungen, im eigenen Körper und in der Umwelt: Brigit, Vesta

Wasser
Wasservorräte: Coventina
Sauberkeit: Coventina
Schutz der Meere und Seen: Erzengel Ariel, Sedna

Wechseljahre
Maeve

Weibliche Kraft und Stärke
Artemis, Brigit, Isis, Kali, Maeve, Pele

Weiblichkeit
Aphrodite

Weisheit
Ganesh, Salomon

Weissagung
Merlin, Thoth

Wertgegenstände
Schutz: Abundantia

Wetter
Allgemein: Erzengel Uriel, Ishtar
Mehr Sonnenschein: Apollo
Wirbelstürme abwenden und zerstreuen: Sedna

Wunder
Jesus, Moses

Yoga
Babaji, Yogananda

Zeitsprünge
Merlin

Zentrierung
El Morya

Ziele
Setzen und Erreichen von Zielen: Pele, Saint-Germain

Zwillinge
Diana

Anhang

Glossar

Aufgestiegener Meister - Ein spiritueller Lehrer oder Heiler, der einst selbst als Mensch auf der Erde weilte und nun von der himmlischen Ebene aus den Menschen weiterhin hilft.

Aufstieg/Himmelfahrt - Der Vorgang, bei dem man sich vollkommen der Einheit mit Gott bewusst wird. Menschen, die in die himmlischen Gefilde aufsteigen, übergehen unter Umständen den Prozess des physischen Todes, was dazu führt, dass ihr physischer Körper zusammen mit ihrer Seele in den Himmel gehoben wird. *Aufstieg* ist in diesem Zusammenhang außerdem ein Begriff, der für spirituelles Erwachen und Erleuchtung benutzt wird.

Avatar - Ein auf Erden lebender Mensch, der voll erleuchtet ist. In der Regel sind Avatare spirituelle Lehrer und in der Lage, Wunder zu vollbringen.

Bodhisattva - Im Buddhismus bezieht sich diese Bezeichnung auf einen Menschen, der so weit erleuchtet ist, dass er die Buddhaschaft wählen könnte, es jedoch vorzieht, aus Mitgefühl so lange auf der Erde zu inkarnieren, bis alle fühlenden Wesen die Erleuchtung erlangt haben.

Chohan - Ein Begriff, der unter Theosophen und in New-Age-Kreisen benutzt wird, um die Ausrichtung eines Aufgestiegenen Meisters zu beschreiben. So spricht man beispielsweise von einem Chohan der Liebe und Erleuchtung.

Dreifache Göttin - Sie umfasst alle drei Aspekte der Weiblichkeit: die Jungfrau, die Mutter und die Alte. Die Jungfrau repräsentiert dabei Reinheit, Süße und Unschuld, die Mutter Fruchtbarkeit,

Schöpferkraft und Fürsorge, die Alte Weisheit, aber auch die Schattenseite von Dunkelheit und Zerstörung.

Erzengel - Ein mächtiger Engel, der weit oben in der Hierarchie der Engel angesiedelt ist, zahlreiche andere Engel unter sich hat und spezielle Aufgabenbereiche überwacht, wie beispielsweise die Beseitigung von Angst, den Schutz von Menschen oder den komplexen Bereich der Heilung. Verschiedene Religionen und spirituelle Traditionen gehen dabei von einer unterschiedlichen Anzahl von Erzengeln aus: Für manche gibt es nur vier; andere sind der Ansicht, es seien sechs, und wieder andere sind davon überzeugt, dass es eine unendliche Anzahl von Erzengeln gibt.

Freisetzung gebundener Geister - Entfernen negativer Energien und niederer Geistwesen aus dem Körper und der Aura einer Person oder eines Tieres, so dass sie sich ins Licht begeben können.

Göttliche Wesenheit - Ein Wesen, das direkt mit dem Schöpfer oder der Universalen Kraft zusammenarbeitet, um der Erde und ihren Bewohnern zu helfen. Sie sind Wesen, die für die spirituellen Leistungen verehrt werden, die sie zu ihren Lebzeiten auf dem Planeten Erde vollbracht haben, und ebenso für die Hilfe, die sie den Menschen auf der Erde von der himmlischen Dimension aus weiterhin zukommen lassen.

Gott - Die männliche Schöpferkraft.

Göttin - Die weibliche Schöpferkraft.

Große weiße Bruderschaft - Geistige Führer in der himmlischen Dimension, die die Sicherheit und spirituelle Ausrichtung der Erde und ihrer Bewohner beaufsichtigen, sowie die Lichtarbeiter, die hier auf der Erde bei dieser Aufgabe helfen. Der Begriff bezieht sich nicht auf männliche Wesen mit weißer Hautfarbe, sondern er basiert auf dem weißen Licht, das die Mitglieder des Rates umgibt, zu dem auch weibliche Wesenheiten gehören.

Kabbala - Ein alter, mystischer Text der jüdischen Tradition, der die Geheimnisse der Weissagung und Manifestation mit Zahlen und Symbolen lehrt.

Klärung von Räumen - Das Entfernen negativer Energien von Orten und aus Räumen (im Inneren von Häusern und im Freien).

Lichtarbeiter - Ein auf der Erde lebender Mensch, der sich gedrängt fühlt, der Erde und ihren Bewohnern spirituell zu helfen. Ein Lichtarbeiter mag sich vielleicht dazu berufen fühlen, als Heiler, Lehrer oder Künstler tätig zu werden und auf diese Weise zur Verbesserung der Situation auf dem Planeten beizutragen.

Shape-Shifting - Die Fähigkeit, eine andere physische Form anzunehmen. Manchmal geschieht dies willentlich, manchmal unbewusst.

Verzeichnis der Wesenheiten

Aah (siehe *Thoth*)
Aah Tehuti (siehe *Thoth*)
Abruel (siehe *Erzengel Gabriel*)
Absus (siehe *Ishtar*)
Abundantia
Abundia (siehe *Abundantia*)
Aengus
Aeracura
Aine
Ai-willi-ay-o (siehe *Sedna*)
Akrasiel (siehe *Erzengel Raguel*)
Ambika (siehe *Devi*)
Anael (siehe *Erzengel Haniel*)
Angus (siehe *Aengus*)
Angus McOg (siehe *Aengus*)
Aniel (siehe *Erzengel Haniel*)
Aphrodite
Aphrodite Pandemos (siehe *Aphrodite*)
Aphrodite Urania (siehe *Aphrodite*)
Apis (siehe *Serapis Bey*)
Apollo
Arael (siehe *Erzengel Ariel*)
Ariael (siehe *Erzengel Ariel*)
Ariel (siehe *Erzengel Ariel*)
Artemis
Artemis Calliste (siehe *Artemis*)
Asar-Apis (siehe *Serapis Bey*)
Ashriel (siehe *Erzengel Azrael*)
Ashtar
Athene
Athor (siehe *Hathor*)
Athyr (siehe *Hathor*)
Azaril (siehe *Erzengel Azrael*)
Azrael (siehe *Erzengel Azrael*)
Azrail (siehe *Erzengel Azrael*)

Azriel (siehe *Erzengel Azrael*)
Babaji
Beshter (siehe *Erzengel Michael*)
Brid (siehe *Brigit*)
Bride (siehe *Brigit*)
Brigantia (siehe *Brigit*)
Brighid (siehe *Brigit*)
Brigid (siehe *Brigit*)
Brigit
Buddha
Buddha der Zukunft (siehe *Maitreya*)
Camael (siehe *Erzengel Chamuel*)
Camiel (siehe *Erzengel Chamuel*)
Camiul (siehe *Erzengel Chamuel*)
Camniel (siehe *Erzengel Chamuel*)
Cancel (siehe *Erzengel Chamuel*)
Chamuel (siehe *Erzengel Chamuel*)
Christus (siehe *Jesus*)
Commander Ashtar (siehe *Ashtar*)
Comte de Saint-Germain (siehe *Saint-Germain*)
Cordelia
Coventina
Creiddylad (siehe *Cordelia*)
Creudylad (siehe *Cordelia*)
Cypris (siehe *Aphrodite*)
Cytherea (siehe *Aphrodite*)
Damara
Dana
Danann (siehe *Dana*)
Danu (siehe *Dana*)
Delia (siehe *Artemis*)
Devee (siehe *Devi*)
Devi
Diana
Diana von Ephesus (siehe *Diana*)
Der Göttliche (siehe *Krishna*)
Djehuti (siehe *Thoth*)
El Morya

Emrys (siehe *Merlin*)
Engel des Todes (siehe *Erzengel Azrael*)
Erzengel Ariel
Erzengel Azrael
Erzengel Chamuel
Erzengel Gabriel
Erzengel Haniel
Erzengel Jeremiel
Erzengel Jophiel
Erzengel Metatron
Erzengel Michael
Erzengel Raguel
Erzengel Raphael
Erzengel Raziel
Erzengel Sandalphon
Erzengel Uriel
Erzengel Zakiel
Esyllt (siehe *Isolt*)
Forete (siehe *Forseti*)
Forseti
Francesco Bernardone (siehe *heiliger Franziskus*)
Francesco Forgione (siehe *Pater Pio*)
Franz von Assisi (siehe *heiliger Franziskus*)
Fu Lu Suon San Hsing (siehe *Lu-Hsing*)
Fulla (siehe *Abundantia*)
Gabriel (siehe *Erzengel Gabriel*)
Ganesh
Ganesha (siehe *Ganesh*)
Gautama Buddha (siehe *Buddha*)
Ghagavati (siehe *Devi*)
Giovanni Bernardone (siehe *heiliger Franziskus*)
Göttin der Natur (siehe *Isis*)
Göttin der Mysterien (siehe *Isis*)
Göttliche Mutter (siehe *Isis*)
Graf von Saint-Germain (siehe *Saint-Germain*)
Grüne Tara (siehe *Tara*)
Guanyin (siehe *Kuan Yin*)
Guinevere

ERSTER TEIL

Gwenhwyfar (siehe *Guinevere*)
Habone (siehe *Abundantia*)
Hamiel (siehe *Erzengel Haniel*)
Haniel (siehe *Erzengel Haniel*)
Happy Buddha (siehe *Maitreya*)
Har (siehe *Horus*)
Harendotes (siehe *Horus*)
Haripriya (siehe *Lakshmi*)
Harmakhet (siehe *Horus*)
Haroeris (siehe *Horus*)
Har-pa-Neb-Taui (siehe *Horus*)
Harpokrates (siehe *Horus*)
Harseisis (siehe *Horus*)
Hathor
Hat-hor (siehe *Hathor*)
Hat-Mehit (siehe *Hathor*)
Hawthor (siehe *Hathor*)
Heiland (siehe *Jesus*)
Heilige Jungfrau Maria (siehe *Maria*)
Heilige Maria (siehe *Maria*)
Heilige Therese
Heiliger Franziskus
Heiliger Johannes von Gott
Heiliger Michael (siehe *Erzengel Michael*)
Herrin der Hermetischen Weisheit (siehe *Isis*)
Herrin der Magie (siehe *Isis*)
Herrin des Heiligen Hains (siehe *Nemetona*)
Hestia (siehe *Vesta*)
Himmelskönigin (siehe *Maria*)
Hor (siehe *Horus*)
Horos (siehe *Horus*)
Horus
Hotei (siehe *Maitreya*)
Ida (siehe *Devi*)
Idaten (siehe *Ida-Ten*)
Ida-Ten
Inanna (siehe *Ishtar*)
Iofiel (siehe *Erzengel Jophiel*)

Kuan Yin
Kuan Yu (siehe *Kuan Ti*)
Kumara (siehe *Sanat Kumara*)
Kuthumi
Kwannon (siehe *Kuan Yin*)
Kwan Yin (siehe *Kuan Yin*)
Labbiel (siehe *Erzengel Raphael*)
Lachender Buddha (siehe *Maitreya*)
Lakshmi
Laxmi (siehe *Lakshmi*)
Lleu (siehe *Lugh*)
Lord Buddha (siehe *Buddha*)
Lord Maitreya (siehe *Maitreya*)
Lord Maitreya Maitri (siehe *Maitreya*)
Lug (siehe *Lugh*)
Lugh
Lugus (siehe *Lugh*)
Lu-Hsing
Luna (siehe *Artemis*)
Lu Xing (siehe *Lu-Hsing*)
Maa (siehe *Maat*)
Maat
Ma'at (siehe *Maat*)
Mab (siehe *Maeve*)
Madb (siehe *Maeve*)
Maet (siehe *Maat*)
Maeve
Mahatma Kuthumi mal Singh (siehe *Kuthumi*)
Mahavatar Babaji (siehe *Babaji*)
Maht (siehe *Maat*)
Maitreya
Maitreya Buddha (siehe *Maitreya*)
Maria
Mat (siehe *Maat*)
Matrirupa (siehe *Lakshmi*)
Maut (siehe *Maat*)
Medb (siehe *Maeve*)
Medhbh (siehe *Maeve*)

Ra-Harakhte (siehe *Horus*)
Raksha-Kali (siehe *Kali*)
Ramiel (siehe *Erzengel Jeremiel*)
Raphael (siehe *Erzengel Raphael*)
Rasuil (siehe *Erzengel Raguel*)
Ratziel (siehe *Erzengel Raziel*)
Raziel (siehe *Erzengel Raziel*)
Remiel (siehe *Erzengel Jeremiel*)
Rishi (siehe *Maitreya*)
Röte des Feuers (siehe *Pele*)
Rufael (siehe *Erzengel Raguel*)
Sabbatiel (siehe *Erzengel Michael*)
Saint Germain (siehe *Saint-Germain*)
Saint-Germain
Saint Germaine (siehe *Saint-Germain*)
Salomo (siehe Salomon)
Salomon
Sananda (siehe *Jesus*)
Sanat Kumara
Sandalphon (siehe *Erzengel Sandalphon*)
Sandolfon (siehe *Erzengel Sandalphon*)
Sandolphon (siehe *Erzengel Sandalphon*)
Sarapis (siehe *Serapis Bey*)
Saraqael (siehe *Erzengel Raziel*)
Satqiel (siehe *Erzengel Zadakiel*)
Schwarze Mutter (siehe *Kali*)
Sedna
Serafili (siehe *Erzengel Gabriel*)
Seraphiel (siehe *Erzengel Chamuel*)
Serapis (siehe *Serapis Bey*)
Serapis Bey
Shakti (siehe *Devi*)
Shemuel (siehe *Erzengel Chamuel*)
Shih Fen (siehe *Lu-Hsing*)
Shri Babaji (siehe *Babaji*)
Siddharta Buddha (siehe *Buddha*)
Sirdar Thakar Singh Sadhanwalia (siehe *Kuthumi*)
Skanda-Karttikeya (siehe *Sanat Kumara*)

Sul (siehe *Sulis*)
Sulevia (siehe *Sulis*)
Sulis
Sulivia (siehe *Sulis*)
Sulla (siehe *Sulis*)
Sumara (siehe *Sanat Kumara*)
Suriel (siehe *Erzengel Raziel*)
Suryan (siehe *Erzengel Raguel*)
Tanetu (siehe *Hathor*)
Tara
Tehuti (siehe *Thoth*)
Therese Martin (siehe *heilige Therese*)
Therese vom Kinde Jesu (siehe *heilige Therese*)
Therese von Lisieux (siehe *heilige Therese*)
Thout (siehe *Thoth*)
Tzadkiel (siehe *Erzengel Zadakiel*)
Universelle Mutter (siehe *Devi*)
Uriel (siehe *Erzengel Uriel*)
Vater der Armen (siehe *heiliger Johannes von Gott*)
Venus (siehe *Aphrodite*)
Vesta
Vriddhi (siehe *Lakshmi*)
Vywamus
Weiße Tara (siehe *Tara*)
Wundermann (siehe *Saint-Germain*)
Yogananda
Ysolt (siehe *Isolt*)
Ysonde (siehe *Isolt*)
Zadakiel (siehe *Erzengel Zadakiel*)
Zadkiel (siehe *Erzengel Zadakiel*)
Zehuti (siehe *Thoth*)
Zidekiel (siehe *Erzengel Zadkiel*)
Zophiel (siehe *Erzengel Jophiel*)

Bibliographie

Ann, Martha und Imel, Dorothy Myers: *Goddesses in World Mythology: A Biographical Dictionary.* Oxford University Press, 1993, Santa Barbara, California.

Betz, Hans Dieter (Hrsg.): *The Greek Magical Papyri in Translation.* The University of Chicago Press, 1986, Chicago, Illinois.

Boucher, Sandy: *Discovering Kwan Yin: Buddhist Goddess of Compassion.* Beacon Press, 1999, Boston, Massachusetts.

Brooke, Elisabeth: *Die großen Heilerinnen von der Antike bis heute.* Econ, Düsseldorf 1997.

Bunson, Matthew: *Angels A to Z: A Who's Who of the Heavenly Host.* Three Rivers Press, 1996, New York.

Cannon, Dolores: *Jesus and the Essenes.* Ozark Mountain Publishing, 1999, Huntsville, Arkansas.

Cannon, Dolores: *They Walked with Jesus.* Ozark Mountain Publishing, 2000, Huntsville, Arkansas.

Charlesworth, James H. (Hrsg.): *The Old Testament Pseudepigrapha: Apocalyptic Literature & Testaments.* Doubleday, 1983, New York.

Coulter, Charles Russell und Turner, Patricia: *Encyclopedia of Ancient Deities.* McFarland & Company, Inc., 1997, Jefferson, North Carolina.

Ein Kurs in Wundern. Greuthof, Gutach i. Br., 1992.

Craughwell, Thomas H.: *Saints for Every Occasion: 101 of Heaven's Most Powerful Patrons.* Stampley Enterprises, Inc., 2001, Charlotte, North Carolina.

Davidson, Gustav: *A Dictionary of Angels: Including the Fallen Angels.* The Free Press, 1967, New York.

Doreal (Hrsg.): *The Emerald Tablets of Thoth the Atlantean.* Source Books, Inc., 1996, Nashville, Tennessee.

Epstein, Perle S.: *Oriental Mystics and Magicians.* Doubleday, 1975, New York.

Eshelman, James: *The Mystical and Magical System of the A∴A∴ The Spiritual System of Aleister Crowley & George Cecil Jones Step-by-Step.* The College of Thelema, 2000, Los Angeles, California.

Forrest, M. Isidora: *Isis Magic: Cultivating a Relationship with the Goddess of 10 000 Names.* Llewellyn Publication, 2001, St. Paul, Minnesota.

Hall, Manly P.: *The Secret Teaching of All Ages: An Encyclopedic Outline of Masonic, Hermetic, Qabbalistic, and Rosicrucian Symbolical Philosophy.* The Philosophical Research Society.

James, Simon: *Das Zeitalter der Kelten.* Econ, Düsseldorf 1996.

Jones, Kathleen: *Women Saints: Lives of Faith and Courage.* Burns & Oates, 1999, Kent, England.

Johnson, K. Paul: *The Masters Revealed: Madame Blavatsky and the Myth of the Great White Lodge.* State University of New York Press, 1994, Albany, New York.

Jothi, Rev. Dharma: Telephon-Interview, 16. Oktober 2002

Kyokai, B. D.: *The Teaching of Buddha.* Society for the Promotion of Buddhism, 1996, Tokio, Japan.

La Plante, Alice und Clare: *Heaven Help Us: The Worrier's Guide to the Patron Saints.* Dell Publishing, 1999, New York.

Laurence, Richard (Hrsg.): *The Book of Enoch the Prophet.* Adventures Unlimited Press, 2000, Kempton, Illinois.

Lewis, James R., und Oliver, Evelyn Dorothy: *Angels A to Z.* Visible Ink Press, 1996, Detroit, Colorado.

Lopez Jr., Donald (Hrsg.): *Religions of China in Practice*. Princeton University Press, 1996, Princeton, New Jersey.

Makarios, Hieromonk von Simonos Petra: *The Synaxarion: The Lives of Saints of the Orthodox Church*, Vol. 1. Chalkidike, 1998.

Markale, Jean: *Merlin: Priest of Nature*. Inner Traditions, Intl., 1995, Rochester, Vermont.

Mathers, S. L. MacGregor: *Der Schlüssel Solomon. Die magischen Handbücher*. Schikowski, Berlin 1985.

Matthews, Caitlin: *The Celtic Book of Days: A Celebration of Celtic Wisdom*. Gill & Macmillan, Ltd., 1995, Dublin, Irland.

Matthews, Caitlin und John: *Das große Handbuch der keltischen Weisheit*. Heyne, München 2001.

Matthews, John und Caitlin: *Lexikon der keltischen Mythologie*. Heyne, München 1995.

McCoy, Edain: *Celtic Myth & Magic: Harvesting the Power of the Gods and Goddesses*. Llewellyn Publications, 2002, St. Paul, Minnesota.

McCoy, Edain: *Die keltische Zauberin: Mythen, Rituale, Symbole*. Hugendubel, München 2002.

Monaghan, Patricia: *Lexikon der Göttinnen: Ein Standardwerk der Mythologie*. Barth, Bern 1997.

Morgan, James C.: *Jesus and Mastership: The Gospel According to Jesus of Nazareth, as Dictated Through James Coyle Morgan*. Oakbridge University Press, 1989, Tacoma, Washington.

Ronner, John: *Know Your Angels*. Mamre Press, 1993, Murfreesboro, Tennessee.

Runyon, C. P.: *The Book of Solomon's Magic*. Church of the Hermetic Sciences, Inc., 2001, Silverado, California.

Sakya, Jnan B.: *Short Descriptions of Gods, Goddesses, and Ritual Objects of Buddhism and Hinduism in Nepal*. Handicraft Association of Nepal, 1998, Kathmandu, Nepal.

Savedow, Steve (Hrsg.): *Sepher Razial Hemelach: The Book of the Angel Raziel*. Samuel Weiser, Inc., 2000, York Beach, Maine.

Starck, Marcia: *Women's Medicine Ways: Cross-Cultural Rites of Passage*. The Crossing Press, 1993, Freedom, California.

Steiner, Margit: *Die Weiße Bruderschaft: Arbeit mit den aufgestiegenen Meistern*. Smaragd-Verlag, 2005.

Stewart, Robert J.: *Celtic Gods, Celtic Goddesses*. Cassell & Co., 2000, London, England.

Telesco, Patricia: *365 Goddess: A Daily Guide to the Magic and Inspiration of the Goddess*. HarperSanFrancisco, 1998, New York.

Trobe, Kala: *Invoke the Goddess: Visualizations of Hindu, Greek & Egyptian Deities*. Llewellyn Publications, 2000, St. Paul, Maine.

Vessantara: *Das weise Herz der Buddhas: Eine Einführung in die buddhistische Bilderwelt*. Do Evolution, Essen 1999.

Yu, Chun-fang: *Kuan-yin: The Chinese Transformation of Avalokitesvara*. Columbia University Press, 2000, New York.

Danksagung

So viele wunderbare Wesen, auf der Erde und im Himmel, haben dazu beigetragen, dass dieses Buch entstehen konnte. Als Erstes möchte ich Steven Farmer danken, meinem Seelenpartner und wunderbaren Ehemann. Meine tiefste Wertschätzung geht an Louise L. Hay, Reid Tracy, Jill Kramer, Christy Salinas, Leon Nacson und alle Hay-House-Engel. Viele Segenswünsche an Bill Christy für seine Hilfe bei der Erforschung von zwei schwer greifbaren Gesellen der geistigen Welt! Meiner Familie danke ich von ganzem Herzen, einschließlich Bill und Joan Hannan, Ada Montgomery, Charles Schenk, Grant Schenk, Nicole Farmer, Catherine Farmer, Susan Clark und Nancy Fine.

Vielen Dank auch an Mary Kay und John Hayden, Mairead Conlon und Marie und Ted Doyle dafür, dass sie Steven und mich nach Irland geholt haben. Danke an Bronny Daniels, Lynnette Brown, Kevin Buck, Johanna Michelle und Carol Michaels für eure Hilfe während des Schreibens an diesem Buch.

Außerdem möchte ich all jenen danken, die mir Geschichten und Berichte über ihre Kommunikation mit den Aufgestiegenen Meistern zur Verfügung gestellt haben. Und ein riesiges Dankeschön an all jene, die meine Bücher lesen, meine Orakelkarten benutzen, meine Audiokassetten hören und an meinen Seminaren teilnehmen. Ich fühle mich geehrt, mit Ihnen arbeiten zu dürfen, und ich danke Ihnen von Herzen für Ihre Unterstützung!

Und was meine himmlischen Freunde betrifft: Worte reichen nicht aus, um meine Liebe und Wertschätzung für die unablässige Fürsorge und Begleitung auszudrücken, die ihr mir – und *uns allen* – zuteil werden lasst. Ich danke euch dafür, dass ihr mich beim Schreiben dieses Buches geführt und geleitet habt.

Ohne die Hilfe von euch allen hätte ich dieses Buch niemals schreiben können!